KB095831

투자은행의 눈으로 보라

주식·채권에서
M&A·LBO까지
단숨에 이해되는
금융의 논리

투자은행의
눈으로
보라
⋮

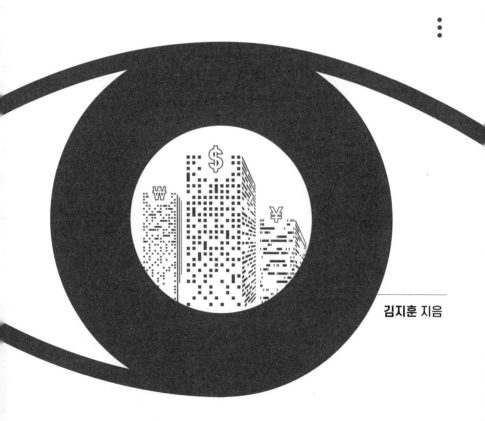

김지훈 지음

원더박스

투자은행을 알아야 경제와 금융이 제대로 보인다

"투자은행에서 일하면서 가장 어려운 점은 지인들에게 내가 무슨 일을 하는지 이해시키는 것이다."

내가 회사 동료들과 매일같이 주고받던 농담이다. 실제로 투자은행 취업 준비를 시작하고 나서부터 주위 친구들에게 "잘되면 나중에 투자 좀 해 줘야 한다.", "어느 주식에 투자하는 게 좋은지 알려 달라." 등의 이야기를 정말 많이 들었다. 하지만 안타깝게도 이는 내가 실제로 하는 일과는 굉장히 거리가 멀다. 어떻게 보면 이런 부탁이 황당하다고 느껴질 정도로 말이다.

지금은 누가 뭐라고 해도 너도 나도 재테크에 열을 올리고 경제와 금융에 대해 공부하는 저금리 시대다. 분명 금융 시장은 우리의 삶과 굉장히 밀접해 있다. 그리고 투자은행은 그 시장의 중심에 있다. 주식 시장에서 이루어지는 거래의 상당 부분은 투자은행과 그 고객을 거쳐 이루어진다. 또 투자은행은 기업의 금융 및 재정 상태의 유지와 변화에 큰 기여를 하기도 한다. 시장의 지형을 재정립하는 회사 간 인수전의 배후에도 늘 투자은행이 있다. 만약 투자은행을 그저 '투자하는 은행'으로 잘못 알고 있다면 여러분은 많은 것을 놓치고 있는 셈이다.

주변 사람들에게 투자은행이라는 게 대체 무엇이고 어떤 일을 하는 곳인지 매일같이 오해를 풀기 위해 설명하다 보니 어느 날 한 가지의 의문점이 생겼다. 대체 왜 투자은행이라는 업계는 아직까지도 이렇게 베일에 싸여 있을까? 혹시 골드만삭스 사무소가 한국에도 있다는 사실을 아는가? 그것도 30년이 다 되어간다는 사실을? 나는 이런 정보의 부재에는 몇 가지 이유가 있다고 생각한다. 일단 투자은행의 업무를 제대로 이해하려면 금융 시장과 기업 금융에 대한 기초적인 지식이 필요하다. 해외 중심의 사업 모델과 영어 중심의 용어라는 언어 장벽 역시 투자은행이 베일에 싸여 있는 또 다른 이유다.

이렇게 보면 일반인들에게 투자은행이라는 주제가 멀게만 느껴지지만 사실 이런 요소가 투자은행에 대한 이해를 포기할 만큼 높은 벽도 아니다. 투자은행에서 일하다 보면 "Investment Banking is not rocket science."라는 말을 종종 듣는다. 말 그대로 투자은행에서 다루는 개념이 양자역학이나 항공우주학처럼 복잡하고 난해한 개념이 아니라는 것이다. 친구에게 말로 설명하듯 차근차근 풀어 나가면 누구나 쉽게 이해할 수 있는 개념들인데, 쉽게 가르칠 선생이 없다 보니 학생도 모이지 않는 것 아닌가 싶다. 그리고 그 것이 바로 내가 이 책을 펴내는 이유이기도 하다.

경제와 시장을 제대로 이해하고자 한다면 반드시 투자은행과 기업 금융에 대해 알아야 한다. 이런 말을 당당하게 할 수 있는 건 나 스스로가 투자은행에 대해 알아가고 또 투자은행에서 일을 해 가면서 시장을 보는 시각이 매우 넓어졌기 때문이다.

나 역시 그랬지만, 막상 경제 공부를 한다고 해도 어디서 시작 을 해야 할지 막막하기만 할 것이다. 경제 신문에서 접하게 되는 어려운 전문용어를 하나하나 정리하더라도 맥락을 이해하지 못 하면 정작 그 지식을 활용하기 힘들다. 진정한 의미의 금융·경제 지식을 키우려면 각 개념 혹은 각 상품이 왜 중요한지 그리고 이 들이 어떻게 활용되는지를 알아야 하는데, 이렇게 넓은 시야를 키 우는 것이 생각처럼 쉽지가 않다.

투자은행에 대한 공부는 이런 문제를 해결하는 데 큰 도움을 준 다. 시장에 존재하는 수많은 금융 상품의 거래와 금융 서비스의 제공에 있어서 중요한 주체가 투자은행이기 때문이다. 동대문에 서 어떤 메커니즘으로 옷 장사를 하는지 제대로 알기 위해서는 상 인들을 직접 만나서 이야기해 보아야 하고 부동산 공부를 제대로 하기 위해서는 중개업자들과 수다를 떨어야 하듯, 시장의 구조를 제대로 알기 위해서는 투자은행을 들여다봐야 한다.

나 역시 투자은행이나 금융 시장에 대해서 아는 것이 거의 없던 사람이었다. 개인적으로 경제 공부에 흥미를 느끼기는 했지만 주식이나 부사에 대해서는 잘 알지 못했다. 그렇다고 전공 과목 공부를 통해 금융을 접한 것도 아니었다. 나는 한국에서 초·중·고등학교를 졸업한 뒤, 철학을 포함한 인문학 공부를 통해 사고의 깊이를 더하고 싶어 영국 옥스퍼드 대학교에 입학해 철학·정치·경제(Philosophy, Politics and Economics)를 전공했다. 옥스퍼드에서 새로운 친구들을 만나고 새로운 세계들에 대해 알게 되었는데, 그렇게 만난 세계 중 하나가 투자은행의 세계였다. 다른 유수 대학교의 학생들처럼, 옥스퍼드의 많은 학생들 역시 투자은행 취업을 희망 진로로 삼고 있었다. 이때까지만 해도 투자은행이 정확히 무엇을 하는 곳인지 잘 알지는 못했지만 무언가 굉장히 전문적이고 엘리트적인 느낌이 들었고, 그 느낌에 이끌려 나 역시 적은 정보를 바탕으로 투자은행 취업 준비를 시작했다. 시중에 있는 자료를 모두 읽고, 당시 과외비로 모은 돈을 온라인 강좌에 투자해 가며 공부했지만 돌아보면 무척이나 막막한 여정이었다. 투자은행이 대체 무엇을 하는 곳인지에 대한 조사부터 시작해야 했던 그때의 나에게 지금 이 책과 같은 조언자가 있었다면 정말 많은 시간을 아낄 수 있었을 거라는 생각을 책을 쓰면서 몇 번이나 했는지 모른다.

이 책의 목표는 투자은행을 이해하기 위해 알아야 하는 복잡한 개념들을 일반인이 이해하기 쉽게 설명하는 것이다. 나아가 투자은행, 넓게는 금융권 취업을 준비하는 학생들에게 배움의 진입 장벽을 조금이나마 해소해 주고 싶다는 마음도 있다. (투자은행 취업에 관심이 있는 독자를 위해서는 따로 부록을 마련하였다. 여기에는 내가 투자은행 취업과 관련해 가장 자주 들었던 질문들에 대한 답을 성심성의껏 담았다.) 전공자에게는 대학교에서 배운 내용이 실무에 어떻게 적용되는지를 소개하는 역할도 할 것으로 기대한다. 물론 이 책을 통해 투자은행과 기업 금융에 대한 모든 정보를 집대성하겠다는 허황된 약속은 하지 않겠다. 이 책은 어디까지나 투자은행과 기업 금융에 대한 입문서다. 여러분이 이 책을 읽고 나서 신문이나 뉴스, 잡지 등에서 투자은행이라는 단어를 보았을 때, 조금이라도 더 익숙하고 편하게 느낀다면 더할 나위 없이 기쁠 것이다.

주제가 금융과 투자인 만큼 전문용어나 공식이 불가피하게 사용된 경우도 있다. 하지만 이를 하나하나 모두 기억하고 이해할 필요는 없다. 우리가 어떤 분석을 하려고 하는지, 왜 이런 계산을 하는지 이해하는 게 훨씬 중요하다. 글의 중간마다 중요한 핵심 내용을 요약해 놓았으니 읽으면서 이해도를 점검해 보아도 좋겠다.

자, 그럼 이제 가벼운 마음으로 책장을 넘겨보자.

가장 먼저 우리는 투자은행이 무엇인지, 우리가 아는 은행과 투자은행이 어떻게 다른지 알아볼 것이다. 이어서 투자은행에서 취

급하는 다양한 상품과 서비스에 대해 읽다 보면 자연스레 투자은
행 업무에 대한 윤곽이 그려질 것이다.

그리고 나서는 본격적으로 투자은행에서 사용하는 분석 기법
들에 대해 알아볼 것이다. 금융 개념들은 모두 간단하지만 명확한
논리로 이어져 있기 때문에 이 분석들을 파헤치는 과정은 여러분
에게도 큰 지적 재미를 선사해 줄 것이라고 믿는다. 이 책에서 여
러 차례 강조하겠지만, 투자은행 업무의 핵심에는 '가치(Value)'가
있다. 가치란 무엇인지, 그리고 가치를 측정하는 데에는 어떤 방
법들이 있는지 알게 되면 추후에 설명할 M&A, LBO 분석 등 심
층적인 내용도 자연스레 이해가 갈 것이다.

이 책의 마지막 책장을 넘기는 시점에서 금융을 지금과는 전
혀 다른 시각으로 바라보고 있을 여러분의 모습을 즐겁게 상상
해 본다.

출근길에 찍은 영국의 월가 캐너리 워프의 봄

차례

INVESTMENT BANK

1부

투자은행이란
어떤 곳인가

투자은행은 어떤 일을 하는가

(1) 투자은행도 통장 개설이 되나요?

아마 대부분의 사람들은 '은행'이라고 하면 국민은행, 하나은행, 우리은행, 농협은행 등의 상업은행(Commercial Bank)을 떠올릴 것이다. 그러니 투자은행(Investment Bank)에 대해 이야기하기 전에 먼저 우리에게 익숙한 상업은행에 대해 이야기해 보자.

상업은행이 하는 일은 무엇인가? 가장 핵심적인 일은 개인이나 기업으로부터 예금을 받고, 대출을 해 주는 것이다. 상업은행은 고객에게 예금을 받을 때 낮은 금리를 적용하고, 대출을 할 때는 높은 금리를 적용한다. 현재 제1금융권을 기준으로 예금 금리는 1% 내외인 반면, 대출 금리는 신용등급에 따라 4~6% 정도다. 내가 은행에 100만 원을 예금한다고 생각해 보자. 예금 금리가 1%라면 은행은 나에게 매년 1만 원을 이자로 주면 된다. 은행에서는 이 100만 원을 빌려줄 사람을 찾아 6%에 대출해 주고, 매년 6만 원을 이자로 받는다. 이렇게 6만 원을 벌어 1만 원을 내게 주고 나면, 5만 원의 수익이 생긴다. 이렇게 자금을 조달하고 대출을 함으로써 얻는 수익을 '예대마진'이라고 하는데, 이것이 상업은행의 핵심 수익 모델이다. 물론 예금과 대출이 상업은행의 모든 상품은 아니다. 요즈음은 보험이나 신탁 등 서비스의 폭이 넓어지고 있다. 하지만 우리가 일반적으로 생각하는 '은행'의 대부분은 예금·대출을 통해 돈을 번다고 이해하면 쉽다.

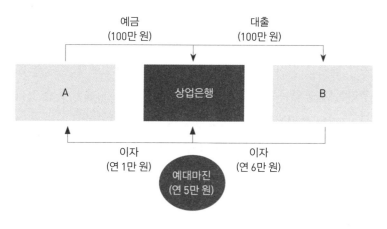

⊙ **상업은행의 영업 방식**

상업은행은 예금과 대출의 금리 차이를 통해서 수익을 올린다.

그렇다면 투자은행들은 어떻게 돈을 벌까?

우리에게 그나마 익숙한 투자은행들의 이름을 떠올려 보자. 혹시 주위에 골드만삭스에서 통장을 개설했거나 대출을 받은 사람이 있는가? 아마 없을 것이다! 왜냐하면 투자은행은 일반 고객을 대상으로 예금과 대출을 하지 않기 때문이다. 적어도 순수 투자은행은 그렇다.(물론 예외도 존재한다. 이에 대해서는 1부 3장 '다양한 투자은행의 세계'에서 자세히 설명하겠다.)

투자은행은 대신 주식, 채권 등의 투자 상품을 통해 자금(Capital)을 중개·조달하고 금융 자문 서비스를 제공한다. 여기서 투자은행이 다루는 주식이나 채권 등은 그 자체로 투자 상품이다. 주식을 사고파는 과정에서 손실이 날 수 있고, 채권도 마찬가지다. '투자

⊙ **투자은행의 영업 방식**

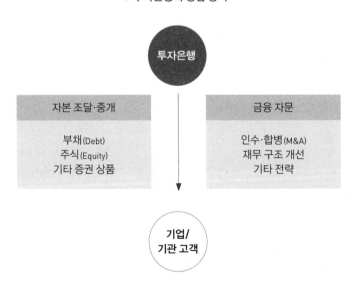

상품'을 다루기 때문에 투자은행으로 불리는 것뿐이지, 투자은행의 목적이 투자 그 자체에 있는 것은 아니다. "투자은행은 투자를 하는 은행이다."라는 생각이 잘못된 이유다.

이제 투자은행의 수익 모델에 대해 더 자세히 알아보도록 하자. 눈치가 빠른 독자라면 이미 투자은행의 업무가 크게 두 가지로 나뉠 수 있다는 것을 알았을 것이다. 앞서 나온 이 문장을 다시 읽어 보자. "투자은행은 주식, 채권 등의 투자 상품을 통해 자금을 중개·조달하고 금융 자문 서비스를 제공한다." 그렇다! 투자은행의 업무는 '자금의 중개 및 조달'과 '금융 자문 서비스'로 나뉜다.

투자은행은 자금을 중개·조달하고 금융 자문 서비스를 제공한다.

(2) 투자은행이 하는 일 #1 – 자금의 중개 및 조달

그럼 첫 번째 업무인 자금의 중개 및 조달에 대해 알아보도록 하자. 가장 먼저 생기는 의문점은 누구의 자금을 중개하고, 누구에게 자금을 조달하는지다. 앞서 말했듯 투자은행은 우리와 같은 일반 개인 고객을 대상으로 사업을 하지 않는다. 투자은행의 고객은 거의 대부분 기업이나 기관이다. 삼성, 애플, 아마존, 테스코, 존슨앤존슨 등 우리에게 친숙한 거대 기업부터 조금은 생소할 수 있는 중형 기업, 국민연금 같은 거대 펀드, 사모펀드나 대형 헤지펀드, 그리고 아주 가끔 매우 부유한 개인 투자자나 가문이 투자은행의 사업 대상이다. 다른 표현을 빌리자면, 일반 고객을 대상으로 하는 B2C(Business-to-Consumer)가 아니라 기업과 기관을 대상으로 하는 B2B(Business-to-Business) 사업 모델인 셈이다.

> 투자은행은 주로 기업과 기관을 대상으로 사업을 한다.

이 중에서 우리에게 친숙한 '기업'을 중심으로 살펴보자. 여기 당장 자금 조달이 필요한 회사가 있다. 회사에 자금 조달이 필요한 이유는 여러 가지가 있을 수 있다. 인력을 더 고용하거나 새로운 공장을 짓고 상품을 개발하거나 사업을 다른 나라로 확장하기 위해서 자금이 필요하다. 어쩌면 이 회사가 다른 회사를 인수하려고 고민 중일 수도 있다. 아무튼 이 다양한 이유 중 하나 혹은 여러 가지의 복합적인 이유 때문에 자금을 조달하려 할 것이다.

자금이 필요할 때 기업에는 크게 두 가지 선택지가 있다. 첫째는 빚, 즉 부채(Debt)를 통해 자금을 마련하는 것이다. 둘째는 주식(Equity)을 발행해 자금을 마련하는 것이다. 투자은행은 이 두 가지의 선택지 모두에 내해 중개를 한다.

> 기업은 부채와 주식을 통해 자본을 조달할 수 있다.

① 부채를 통한 자금 조달

먼저 부채를 통해 자금을 마련하는 법에 대해 알아보자. 가장 단순한 방법으로는 은행에서 돈을 빌리는 것이 있다. 말 그대로 사업을 위해 100억 원이 필요하다면 은행으로부터 100억 원의 대출(Loan)을 받는 것이다. 개인이 은행에서 대출을 받듯 정해진 금액을 정해진 날짜까지 갚고 정해진 금리의 이자를 내는 방식이다.

조금 더 복잡한 방식으로는 채권(Bond)을 발행하는 방법이 있다. 채권이란 채권의 소유자에게 채권의 발행자가 만기까지 원금을 갚고 이자를 지불할 의무가 있음을 명시하는 하나의 보증서다.

예를 하나 들어 보자. 삼성이 100억 원의 자금이 필요해 100억 원의 채권을 발행했다고 해 보자. 이 채권은 기업의 손을 떠나 제3의 소유자에게 넘어가고 시장을 통해 자유롭게 거래될 것이다. 시간이 지나 채권의 만기가 다가오면, 삼성은 그 시점에서 이 채권을 가지고 있는 사람에게 정해진 금액을 지불하면 되는 것이다.

채권은 은행에 빚을 지는 것이 아니라 다수의 투자자에게 빚을 지는 우회로인 셈이다. 일반적으로 채권을 발행했을 때의 이자율이 대출을 받을 때의 이자율보다 낮다.(물론 시장 상황에 따라 반대가 될 수도 있다.) 또, 대출에 비해 만기나 법적 조건(약정) 등을 훨씬 더 자유롭게 설정할 수 있기 때문에 많은 회사들이 채권을 발행한다.

> 부채를 통한 자금 조달 방법에는 크게 대출을 받는 방법과
> 채권을 발행하는 방법이 있다.

• 투자은행의 대출 업무

그렇다면 대출과 채권 발행의 과정에서 투자은행은 어떤 역할을 할까? 대출의 경우 우리가 상업은행에서 대출을 받는 과정과 비슷하기 때문에 많은 설명이 필요하진 않을 것이다.

기업이 투자은행에 특정 금액을 빌리고 싶다는 의사를 밝히면, 투자은행에서는 내부적으로 그 회사가 그만큼의 대출을 해 줄 만한 신용이 있는지 조사한다. 회사의 재무 상태를 꼼꼼하게 점검하고 분석한다. 정해진 만기일까지 빚을 상환할 능력이 되는지, 이자를 매년 지불할 수 있을 만큼의 현금흐름(Cash Flow)이 있는지, 혹시 알려지지 않은 미래의 지출 계획이나 다른 빚이 있는지 등을 확

인한다. 이런 검토 과정을 거쳐 최종적으로 대출을 해 주게 된다.

대출이 확정되면, 투자은행은 두 가지의 수익을 올린다. 첫째는 대출 계약에 명시된 만큼의 이자 수익(Interest Income)이다. 둘째는 대출 검토를 위한 업무에 대한 보상 성격의 수수료(Commitment Fee)다. 이 수수료는 보통 대출 금액의 0.25~1.0% 사이다. 적은 금액으로 보일 수도 있겠지만, 투자은행의 고객인 유수 기업들의 경우 한 번 대출을 받을 때 수천억 원씩 받는 경우가 일반적이기 때문에, 이 수수료로만으로도 수억 원에서 수십억 원의 매출이 발생한다.

> 투자은행은 기업이나 기관 고객에게 대출을 해 주고,
> 이자와 수수료로 수익을 올린다.

• 채권 발행과 투자은행

채권 발행의 경우 투자은행의 역할이 조금 더 복잡하다. 앞서 채권이 발행되면 시장을 통해 자유롭게 거래된다고 했는데, 거래가 되기 위해서는 가격이 있어야 한다. 거의 대부분의 채권은 시장에 발행되었을 때 100달러의 액면가(Par Value/Face Value)를 지닌다. 거래가 시작되었을 때 편의상 가격의 시작점을 100달러로 설정했다는 것이다.

그렇다면 시장에서 거래될 때 가격은 어떻게 변화할까? 채권

의 가격을 결정짓는 요인에는 크게 세 가지가 있다. 채권의 수익률(Yield), 금리(Interest Rate), 그리고 채권의 신용등급(Credit Rating)이다. 채권 가격이 이 세 요소에 따라 변동되는 이유를 짧게 설명하기는 어려우니, 일단은 여러 가지 요인에 따라 채권의 가격이 변동된다는 정도만 알고 넘어가도록 하자.

이런 채권 가격의 변동성은 채권의 발행자에게 하나의 리스크다. 시장의 여건에 따라서 이익을 얻을 수도 있지만 손실이 날 수도 있기 때문이다. 투자은행은 이런 리스크를 낮추어 주기 위해 '언더라이팅(Underwriting)'을 한다.

언더라이팅이란 투자은행이 고객의 증권 발행 과정을 중개하는 것 자체를 의미한다. 이 언더라이팅에는 크게 두 종류가 있는데, 하나는 발행된 증권 상품(이 경우에는 채권)의 전량을 고객으로부터 매수하는 경우(Bought Deal)고, 다른 하나는 고객이 발행한 증권이 좋은 가격에 판매될 수 있게 최선을 다하겠다는 협약을 하는 경우(Best Efforts Deal)다.

전자의 경우, 투자은행은 자기자본으로 증권을 인수해 나중에 투자자들에게 이를 판매한다. 그 증권 상품의 가격 변동으로 인한 리스크를 대신 감수하는 것으로, '가격이 어떻게 변동될지 모르니 내가 안전하게 대신 사서 팔아주겠다'는 것이다. 이렇게 되면 투자은행은 시세 차익을 챙길 수 있다. 발행 시 100달러에 채권을 구매해 105달러에 팔았다면 5달러의 이익이 생기는 것이다. 이 시세 차익을 스프레드(Spread)라고 한다.

후자의 경우, 투자은행은 증권 상품을 매수하지는 않지만 주관사로서 고객이 증권 발행으로 최대한의 자본을 유치할 수 있도록 노력하겠다는 서약을 한다. 이 경우 투자은행은 전자의 경우처럼 시세 차익을 챙길 수는 없지만, 대신 언더라이팅에 대한 고정 수수료를 받는다.

투자은행이 감당할 수 있는 리스크가 어느 정도인지에 따라 언더라이팅의 방식이 결정된다.

> 채권 가격은 시장의 다양한 요인에 따라 변동된다.
> 이 리스크를 대신하기 위해 투자은행은 채권 발행에 대해
> 언더라이팅을 하고, 시세 차익과 수수료로 수익을 올린다.

• 부채자본시장과 리파이낸싱

대출과 채권 발행으로 대표되는 부채자본시장(Debt Capital Markets, DCM)은 굉장히 큰 시장이다. 증권산업금융 시장협회(Securities Industry and Financial Markets Association, SIFMA)에 따르면 채권 시장은 세계적으로 100조 달러가 넘는다. 이를 한화로 환산하면 12경 원을 넘어선다. "12경!" 살면서, 특히 돈과 관련해서는 들어본 적이 없는 숫자일 것이다. 이렇게 큰 시장의 핵심 역할을 하는 투자은행에 대해서 잘 모르고 있었다면, 다시 생각해도 억울한 일이다.

그런데 이 시장은 왜 이렇게 클까? 물론 세계적으로 회사가 굉장히 많고, 돈을 써야 할 일은 계속해서 생겨나기 때문이라는 이유도 있다. 하지만 보다 핵심적인 이유는 회사들의 '부채 돌려 막

기'에 있다. 어느 정도 규모가 있는 기업은 대부분 이런 '부채 돌려 막기'를 한다. 금융 용어로는 '리파이낸싱(Refinancing)'이라고 한다. 자본을 새로운 방식으로 다시 조달한다는 것이다.

JP모간에서 2018년 만기로 빌린 5,000억 원을 바클레이즈를 통해 2025년 만기의 채권을 발행해서 갚는 것과 같은 일들이 빈번하게 일어난다. 이런 경우 사실상 기업이 지불해야 하는 돈은 이자밖에 없으므로, 그 이자를 낼 능력만 있다면 원금 상환에 대해 딱히 고민하지 않고 부채를 통해 자금을 조달할 수 있다.

리파이낸싱의 경우도 이자 수익, 시세 차익, 수수료 등 돈을 벌 수 있는 기회는 동일하기 때문에 투자은행도 기업에 리파이낸싱을 적극적으로 권장하고, 내부적으로 심사를 할 때도 리파이낸싱을 늘 염두에 둔다.

> 기업은 반복된 리파이낸싱을 통해, 부채를 통한
> 자본 조달의 효과를 이자만 지불하고 저렴하게 누릴 수 있다.

② 주식을 통한 자금 조달

이번에는 자금 조달의 또 다른 시장인 주식자본시장(Equity Capital Markets)에 대해서 알아보도록 하자. 이는 부채자본시장과 더불어 투자은행의 핵심 시장이기도 하다.

아마 독자 여러분에게 주식은 꽤나 익숙한 단어일 것이다. 뉴스나 신문에서 주식 시장에 대한 이야기를 쉽게 찾아볼 수 있을 뿐 아니라, 주위에서 주식을 하는 지인을 찾기도 어려운 일이 아니다. 하지만 주식에 대한 인식을 살펴보면 막연히 '하면 패가망신하는 것', '도박과도 같은 것', '개미 투자자는 이길 수가 없는 게임' 등 부정적인 이미지도 많다. 아마도 주식을 그저 돈 벌기 위한 수단의 하나로만 인식하기 때문일 것이다. 하지만 수익을 내기 위한 하나의 수단을 넘어 주식의 본질에 대해 생각해 볼 필요가 있다.

주식이란 애초에 무엇일까? 주식이란 주식회사에 대한 일정한 지분을 나타내는 증권 상품을 의미한다. 만약 주식이 100주가 있는 회사에서 내가 50주를 가지고 있다면 나는 이 회사의 50%를 소유하고 있는 것이다. 또, 경영에 관해 의견 충돌이 있다면 대주주로서 의견을 낼 수 있다. 우리에게는 '애플 주식에 투자해 15% 수익을 냈다', '바이오 주식에 잘못 투자해 돈이 반 토막이 되었다' 등의 문장들이 더 익숙하지만, 사실 주식이 거래될 때 회사의 소유권 일부가 양도되고 있는 것이다. 물론 이 개념을 모르고 있는 독자는 거의 없겠지만, 우리가 주식을 볼 때 소유권(Ownership)이라는 본질을 잘 생각하지 않는다는 점을 강조하고 싶었다.

또 많은 사람들이 주식은 거래소에 상장된 상장 기업(Public company)에만 적용되는 개념이라고 생각하는데, 이 역시 잘못된 생각이다. 회사가 거래소에 상장되었다는 것은 그 회사의 주식이 공개적으로 시장에서 거래된다는 것을 의미할 뿐이다. 상장되지 않은 비상장 기업(Private Company)도 주식회사일 수 있다. 단지 그 주식을 소수의 인원이 소유하고, 외부에서 거래되지 않고 있을 뿐이다. 아무튼, 주식은 소유권을 의미하고 이것이 주식의 본질이라는 것을 기억하도록 하자.

주식의 본질은 소유권이다.

• IPO와 투자은행

주식 발행을 통해 자금을 조달하는 경우에는 크게 두 가지가 있다. 첫 번째는 기업공개(Initial Public Offering)로, 줄여서 IPO라고 한다. IPO는 기존에 상장되어 있지 않았던 기업이 거래소에 상장해 외부 투자자들에게 주식을 공개적으로 매도하는 것을 의미한다. '코스닥', '나스닥' 등에 등록되어 주식이 처음으로 공개 거래되는 것이다. 혹시 레오나르도 디카프리오 주연의 〈더 울프 오브 월 스트리트〉를 본 독자가 있다면, 극중 여성화를 만드는 회사인 '스티브 매든'의 주식을 상장시키는 장면을 기억할 것이다. 이 장면이 바로 IPO다.

IPO는 기존에 소수의 인원이 소유하고 있던 주식을 외부 투자자들에게 판매함으로써 큰 자금을 조달할 수 있다는 장점이 있다. 설립자나 초기 투자자 등 소수가 가지고 있던 회사의 가치를 모두가 나누어 가질 수 있도록 판매하는 것이니, 그 기업의 총 가치에 근접한 자본을 조달할 수 있다.

기업이 IPO를 결심하면 이 과정을 주관할 회사를 선정해야 하는데, 주로 투자은행들이 이 업무를 맡아서 한다. 2012년 페이스북이 50억 달러의 IPO를 했을 때, 주관사로 모건스탠리가 선정되었고, 이 외에도 골드만삭스, JP모간, 바클레이즈, 뱅크오브아메리카 등의 유수 투자은행들도 대거 참여했다.

최근에 화세가 된 IPO로는 세계에서 가장 큰 수익을 내는 회사로 유명한 사우디아라비아의 '사우디 아람코(Saudi Aramco)'의 IPO가 있었는데, 회사 가치가 약 2조 달러로 측정되는 전무후무한 기록을 세웠다. 이 IPO에도 당연히 다수의 투자은행들이 참여했다.

IPO 주관사로서 투자은행의 역할은 크게 세 가지로 나뉜다.

첫째는 IPO 시 주식의 적정 가격, 즉 기업의 가치를 책정하는 것이다. 만약 너무 높은 가격으로 기업공개가 될 경우 거래의 시작과 함께 가치가 폭락하는 일이 일어날 수 있고, 너무 낮은 가격으로 기업공개가 될 경우 기업이 정당한 양의 자본을 조달하지 못하게 된다. 적정한 가치 책정을 위해서 투자은행에서는 기업공개를 원하는 기업으로부터 최대한 많은 정보를 입수해서 가치평가를 한다.(가치평가에 대해서는 2부에서 보다 자세히 설명하겠다.) 이 분석을 통해 주식의 적정 가치를 산출하고, 여기에 현재 시장의 환경을 고려해 적정 IPO 가격을 매기는 것이 투자은행이 하는 일이다.

둘째 역할은 앞서 채권을 설명할 때 이야기했던 언더라이팅이다. 채권을 발행할 때 가격 변동의 리스크를 대신하기 위해 투자은행이 발행자로부터 채권을 매입해서 고객에게 되팔거나, 증권

〈더 울프 오브 월 스트리트〉에서
스티브 매든이 IPO 연설을 하는 장면

발행을 통해 최대한의 자본을 유치할 수 있도록 노력한다는 협약에 서명한다고 했던 것을 기억하는가? 이는 주식의 경우에도 똑같이 적용된다. 특히 기업공개의 경우는 그야말로 한 회사당 한 번만 할 수 있는, 회사 역사에서 아주 중요한 순간이기 때문에 이 리스크 관리를 위해 언더라이팅이 더 필수적이라고 할 수 있다.

셋째는 IPO에 대한 마케팅이다. IPO가 성공적이려면 이 주식을 사겠다는 투자자가 많이 몰려야 하지 않겠는가? 이렇게 투자자를 유치하기 위해 투자은행은 이 회사에 투자할 이유가 무엇인지, 적정 가치가 왜 이렇게 책정되었는지 등을 정리해 홍보 자료를 제작한다. 그리고 가지고 있는 네트워크를 통해 최대한 많이 홍보를 한다. 이를 '로드쇼(Roadshow)'라고 한다.

IPO가 성사되면 투자은행은 채권 발행의 경우와 같이 시세 차익과 수수료로 수익을 올린다. 당연히 규모가 큰 IPO일수록 이런 수익의 규모도 크다. 이 때문에 앞서 말한 페이스북 같은 대형 IPO에는 내로라하는 투자은행들이 너도 나도 참여하려고 달려든다.

> 최초로 주식을 외부 투자자에게 공개적으로 판매하는 것을 기업공개(IPO)라고 한다. 투자은행은 IPO 주관사로 참여해 주식의 적정 IPO 가격을 책정하고 언더라이팅을 한다.
> 또, 로드쇼를 통해 IPO를 홍보한다.

• 유상증자와 투자은행

주식 발행을 통해 자금을 조달하는 두 번째 경우는 이미 IPO를 통해 주식이 상장되어 거래 중인 회사가 주식을 추가적으로 발행하는 경우다. 이를 유상증자(Follow-on Offering)라고 한다. 말 그대로 '유상(有償)', 즉 대가를 지불하고 '증자(增資)', 자산을 더 키운다는 것이다. 여기서 지불하는 대가는 새로 추가 발행한 주식을 의미하는데, 보통 이 주식은 시장에서 거래되고 있는 가격보다 저렴하게 판매된다. 생각해 보면 당연한 일이다. 시장에서 100원에 살 수 있는 주식을 누가 군이 110원에 구매하겠는가?

유상증자의 경우에도 투자은행의 역할은 IPO 때와 크게 다르지 않다. 단지 이미 주식이 시장에서 거래되고 있어 가격이 형성되어 있기 때문에 주식의 가치에 대한 분석보다는 마케팅과 홍보에 더 중점을 둔다는 차이가 있다.

여기까지 읽고서 한 가지 의문점이 생길 수 있다. 앞서 설명한 부채를 통한 자본 조달의 경우, 빌린 자본에 대해 이자를 지불해야 했다. 하지만 주식의 경우 그런 이자를 지불하지 않아도 된다. 그렇다면 계속해서 주식을 발행하면서 자금을 조달하는 것이야말로 최고의 방법이 아닐까?

이자를 지불하지 않아도 된다는 점은 분명 장점이지만 주식 발행에도 분명한 '비용'이 있다. 바로 주식의 실질가치 하락이다. 경제학에서 자주 사용되는 표현대로 "공짜 점심은 없다!"

예를 들어, 당신이 성공적인 스타트업의 CEO이고 회사의 지분을 100% 가지고 있다고 생각해 보자. 회사가 성장해 당신은 IPO

를 통한 자금 조달을 결심하고 회사를 상장시킨다. 이 과정에서 원래 100%였던 당신의 지분이 줄어들게 된다. 주식을 발행해 일반 투자자에게 판매했기 때문이다. 이 과정에서 당신의 지분이 30%로 줄어들었다고 생각하자. 이렇게 되면 70%의 지분이 투자자들에게 넘어간다. 회사의 가치가 100억 원이고, 총 100주가 있다고 하면 당신의 지분이 30억 원, 투자자들의 지분이 총 70억 원인 셈이다. 이때 당연히 1주의 가치는 1억 원이다. 그런데 여기서 당신이 자본을 더 조달하기 위해 유상증자를 해서 총 주식의 양이 150주로 늘어났다고 하자. 이 경우 1주의 가치는 전의 1억 원보다 떨어지게 된다. 케이크를 100조각에서 150조각으로 나누었으니 한 조각의 크기가 줄어드는 셈이다. 실제로 유상증자를 하면 대개 주가가 떨어지게 된다.

앞서 주식의 본질이 '소유권'이라는 점을 강조했다. 따라서 주식의 가치가 떨어진다는 것은, 그 주식을 소유하고 있던 사람이 가지는 회사에 대한 소유권이 줄어든다는 뜻이기도 하다. 금융에서는 이것을 '가치희석(Dilution)'이라고 표현한다. 영향력이 희석되어 전보다 덜 진해졌다고 생각하면 편하겠다. 이런 가치희석의 문제는 회사가 클수록 더 부각된다. 위에서는 100%를 소유하는 경우를 예로 들었지만, 대형 회사에서 이런 경우는 거의 존재하지 않는다. 굳이 예외를 찾자면 한 가문에 의해 소유되어 운영되는 회사 정도가 있겠지만, 이런 경우는 매우 소수다.

당신이 세계적인 주식회사의 CEO라면, 당신의 의무는 그 주식(즉 회사 소유권의 일부)을 소유한 주주들의 이익을 위해 회사를 경영하고 행동하는 것이다. 이런 상황에서 만약 주식을 더 발행해서 자금을 조달하겠다고 한다면, 이미 주식을 소유하고 있는 주주들이 가진 주식의 가치가 희석될 것이고, 따라서 많은 주주들의 반대를 사게 될 것이다. 주식의 추가 발행이 쉽지 않은 이유다. 그래서 일반적으로 주식의 추가 발행보다 부채의 발행을 선호하게 된다. 앞서 말한 대로 리파이낸싱을 통해 원금 상환을 미룰 수 있으니, 대부분의 회사에는 부채 발행이 더 매력적인 선택지일 것이다.

> 주식 발행을 통한 자금 조달의 실질적 비용은
> 주식 가치의 하락이다. 대부분의 회사는 이 때문에
> 부채를 통한 자금 조달을 선호한다.

(3) 투자은행이 하는 일 #2 - 금융 자문

우리는 자본 조달이라는 투자은행의 핵심 업무 중 하나를 살펴보았다. 어떤 독자에게는 익숙한 내용이고, 어떤 독자에게는 복잡한 이야기였을 수도 있겠다. 이제 설명할 금융 자문 업무는 훨씬 더 직관적이다. 한편으로 주식·채권 시장과는 달리 일반 대중에게 잘 알려지지 않은 영역이기 때문에 더욱 흥미로울 것이라고 생각한다.

사실 '금융 자문 업무'라는 표현은 굉장히 포괄적이다. 도대체 무엇에 대해서 자문을 한단 말인가? 필자도 솔직히 이 범주에 대해서는 정확히 말하기가 힘들다. 워낙 기업들의 상황과 요구가 다르다 보니 딱 몇 가지를 골라 '이것에 대해서 자문한다'고 이야기할 수 없기 때문이다. 따라서 여기에서는 가장 흔하고, 또 핵심 업무라고 알려진 두 가지의 자문 업무에 대해서 다루도록 하겠다.

① 재무 구조 개선 (Restructuring Advisory)

첫 번째는 재무 구조에 대한 자문이다. 재무 구조라는 단어가 조금 어렵게 느껴질지도 모르겠다. 하지만 여기까지 읽은 독자라면 이미 재무 구조가 무엇인지 간접적으로나마 알고 있다. 앞서 우리는 기업이 자본을 조달하는 데에 크게 두 가지 방법이 있다는 것을 확인했다. 바로 부채와 주식이다. 재무 구조란 기업의 자본이 어떻게 구성되어 있는지를 의미하는데, 이는 쉽게 설명해서 부채와 주식 사이의 비중이 어떻게 되는지로 귀결된다. 아주 단순하게는 부채 대 주식의 비율이 2:8이냐, 5:5냐 같은 문제라고 생각하면 되겠다.

재무 구조에 대한 분석이 중요한 이유는 회사마다 부담할 수 있는 부채의 양이 다르기 때문이다. 우리가 앞서 말했듯이 부채를 통해 자금을 조달할 때, 원금도 원금이지만 사실상 기업의 부담은 이자라고 할 수 있다. 이 이자를 매년 지불할 수 있다면 그만큼의 부채를 부담할 수 있는 것이고, 지불할 수 없다면 부담할 수 없는 양의 부채를 가진 것이 된다.

하지만 여기서 '이자를 매년 지불할 수 있다'는 표현에는 함정이 있다. 우리가 대출 이자를 갚을 때 일상생활에 필요한 기초 생활비, 즉 아파트 관리비, 휴대폰 요금, 교통비 등을 제외하고 생각하듯이, 기업 역시 사업을 위해 필요한 비용들을 모두 고려하고 나서도 이자를 낼 만큼 여유가 남아야 '이자를 매년 지불할 수 있다'고 말할 수 있다. 물론 정 급하면 직원들의 연봉을 삭감하거나, 진행하려고 했던 프로젝트를 취소하면서 지출을 줄여 이자를 낼 수 있겠지만, 이 시점에서 이미 그 기업은 부채를 너무 많이 보유하고 있는 것이다. 너무 높은 이자 부담 때문에 정상적인 사업을 포기해야 하는 상황이기 때문이다. 비싼 외제 차 리스를 유지하기 위해 매일 라면을 먹거나 굶는 생활을 할 수는 없는 것 아닌가? 이자가 기업에 과도한 부담을 주는 상황이 되었다면 그 회사는 재무 구조를 재구성해야 하는 입장에 놓인 것이다.

반대로, 이자를 지불할 수 있는 능력이 충분해서 부채를 통해 자본을 더 조달하고 사업을 확장해도 되는 상황이라면 이 역시 부채의 비율을 늘려 재무 구조를 재구성해야 하는 경우다.

이런 경우들에 기업은 투자은행을 찾아 어떻게 재무 구조를 개선해야 할지에 대한 자문을 구한다.

한 가지 짚고 넘어가자면, 이자 지불 능력은 단순히 회사의 크기와는 다른 개념이다. A와 B, 두 회사가 있다고 하자. A는 기업가치 100억 원, 매출 50억 원, 그리고 기타 비용을 모두 지출하고 난 수익이 5억 원인 회사다. 반면 B는 기업가치 100억 원, 매출 50억 원, 그리고 기타 비용을 모두 지출하고 난 수익이 1억 원인 회사다. 이 경우 A와 B의 기업가치 및 매출이 동일하지만 이자 지불 능력은 A가 훨씬 뛰어나다.

이번에는 똑같은 상황에서 B가 현금을 30억 원 정도 가지고 있다고 가정해 보자. A는 현금을 아예 보유하고 있지 않다. 이 경우 B가 당장 창출하는 수익은 상대적으로 적더라도 이자를 지불할 수 있는 능력은 어느 정도 A와 비견될 수 있다. 이렇게 다양한 요소에 따라 이자 지불 능력이 결정될 수 있으므로 입체적인 분석과 접근이 필요하다.

> **회사마다 가장 적합한 재무 구조가 있다.**
> **회사들은 재무 구조 개선에 대해 투자은행에 자문을 구한다.**

A	B
기업가치: 100억 원	기업가치: 100억 원
매출: 50억 원	매출: 50억 원
기타 비용 지출 후 수익: 5억 원	기타 비용 지출 후 수익: 1억 원

⊙ 기업가치와 매출이 같아도 이자 지불 능력이 다를 수 있다.

• 부채의 양이나 이자율을 조정하는 방법

재무구조를 개선하는 대표적인 방법 두 가지로는 부채의 양을 조정하는 방법과 이자율을 조정하는 방법이 있다.

그런데 여기서 우리가 먼저 짚고 넘어가야 할 내용이 있다. 부채와 신용 사이의 상관관계다. 당신이 은행이라고 잠시 가정해 보자. 회사 A와 B가 둘 다 100억 원을 빌리고 싶다고 당신을 찾아왔는데, 회사 A는 신용등급이 높고, B는 신용등급이 상대적으로 낮다. 한 회사에는 이자율을 2%, 한 회사에는 4%를 적용해야 한다면 당신은 A와 B에 각각 어떤 이자율을 적용하겠는가? 당연히 신용등급이 높은 A에 더 낮은 이자율인 2%를 적용할 것이다. 신용등급이 낮다는 것은 당신이 돈을 제 시간에 잘 돌려받을 확률이 낮다는 뜻이고, 그렇게 위험도, 즉 리스크(Risk)가 크다면 높은 이자로 보상(Reward)을 받아야 하기 때문이다. 정리하자면 리스크가 높을수록 이자율도 높고, 리스크가 낮을수록 이자율도 낮다.

사실 이는 우리에게 낯선 개념이 아니다. 신용등급이 높은 사

A		B
신용등급: A+		신용등급: B
상대적으로 저위험		상대적으로 고위험
낮은 보상 (2%)		높은 보상 (4%)

⊙ 신용도가 높으면 낮은 이자율을 적용 받는다.

람은 은행에 가서 낮은 이자율을 적용받는 반면, 신용등급이 낮은 사람은 제2, 제3 금융권에 가서 더 높은 이자율을 적용받지 않는가?

이자율은 위험도(리스크)와 비례하고 신용도와 반비례한다.

그럼 이제 부채의 양을 조절하는 방법에 대해 이야기해 보자.

부채를 늘리는 방법에 대해서는 우리가 위에서 이미 이야기했다. 대출을 받거나, 채권을 발행하면 된다. 시장의 상황(이자율, 부채 투자자들의 성향 등)에 따라 부채를 언제 발행해야 가장 효율적일지가 달라지기 때문에, 투자은행은 이에 대해 자문해 줄 수 있다. 또, 어느 정도가 부채를 늘려도 되는 한계인지에 대해서도 분석을 거쳐 자문한다.

반대로 부채를 줄이는 방법은 조금 더 다양하다. 주식 발행으로 조달받은 자본을 통해 부채를 상환할 수도 있고, 회사의 일부를 매각해 돈을 마련할 수도 있다. 어쩌면 단순히 비축해 놓았던 현금을 통해 부채를 갚을 수도 있다. 통상 현금을 통해 받는 이자율보다 부채를 통해 내야 하는 이자율이 더 높기 때문에, 현금이 많은데 특별히 사업을 확장하는 것도 아니면서 부채를 갚지 않고 있다면 손해다.

또, 이자율을 조정하는 방식을 통해 재무 구조를 고칠 수도 있다. 앞서 말했듯, 이자율은 위험도와 비례하고 신용도와 반비례한다. 따라서 현재 기업이 가지고 있는 부채가 5년 전의 것이고, 5년 동안 회사가 많이 성장하여 신용등급이 높아졌다면, 더 나은 조건, 즉 더 낮은 이자율로 부채를 리파이낸싱할 수 있다.

• **기업 구조를 재구성하는 방법**

조금은 더 복잡한 방법이지만 기업의 구조를 재구성해 그 기업에 맞는 부채 구조를 찾을 수도 있다. 대부분의 세계적 기업이 모회사-자회사 관계를 통해 복잡한 구조로 짜여 있음을 알 수 있다. 우리가 흔히 '삼성'이라고 칭하는 곳도 사실은 수십 개의 개체로 나누어져 서로 엮여 있는 조직이다.

아래의 기업 조직도를 보자. 여기서 A는 B의 모회사이고 B는 C의 모회사다. 반대로, B는 A의 자회사이고 C는 B의 자회사다. 말 그대로 '모(母)'와 '자(子)', 어머니와 아들이라는 것이다. 삼성그룹 내의 직접적인 자회사로는 삼성전자, 삼성생명 등 22개가 있다. 또, 여기에 삼성이 사업을 하는 각 지역의 자회사들까지 포함하면 수백 개가 될 것이다. 자, 그럼 여기서 간단한 문제를 하나 내 보겠다. 아래 기업 구조에서 A, B ,C 중 통상적으로 누가 제일 신용등급이 높을까?

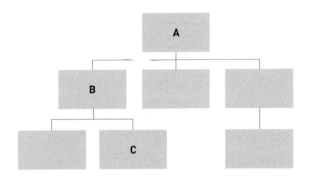

정답은 'A'다. 보편적으로 A, B, C 순으로 신용등급이 높을 것이다. B는 모회사 A의 사업 중 일부를 맡아서 하고, C는 B회사의 사업 중 일부를 맡아서 하니 당연히 A가 B보다, B가 C보다 규모도 크고 신용도도 높을 수밖에 없다. 따라서 A, B, C가 하나의 독립된 회사로 돈을 빌린다고 가정할 때, A는 B보다, B는 C보다 낮은 이자율을 적용받을 수 있다.

이렇게 생각하면 당연히 낮은 이자를 위해 A에서 모든 부채를 떠안는 것이 효율적이라고 생각되겠지만 아쉽게도 이 문제는 그렇게 단순하지가 않다. 리스크 때문이다. 리스크는 분산할수록 좋다. 가장 기초적인 투자 입문서를 읽어도 분산투자를 강조하지 않는가? 한 주식에 모든 돈을 쏟아 부어 포트폴리오를 짜면 그 주식이 폭락했을 때 큰 손해를 입듯이, 한 개체가 모든 부채를 떠안으면 그 회사가 부채를 상환하기 힘들어졌을 때 타격이 훨씬 크다.

만약 A가 모든 부채를 부담하고 있는 경우, 혹시 A가 부채를 상환하지 못하게 되었을 때 그 부담은 그룹 전체가 떠안아야 한다. 기업 전체가 무너지게 되는 셈이다. 그런데 만약 A, B, C가 나누어 부채를 부담한다면, C가 부채를 상환하지 못하게 되었을 경우 과감하게 C를 잘라 내고 나머지를 살릴 수 있다. 법적으로 별도의 언급이 없는 이상 모회사인 A와 B가 자회사인 C의 부채를 상환할 의무가 없다. 자회사가 부채를 통해 자금을 조달할 수 있도록 모회사에서 별도의 보증(Guarantee)을 서는 경우도 있지만, 보편적으로는 그렇다. 이렇게 C에 돈을 빌려주는 것이 B나 A에게 빌려주는 것보다 위험도가 더 크기 때문에 당연히 이자율도 더 높은 것이다.

따라서 부채를 각 객체에 어떻게 분배할 것인지는 결국 위험도(리스크)와 보상(리턴)의 균형 문제다. 가장 낮은 이자율을 원한다면 최종 모회사가 부채를 부담하면 되겠지만 그렇게 되면 리스크가 너무 높고, 또 리스크를 최소화하기 위해 자회사들에 부채를 너무 많이 부담하게 하면 이자율이 너무 높아진다. 기업의 상황과 성향에 따라서 이 문제에 대한 답이 달라지는데, 투자은행은 기업에 이에 대한 해답을 제시한다.

기업은 부채를 얼마나 보유해야 할지,
또 어떻게 자회사들에 부채를 분배해야 할지에 대해
투자은행의 자문을 구한다.

② 인수·합병 (M&A)

두 번째 자문 업무는 투자은행의 꽃이라고 알려진 인수·합병 (Mergers and Acquisitions, M&A)이다. 이 단어는 금융에 관심이 없는 독자라도 한 번쯤은 들어 보았을 것이다. M&A의 M은 Mergers로, 두 회사가 하나로 합병되는 것을 의미하고, A는 Acquisition으로, 한 회사가 다른 회사를 인수(구매)하는 것을 의미한다. 인수와 합병의 차이는 아주 간단하다. 한 회사가 다른 회사보다 더 크면 '인수', 규모가 비슷하면 '합병'이라고 생각하면 된다.

우리 주변에서 회사들 사이의 인수·합병은 매우 흔하다. 글로벌 컨설팅 회사인 BCG의 발표에 따르면 2019년 기준 세계 M&A 시장의 규모는 3,700조 원이 넘는다. 아주 최근에 있었던 M&A 딜(Deal)로, 국내 대표 유니콘 기업(기업가치가 1조 원 이상인 스타트업)이자 유명 음식 배달 어플리케이션인 '배달의 민족'을 만든 '우아한형제들'이 독일계 회사 '딜리버리히어로(Delivery Hero)'에 4조 7,500억 원에 매각된 경우가 있다.

회사들이 M&A를 하는 이유에는 여러 가지가 있다. 이에 대해서는 이 책의 후반부에서 더 자세히 다루겠지만, 쉽게 생각할 수 있는 이유로는 새로운 시장이나 새로운 지역으로의 확장, 상품 포트폴리오 다양화, 중요 특허 및 기술의 인수 등이 있겠다.

또한 시너지(Synergy)도 빠질 수 없는 요소다. 시너지란 1+1이 3이 되는 경우를 의미한다. 회사 A와 회사 B가 있는데, 이 둘은 비슷한 사업 모델을 가지고 있다. 그런데 회사 A는 회사 B가 가지지 못한 서비스 네트워크를 가지고 있다. 이런 경우 A와 B가 하나의 회사가 되면 회사 B는 회사 A의 네트워크를 통해 상품 및 서비스를 공급할 수 있기 때문에, 단순히 회사 A와 B의 가치의 합을 넘어서 더 큰 가치의 창출이 가능하게 된다. 이렇게 회사가 인수·합병으로 단순히 두 회사의 매출 합계보다 높은 매출을 내는 경우를 매출 시너지(Revenue Synergies)라고 한다. 반대로, 회사가 인수·합병으로 두 회사의 비용의 합계보다 낮은 비용으로 생산·서비스를 제공하는 경우를 비용 시너지(Cost Synergies)라고 한다.

가치에 대해서 잠시 이야기를 했는데, 회사의 M&A 과정에서 '가치'는 굉장히 중요한 개념이다. 우리가 과일을 살 때도 가격을 비교해 보고 과연 이 가격이 적절한지 생각해 보고 구매하지 않는가? 회사라고 크게 다르지 않다. 회사를 인수하는 입장에서는 그 회사의 가치보다 비싸게 지불하고 싶지 않을 것이고, 회사를 매도하는 입장에서는 그 회사의 가치보다 적게 받고 싶지 않을 것이다. 특히 지금 고려되고 있는 '매물'이 1~2만 원이 아니라 수천억~수조 원이라면 더더욱 그럴 것이다. 하지만 '500원'이라고 명시되어 있는 볼펜의 가치와는 달리, 회사의 가치는 누가 정해 놓은 것이 아니다. 따라서 이 가치를 어떻게 측정하는지가 M&A의 중요 쟁점이 될 수밖에 없다. 이 가치에 대한 기본적인 이론과 투자은행에서의 접근 방식은 2부 1장 '핵심은 '가치'다'에서 더 깊이 다루도록 하겠다.

인수·합병의 과정에서 기업의 가치는 핵심 쟁점이다.

• 투자은행이 M&A에서 하는 일

흔히 회사의 인수 및 합병에 대해 설명할 때 사람들이 집을 사고 파는 과정과 비교를 하기도 한다. 우리가 집을 팔 때 가장 먼저 하는 일이 무엇인가? 얼마에 집을 내놓을지 결정하는 것일 것이다. 가격을 책정하기 위해서는 다양한 요소를 고려해야 한다. 내가 이 집을 얼마에 샀는지도 중요한 요소 중 하나다. 정말 급한 경우, 혹은 어쩔 수 없는 경우가 아니면 구매했던 가격보다 저렴하게 팔고 싶지는 않을 것이기 때문이다. 또 최근 근처 지역의 실거래가를 참고해 얼마 정도의 가격이 적당할지 생각하기도 할 것이다. 이 과정에서 공인중개사를 구해 자문을 구하고, 집을 팔기 위해서는 어떤 서류적 절차가 필요한지 등에 대해서도 듣게 된다. 반대로 집을 사려는 입장에서는 먼저 살고 싶은 지역이나 원하는 가격대 등으로 조건을 정하고 집을 찾기 시작하며, 원하는 조건의 집을 찾으면 집주인(혹은 중개인)과 연락해 어느 정도까지 협상이 가능한지, 또 내가 구매하려는 집이 어떤 집인지 꼼꼼히 확인하고 점검할 것이다.

⊙ M&A에서 투자은행의 핵심 역할

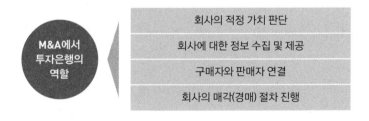

M&A에서 투자은행의 역할	회사의 적정 가치 판단
	회사에 대한 정보 수집 및 제공
	구매자와 판매자 연결
	회사의 매각(경매) 절차 진행

한 회사가 다른 회사를 인수하는 M&A의 과정도 이와 크게 다르지 않다. 투자은행은 M&A 과정에서 구매자와 판매자를 서로 연결해 주는 공인중개사와 같은 역할을 한다. 다른 회사에 매각되기를 원하는 회사에는 그 회사의 가치가 어느 정도 되는지, 그리고 어떤 구매자들에게 가장 높은 가격에 판매될 수 있을 것인지 등에 대해서 자문을 하고, 회사를 인수하려고 하는 회사에는 조건에 맞는 회사를 찾아 주고 그 회사의 적정 가치가 어느 정도 될지에 대해서 자문을 해 준다.

> **M&A에서 투자은행은 공인중개사와 유사한 역할을 한다.**

• 투자은행이 M&A에서 버는 돈

M&A 자문 과정에서 투자은행은 성사되는 M&A 건의 크기와 비례하는 수수료를 받아 수익을 낸다. 예를 들어, 회사 A가 회사 B를 100억 원에 인수했는데 그 딜에서 수수료가 2%였다면 2억 원의 수익을 올린다.

M&A의 경우, 앞서 말한 다른 상품들보다 일반적으로 규모가 훨씬 크다. 쉽게 생각해 보자. 자본 조달의 경우, 그 어떤 기업도 자신의 기업가치 이상의 자본을 조달할 수 없다. 부채의 경우 그 기업 자체가 담보가 되는 것이라 그 담보가 되는 자산보다 더 크게 빌릴 수는 없는 노릇이고, 주식 발행의 경우에도 사실상 그 회

⊙ 파이낸셜 타임즈 (FT)가 발표한 2019년 M&A 수수료 1~10위 투자은행

	은행	수수료 (백만 달러)
1	골드만삭스	2,490.6
2	JP모간	1,775.1
3	모건스탠리	1,758.4
4	씨티	1,102.9
5	뱅크오브아메리카 메릴린치	1,100.7
6	라자드	834.5
7	바클레이즈	826.2
8	크레딧수스	734.7
9	에버코어 파트너스	692.4
10	로스차일드	676.9

사의 조각을 판매하는 방식이므로 당연히 기업가치 이상을 유치할 수 없다. 자문 업무에서의 재무 구조 개선과 M&A를 비교했을 때 무엇이 더 큰 사업 기회일지는 꽤나 명확할 것이라고 생각한다. 이렇게 M&A 업무는 투자은행에서 진행하는 업무 중에서도 가장 '굵직한' 규모를 자랑한다. 따라서 M&A가 투자은행의 핵심 업무라고 생각되는 경우가 많다.

한 회사가 다른 회사를 산다는 것은 당연히 그 회사의 입장에서는 큰 결정이며, 따라서 한 회사의 M&A 딜에 자문사로 참여했다는 것은 그 회사의 신뢰를 받고 있다는 것을 의미하기 때문에 성사시킨 M&A 딜의 수로 투자은행의 영향력을 가늠할 수 있기도 하다. 물론 M&A 등의 자문 업무보다는 자금 조달에 중점을 두는 투

자은행도 있고, 후에 언급할 '부티크' 투자은행은 M&A 업무에만
집중하기에 투자은행 간 비교를 할 때는 이런 점을 고려해야 한다.

M&A는 투자은행에서 하는 업무 중에서도 규모가 가장 큰 편이다.

투자은행의 일은 어떻게 나뉘는가

앞서 우리는 투자은행이 넓게는 자본을 조달 및 중개하고, 자문 업무를 제공한다는 것을 확인했다. 이를 통해 투자은행에서 하는 업무들이 어떤 느낌인지 대략적으로 감을 잡았을 것이라 생각한다. 이 장에서는 여러 업무들을 투자은행이 어떻게 나누어 처리하는지 다루어 보려고 한다. 먼저 한 가지 짚고 넘어가야 할 점은, 삼성전자 내에 직접 신제품을 개발하는 엔지니어부터 고객 문의를 받는 상담원까지 다양한 직책이 있듯, 투자은행 내에서도 정말 다양한 직책과 부서가 존재한다는 점이다. 그리고 투자은행 역시 하나의 기업이기 때문에 당연히 전산, 인사 등 일반 기업에도 존재하는 팀도 있다. 이런 팀의 업무는 이 책의 핵심 주제가 아닐뿐더러 대부분의 독자들이 이미 잘 알고 있을 테니, 여기에서는 투자은행의 특징을 드러내는 팀들만 다루어 보도록 하겠다.

(1) 프런트 오피스와 백 오피스

공식적인 분류는 아니지만, 일반적으로 투자은행에서 하는 업무
는 1) 투자은행의 핵심 상품들을 다루는 업무와 2) 1)의 업무가
제대로 이루어지도록 돕는 업무로 나뉜다. 여기에서 1)을 하는
부서를 '프런트 오피스(Front Office)', 2)를 하는 부서를 '백 오피스
(Back Office)'라고 부르는데, 쉽게는 고객에게 상품을 판매하는, 즉
전면에서 승부하는 팀인지, 아니면 그 팀을 보조하고 탄탄한 인프
라를 구축하는 팀인지의 구분이라고 생각하면 된다. 혹시 소프트
웨어나 프로그래밍에 관심이 있는 독자라면 이런 프런트-백의 구
분이 굉장히 익숙할 것이다. 웹사이트를 만드는 경우에도 페이지
의 디자인, 로고, 페이지 구성 등을 다루는 프로그래머를 '프런트
엔드(Front End)' 프로그래머라고 부르고, 페이지의 구동 원리와 주
요 기능을 개발하는 프로그래머를 '백 엔드(Back End)' 프로그래머
라고 부르기 때문이다.

투자은행의 경우 일반적으로 금융과 경제에 관심 있는 학생들
이 고려하는 업종이기 때문에 지원자의 대부분이 프런트 오피스
로 몰리는 경향이 있다. 그러나 백 오피스의 경우에도 금융과 직
접적으로 연결된 업무를 처리하고 전문성을 띄는 역할이 많다.

이 책에서는 프런트 오피스 중에서 IBD (Investment Banking
Division), S&T (Sales & Trading) 팀, 리서치 (Research) 팀을 중심으로,
그리고 백 오피스에서는 컴플라이언스 (Compliance) 팀과 리스크

⊙ 투자은행의 구조

투자은행						
프런트 오피스				백 오피스		
IBD	S&T	리서치	기타	리스크	컴플 라이언스	기타
퀀트						

(Risk) 팀을 중심으로 다루려고 한다. 또, 프런트/백/미들 오피스 모두에 관여하며 최근 인기가 높은 퀀트(Quant) 부서에 대해서도 다루어 보겠다.

프런트 오피스는 투자은행의 핵심 상품들을 다루고,
백 오피스는 프런트 오피스를 보조하는 역할을 한다.

(2) IBD – 투자은행의 투자은행 부서

IBD. Investment Banking Division. 투자은행 내의 부서 중 하나가 '투자은행 부서'라니, 조금 헷갈릴 수도 있는 작명이다. 하지만 말 그대로 IBD는 투자은행 내에서도 투자은행의 핵심 업무 대부분을 도맡아 하는 부서다. 일반적으로 '투자은행에서 일한다'라고 했을 때 사람들이 떠올리는 팀은 아마 이 IBD일 것이다. 우리가 앞서 설명한 대출, 채권 발행, 주식 발행, 그리고 M&A 등의 업무를 이 IBD 부서 내에서 처리한다고 보면 된다. 흔히 이야기하는 '딜'을 중심으로 움직이는 팀들이 IBD 내에 속한다. 대출의 경우에도 '한 건'이고, 채권 및 주식 발행의 경우에도 '한 건'이고, M&A나 기업 구조 재구성 등의 자문도 '한 건'이지 않은가? IBD의 업무는 철저히 딜의 성사를 위한 업무(Execution), 그리고 이 딜을 따오기 위한 마케팅 업무(Origination)로 구성되어 있다.

모든 대형 투자은행은 이 IBD를 가지고 있는데, 이 IBD가 어떻게 구성되어 있는지는 회사마다 조금씩 차이가 있다. 이 차이를 이해하려면 먼저 산업 팀(Industry Team)과 상품 팀(Product Team)에 대해 알아야 한다.

> IBD는 투자은행의 핵심 업무를 담당하는 부서이며,
> 크게는 산업 팀과 상품 팀으로 나뉜다.

• 산업 팀

산업 팀이란 말 그대로 그 산업 내에 있는 회사들을 담당하는 팀을 의미한다. 여기서 '담당한다'는 것은, 앞서 이야기한 투자은행의 주 상품들을 제공하고, 회사들과 계속해서 끈끈한 관계를 유지해 나가며 업계 내에서의 다양한 금융 상품의 수요를 이해한다는 것을 의미한다.

예를 들어, 제약 회사와 바이오 회사를 담당하는 헬스케어 (Healthcare) 팀은 세계적인 바이오/제약 회사인 존슨앤존슨(Johnson & Johnson), 노보 노디스크(Novo Nordisk), 화이자(Pfizer), GSK, 다케다 제약(Takeda Pharmaceuticals) 등에 투자은행 상품과 서비스를 제공한다. 석유, 석탄 등 자원과 연관된 회사를 담당하는 정유/가스 (Oil & Gas - 요즈음은 환경 문제가 대두되어 '에너지'라는 이름으로 돌려 부르기도 한다.) 팀은 BP, 쉘(Shell), 토탈(Total) 등의 대기업에 같은 상품과 서비스를 제공할 것이다.

이런 산업 팀은 대체적으로 이 산업을 오랫동안 다룬 업계 전문가 뱅커들로 구성되어 있으며, 20~30년에 육박하는 오랜 경험을 바탕으로 회사들에 자본 조달과 기타 재정 및 경영 문제에 대한 자문을 한다. 대형 회사의 CEO, CFO 들은 이런 전문성과 혜안을 믿고 투자은행에 업무를 맡기는 경우가 많기 때문에 산업 팀의 핵심 인력이 가지는 중요성은 굉장히 크다. 회사에 따라 분류가 조금씩 다를 수 있지만 대부분의 투자은행이 가지고 있는 산업 팀의 종류는 아래와 같다.

- 헬스케어 (Healthcare)

- 정유·가스 (Oil & Gas)

- 인프라·유틸리티 (Infrastructure/Utilities)

- 소비재 (Consumer Goods)

- 중공업·제조업 (Industrials)

- 통신·미디어 (Telecommunications, Media and Tech (TMT))

이런 산업 팀들은 보통 IBD 내에 속하고, 후술할 상품 팀들과 계속해서 교류하며 업무를 진행한다. 아무리 20년이 넘는 경력을 지닌 뱅커라고 하더라도 투자은행에서 제공하는 모든 상품에 대해 이해를 갖기는 힘들기 때문이다. 또 실질적으로 딜을 끌어오는 데 성공했다고 해도 딜을 성사시키기 위해서는 전문 인력이 굉장히 많이 필요하고, 현실적으로 산업 팀에서 그 모든 업무를 처리할 수는 없기 때문에 상품 팀과의 협력을 할 수밖에 없는 것이다.

> 산업 팀은 해당 산업군의 회사에 투자은행의 상품을 제공한다.
> 경영·재무상의 수요를 체크하는 역할도 한다.

• **상품 팀**

상품 팀이란 말 그대로 투자은행의 핵심 상품 중 하나를 전문적으로 다루는 팀을 의미한다. 분류가 굉장히 다양하지만, 일반적으로는 M&A, ECM, DCM 세 팀이 핵심이라고 볼 수 있다. 상품 팀도 이 상품을 오랫동안 다루어 온 전문 인력으로 구성되어 있고, 이들은 현재 각 상품의 시장에서 어떤 움직임이 있는지를 훤히 꿰고 있다.

예를 들어 정유 회사를 다루는 산업 팀에서 "요즈음 친환경 프로젝트를 확장하기 위해 많은 회사들이 부채를 발행하고 있다. 현재 귀사는 경쟁자들에 비해 친환경 사업 개발이 덜 된 상태이므로 하루빨리 부채를 발행해 프로젝트를 시작하는 게 좋겠다."라고 자문을 하려고 한다고 하자. 이때 산업 팀에서는 부채 발행에 대해, 그리고 부채 시장에 대해 제한된 지식을 가지고 있으므로 관련 팀인 DCM 팀에게 연락해 현재 채권·대출 시장은 어떤지, 비슷한 규모와 신용등급의 회사들이 어느 정도의 이자율을 받고 있는지, 또 이 회사가 어느 정도까지의 부채를 감당할 수 있는지 등에 대해 분석을 의뢰한다. 이렇게 서로의 전문성과 지식을 발판 삼아 고객

⊙ **IBD의 상품·산업에 따른 분류**

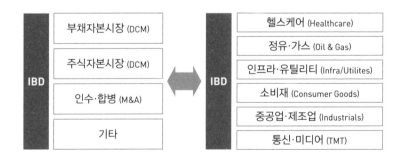

IBD			IBD	
부채자본시장 (DCM)			헬스케어 (Healthcare)	
주식자본시장 (DCM)			정유·가스 (Oil & Gas)	
			인프라·유틸리티 (Infra/Utilites)	
인수·합병 (M&A)			소비재 (Consumer Goods)	
			중공업·제조업 (Industrials)	
기타			통신·미디어 (TMT)	

에게 완성도 높은 서비스를 제공하는 것이 IBD의 역할이다.

그렇다면 IBD의 각 상품 팀이 어떤 일을 하는지 더 알아보자.

① M&A 팀

M&A 팀의 업무에 대해 이야기하기 전에, 한 회사가 다른 회사를 인수할 만한 이유에는 어떤 것이 있는지 알아보자. 우리가 어떤 물건을 구매할 때, 우리는 무의식적으로 한 가지 판단을 한다. 구입한 물건의 가치가 그 물건의 가격보다 높다는 판단이다. 아무리 물건의 가치가 높다고 하더라도 가격이 그 가치보다 높다면 우리는 구매하지 않았을 것이다. 회사를 인수하는 경우도 같다. 이유가 어쨌건, 본질적으로는 이 회사를 인수함으로 인해서 내가 얻을 수 있는 가치보다 제시하고 있는 가격이 낮기 때문에 인수하는 것이다. 여기서 '회사를 인수함으로 인해서 얻을 수 있는 가치'의 예로는 아래와 같은 것들이 있다.

- 규모의 경제(Economies of Scale) (커진 규모로 인한 효율성 증가)
- 사업 지역/분야의 확장
- 상품 포트폴리오의 확장
- 시장 지분(Market Share) 확보, 좋은 경쟁 입지 선점
- 절세 효과(회사가 세율이 낮은 곳에 위치해 있는 경우)
- 지적 자산 확보(특허, 기술 등)
- 경쟁사의 빠른 성장에 대한 견제 효과

즉, 한 회사가 다른 회사를 인수할 때에는 그 회사의 가치와 더불어 위의 긍정적인 효과들의 가치까지 고려해 더한 값보다 회사의 가격이 저렴하기 때문에 인수하는 것이다. 굉장히 단순하게 들릴지 몰라도 아주 중요한 개념이다. 바로 이 개념 때문에 M&A 팀이 회사의 가치를 측정하고, 회사를 인수함으로써 매수자가 얻을 수 있는 가치에 대한 계산을 한다.

M&A가 진행되는 절차에 대해서 조금 더 들여다보자. 앞서 투자은행의 M&A 업무는 회사를 매각하려는 쪽과 매수하려는 쪽을 연결하고 각 상황에 맞게 회사의 가치평가를 진행해 협상을 대행하는 공인중개사의 역할과 비슷하다고 이야기했다. 여기서 M&A란 하나의 매매 과정이므로 투자은행이 '사는 쪽'을 자문할 수도 있고 '파는 쪽'을 자문할 수도 있다. 전자를 말 그대로 바이 사이드 (Buy-side), 후자를 셀 사이드(Sell-side)라고 한다. 어느 쪽을 자문하는지에 따라서 M&A 팀의 업무는 조금 달라진다. 여기에서는 '파는 쪽', 즉 셀 사이드의 경우를 먼저 다루어 보도록 하겠다.

> **M&A는 회사를 인수해서 얻는 가치보다 가격이 낮을 때 일어난다.**
> **투자은행은 사는 쪽과 파는 쪽 모두를 자문할 수 있다.**

• 셀 사이드에서 투자은행이 하는 일

당신이 투자은행이라고 생각해 보자. 어느 날 한 회사가 당신을 찾아와 "우리 회사를 좀 팔아 주세요!"라고 의뢰를 했다. 이 회사의 이름을 편의상 A라고 하자. 자문사로서 당신의 역할은 두 가지다. 첫째, A에 관심이 있는 매수자를 찾는 것. 둘째, A가 그 가치 이상의 가격에 판매될 수 있도록 하는 것.

매수자를 찾기 위해서는 우선 이 회사에 대한 정보, 그중에서도 장점을 잘 부각할 수 있는 홍보용 자료가 필요할 것이다. 전단지가 있어야 집집마다 돌리기라도 할 수 있지 않겠는가? 그래서 투자은행은 이 회사를 홍보할 수 있는 두 가지의 홍보 자료를 제작한다. 첫째는 이 회사에 대해 알아야 할 핵심 정보들을 담은 '맛보기' 자료다. 맛보기라는 이름 그대로, 이를 '티저(teaser)'라고 하는

셀 사이드(Sell-side) **M&A 과정**
1   홍보 자료(티저, CIM) 제작
2   NDA 서명 및 CIM 송부
3   VDR 개설, 실사(DD) 과정 진행
4   LOI 검토, 최종동의서(DA) 서명
5   공정성에 대한 입장 발행

데, 보통 5~10쪽 분량의 요약 자료다. 둘째는 A에 대해서 매수자가 알고 싶어 할 만한 모든 정보를 담은 백과사전 같은 자료다. 이 자료를 CIM(Confidential Information Memorandum)이라고 한다. CIM은 보통 50~100쪽에 달하며, 이 CIM 제작을 위해 당신이 고용한 뱅커들은 밤낮 구분 없이 일을 하게 될 것이다!

"어디서 그 50~100쪽만큼의 정보를 받아 오냐?"며 질문할지도 모르겠다. 당연히 이 CIM을 짜기 위해서는 매물인 A에 대한 많은 정보가 필요하다. 이를 위해서 보통 회사 A와 질의응답(Q&A)을 진행하고 자료를 받는다. 회계사, 로펌, 컨설턴트 들을 통해서도 정보를 얻는다. 이렇게 충분한 정보를 얻어 추후 있을 계약에 확신을 보태는 과정을 실사(Due Diligence, DD)라고 하는데, 이 DD를 순조롭게 진행하는 것 역시 M&A 뱅커의 핵심적인 역량이라고 할 수 있다.

> 셀 사이드 M&A에서 투자은행은
> 우선 회사에 대한 정보를 가지고 티저와 CIM을 만든다.
> 판매자 측과의 DD를 통해 정보를 얻는다.

자, 이제 DD를 통해 티저와 CIM을 마련했다. 그러고 나서 해야 할 일은 네트워크를 통해 구매자들에게 연락을 취하는 것이다.

사실 이건 굉장히 민감한 주제이다. 너무 많은 회사나 기관에 연락하면 A가 매각을 고려 중이라는 사실이 지나치게 널리 알려질 위험이 생긴다. 하지만 그렇다고 너무 적게 연락을 돌리면 시장의 경쟁 요소가 사라져 회사가 낮은 가격에 매각될 수 있다. 어떤 경우에는 A가 이미 염두에 둔 매수자가 있을 수도 있다. 예전부터 계속 연락을 취해 온 사모펀드라거나, 사업상 연결되어 있는 대기업이 있다면 거기에 먼저 연락을 취해 달라고 부탁할 수도 있다. 아무튼 투자은행은 누구를 대상으로 A를 마케팅할지 전략적으로 정해야 한다. 대상이 정해지고 나서는 A에 대해 작성해 둔 티저를 보내 이 회사를 인수하는 것에 관심이 있는지를 확인한다.

이렇게 티저를 보내면 최소한 몇 회사는 관심을 보일 것이다. 티저는 5~10쪽밖에 되지 않으므로, 이 매수자는 당연히 더 많은 정보를 요구할 것이다. 이를 위해서 CIM을 준비한 것이지만, 그냥 건네주기에는 아직 이르다. CIM의 C는 Confidential, 즉 '비밀' 정보라는 뜻이다. 민감한 재무 사항과 전략 등의 내부 정보를 정리한 CIM을 받기 위해서는 이 정보를 아무에게도 발설하지 않을 거라는 법적 계약이 필요하다. 이 계약을 기밀유지협약(Non-Disclosure Agreement, NDA)이라고 한다.

> **CIM은 기밀 자료이므로 구매자에게 보내기 전에 NDA에 서명을 받는다.**

A에 관심을 보인 회사 중 몇몇이 NDA에 서명하고, 당신은 CIM을 보내 주었다. NDA에 서명하는 단계까지 왔다면 정말

로 매수를 진지하게 고려 중이라는 뜻이므로, 당신은 A의 경매 (Auction) 절차에 대한 설명을 해 주어야 한다. 즉 입찰 기한은 언제까지인지, 어떤 형식으로 입찰해야 하는지 등에 대해 알려 주어야 한다는 것이다.

꼭 경매를 진행해야 하는 것은 아니다. 앞서 말했듯 A가 생각하고 있는, 그리고 사선에 이미 이야기가 되어 있는 매수자가 있고 그 매수자가 만족스러운 가격을 제시하고 있다면 이런 과정을 모두 생략할 수 있다. 다만 일반적으로 경매를 진행할 경우 경쟁이 붙어 가격이 올라가기 때문에 확실히 정해 놓은 구매자가 없다면 경매를 진행하는 것이 일반적이다.

이렇게 공개 입찰을 위해 준비하는 동안 회사의 매수를 고려하는 구매자들은 내부적으로 A에 대한 가치평가를 하고 있을 것이다. 왜냐하면 A의 적정 가격이 얼마인지 알아야 입찰을 할 수 있기 때문이다. 만약 구매자가 자체적으로 이런 분석을 할 수 있다면, 예를 들어 M&A에 굉장히 많은 경험이 있는 사모펀드(Private Equity, PE)라거나 한다면 아주 드물게 자문사를 고용하지 않는 경우도 있으나 보통은 매수하는 쪽에서도 다른 투자은행을 자문사로 고용해서 그 투자은행이 가치평가를 맡아서 하는 경우가 많다. 이 가치평가에 대해서는 2부에서 더 자세히 다루도록 하겠다.

이렇게 구매자가 투자은행을 고용하면 이 M&A에서 구매자 측 투자은행과 판매자 측 투자은행이 회사의 적정 가치를 두고 서로 대립하게 된다. 구매를 희망하는 회사가 여럿이고 각자 다른 투자은행을 고용했다면 그 투자은행 사이에 경쟁 구도가 생기게 된다.

이제 다음 단계로 넘어가 보자. NDA에 서명한 구매자들이 CIM을 받고도 더 알고 싶은 정보가 있을 수도 있고, CIM 내에 있는 정보에 대해서 질문이 있을 수도 있다. 이럴 때 A와 구매자 사이의 중간 다리가 되어 정보를 전달하는 것 역시 M&A 팀의 중요한 업무이다.

이때 매 질문마다 중간에서 오가며 질문을 하고 답을 들으면 너무 시간이 오래 걸리므로, 구글 드라이브나 드롭박스처럼 여러 사람이 파일을 업로드·다운로드할 수 있는 가상의 데이터 룸(Virtual Data Room, VDR)을 개설한다. 질문이 있는 매수자는 투자은행에 질문지를 보내고, A와 투자은행이 질문에 대한 답을 모두 채워 넣어 VDR에 업로드하면 원하는 매수자가 다운로드하는 식이다. 이 VDR은 정보의 교환에 굉장히 중요한 역할을 하므로 M&A 팀에서는 이를 책임지고 관리해야만 한다.

또 구매자가 직접 A의 CEO 등 임원들과 만나고 싶어 할 수도 있고, A가 공장 등 시설을 많이 가지고 있다면 그 시설을 직접 방문하고 싶어 할 수도 있다. 마치 집을 사기 전에 공인중개사에게 집을 보여 달라고 하듯이 말이다. 이런 과정들이 부드럽게 진행될 수 있게 관련 발표 자료를 만들고 상호 간의 연락을 도와주는 것 역시 투자은행의 역할이다. 이 과정은 생각보다 오래 걸릴 수도 있다.

투자은행은 VDR을 통해 구매자에게 질문을 받고 정보를 전달한다.

이제 구매자들에게 모든 정보를 제공했으니 입찰을 받기 시작해야 한다. 앞서 정해 놓은 기일에 맞추어 구매자들이 각자 입찰을 할 것이다. 회사 A는 이 중 마음에 드는 구매자를 골라 최종 승자를 바로 고를 수도 있고, 가격이 충분하지 않게 책정되었다고 판단이 되면 몇몇 구매자만 골라 2차 입찰을 진행해 한 번 더 경쟁을 시킬 수도 있다.

여기서 각 구매자들이 입찰하는 것을 'A에 대한 관심을 증명하는 내용'이라는 의미로 Letter of Interest(LOI)라고 한다. 2차 입찰에서는 LOI를 다시 받고, 그중에서 승자를 꾸리는 과정이 핵심이 된다. 이때 투자은행은 A로 하여금 최적의 선택을 할 수 있게 자문하는 역할을 한다.

이렇게 최종 승자가 정해지면 A를 매각하는 계약서를 작성한다. 이 계약서를 '최종동의서(Definitive Agreement)'라고 하는데, 여기에는 구매자가 A를 어떤 방식으로 인수할지, 그리고 어떤 조건으로 매수할지 등의 내용이 들어간다.

> 경매가 시작되면 LOI를 통해 입찰을 받는다.
> 승자가 정해지면 최종동의서를 협의하고 작성한다.

'구매자가 A를 어떤 방식으로 인수할지'라는 표현에 갸우뚱하는 독자가 있을지도 모른다. '회사를 사면 사는 거지, 방법이 있나?' 하는 의문점이 드는 게 당연하다.

결론부터 이야기하자면, 그냥 '사면 사는 게' 아니다! 회사가 다른 회사를 인수할 때 이 가치를 지불하는 방법에는 크게 두 가지가 있다. 현금으로 지불하는 방법과 주식으로 지불하는 방법이다. 부채를 통해 지불 금액을 마련할 수도 있겠지만 이 방법도 결국 부채로 조달한 현금을 사용하는 것이니 여기서는 그 역시 현금으로 지불하는 방법에 포함하겠다.

현금으로 지불하는 방식은 크게 더 설명할 필요가 없어 보인다. 말 그대로 인수가 될 회사, 즉 이 경우에는 A의 주식에 대해 현금으로 얼마를 지불할지 정하는 것이다. 예를 들어 '1주당 35달러' 같은 식으로 말이다.

주식으로 지불하는 방법은 조금 더 복잡한데, 1주당 가격을 정해서 제시하는 것이 아니라, 매각되는 회사의 주식과 구매자의 주식을 특정 비율로 교환하는 것이다. 예를 들어 'A의 주식 1주당 매수자의 주식 0.25주로 제공한다'는 식이다. 유상증자 때와 마찬가지로, 주식을 더 발행해서 지불하면 주식의 가치가 희석된다는 단점이 있다.

이렇게 회사를 인수할 때도 여러 방식으로 값을 지불할 수 있다. 보통 구매자가 판매자보다 훨씬 큰 회사일 경우 현금으로 지불하는 경우가 많다. 규모가 크기 때문에 현금으로 지불할 수 있는 경우가 많아서 따로 주식을 발행하거나 교환해서 가치희석의 위험을 끌어들일 이유가 없다.

그러나 구매자와 판매자의 규모가 비슷한, 즉 인수가 아닌 합병의 경우에는 주식으로 지불하는 경우가 훨씬 흔하다. 생각해 보

자. 100억 원 규모의 회사가 80억 원 규모의 회사를 인수할 때 이 돈을 현금으로 마련하는 것은 거의 불가능에 가깝지 않겠는가? 채권을 발행하거나 대출을 받아 일부를 마련한다고 해도 기업 규모에 비해 너무 거금이기 때문에 아마 한 번에 승인이 나지도 않을 것이다. 따라서 이런 경우는 주식을 통해 거래해야만 한다. 물론 일부는 현금, 일부는 주식으로 지불하는 것도 가능하다.

이외에도 최종동의서에는 100%를 인수하는 것인지, 85%를 인수하는 것인지, 혹은 회사 전체가 아니라 특정 부서나 특정 자산을 인수하는 것인지, 어떤 조건으로 인수하는지 등에 대한 내용을 구체적으로 기술한다.

> 회사를 인수할 때 현금 혹은 주식으로 값을 지불할 수 있다.
> 일반적으로 합병의 경우에 주식이 더 많이 쓰인다.

아무튼 이렇게 최종 승자가 정해지고 최종동의서가 작성이 되면, 이제는 정말 M&A가 현실화되는 것만 남았다. 정해진 기일이 지나면 명시된 방식으로 값이 지불될 것이고, 자산과 회사의 소유권이 넘어가게 된다.

많은 경우 딜이 성사되기 전에, 매각을 하는 쪽에서 가치평가가 공정하게 진행되었다는 것을 보증해 달라고 요구한다. 이런 경우 투자은행은 '공정성 보증 의견(Fairness Opinion)'을 발행해 가치평가를 위해 쓰인 숫자와 전제 들이 공정하다는 것을 입증한다. 만약 나중에 고객이나 구매자가 부정한 방식으로 가치평가가 되었다고 생각해 법정 공방이 열리면 이는 중요한 증거로 작용한다. 이 '공정성 보증 의견'의 발행에는 별도의 수수료를 받는다.

이렇게 투자은행은 고객인 A에게 시작부터 끝까지 다양한 서비스를 제공한다. 그리고 이에 대한 보상으로 딜이 성사될 경우 그 딜 규모의 일정 %를 수수료로 받게 된다.

> 딜이 성사되면 투자은행은 딜 규모의 일정 %를 수수료로 받는다.

• 바이 사이드에서 투자은행이 하는 일

이번에는 반대 쪽, 즉 사는 쪽인 바이 사이드에서 투자은행의 역할을 잠시 짚어 보도록 하자. 앞서 이야기한 과정을 매수자 측에서 생각해 보면 되기 때문에 어렵지 않다.

무언가를 인수하고 싶다는 고객 A가 투자은행에 연락을 한다. 이때 무엇을 인수하고 싶은지 뚜렷한 아이디어가 있다면 투자은행은 그 회사에 접근해 매각 의사가 있는지를 물어본다. 만약 매각 의사가 어느 정도 있다면 앞서 말한 대로 NDA에 서명하고 CIM을 받아 딜을 진행하면 된다. CIM에 관해 궁금한 점이 있거나 부족한 점이 있으면 상대 투자은행과의 교류를 통해 VDR에서 정보를 얻는다. 이렇게 얻은 정보를 바탕으로 가치평가를 진행하고, 어느 정도의 가격을 제시하고 입찰하는 것이 좋을지 자문하는

바이 사이드(Buy-side) **M&A 과정**
1 인수 대상 설정
2 NDA 서명 및 CIM 검토
3 실사(DD) 과정 진행
4 LOI 제출, 최종동의서(DA) 서명
5 (선택) 인수 자금 조달

것이 바이 사이드 딜에서 투자은행의 역할이다.

만약 고객이 구체적으로 어떤 회사를 인수하고 싶은지 잘 모르는 상황이라면 투자은행이 직접 그 산업에 대한 전문지식을 바탕으로 고객과 합이 잘 맞을 것 같은 기업을 골라 선택지를 제공한다. 고객이 이 리스트에서 마음에 드는 회사가 있다면 그 대상에 대해 앞서 말한 절차를 밟으면 된다.

가치평가가 완료되면 LOI를 작성해 입찰에 참여하고, 최종동의서를 검토하고 서명하면 바이 사이드 딜이 성사된다. 셀 사이드의 딜과 조금 다른 부분이 있다면 구매자가 인수를 위해 값을 지불할 때 부채를 통해서 자본을 조달해야 하는 경우 자연스레 투자은행이 채권 발행이나 대출 과정에 껴서 또 다른 딜을 따낼 수 있다는 점이다.

바로 다음에 다룰 DCM 팀과 ECM 팀에 대해 읽으면 더 명확해 지겠지만, 투자은행은 이런 식으로 한 딜에서 다른 딜을 이끌어 내고, 반복적인 딜을 통해 고객과의 관계를 더 돈독히 하는 식으로 사업을 확장한다. 이렇게 한 상품을 바탕으로 다른 상품을 판매하는 것을 크로스 셀링(Cross-selling)이라고 한다. 말 그대로 상품을 교차시켜 기회가 창출되는 것이다. '잘나가는' 투자은행들은 모두 이런 크로스 셀링의 대가이고, 이를 반복해서 얻은 넓은 고객 베이스를 바탕으로 매년 엄청난 수익을 올린다. 투자은행 업무의 핵심이 결국 분석 능력보다는 영업 능력인 이유다.

> 바이 사이드 M&A 딜에서는 인수 대상을 찾고 정보를 확보하고
> 가치평가를 통해 LOI를 제출하는 것이 핵심 업무다.
> 인수에 필요한 자금을 조달해야 하는 경우
> 크로스 셀링을 통해 부채 발행을 돕는다.

② DCM 팀

DCM(Debt Capital Markets) 팀은 회사, 국가 기관, 펀드 등이 부채를 통해 자본 조달을 할 수 있게 돕는 팀이다. 부채(Debt) 자본(Capital) '시장(Markets)'이라는 표현에서 알 수 있듯 DCM은 결국 시장과 맞닿아 있는 팀이기 때문에, 어떤 의미에서는 IBD와 후술할 S&T 부서 사이에 위치해 있다고 할 수도 있겠다. 그래서 어떤 은행들에서는 DCM과 후술할 ECM을 IBD 밖에 분류하기도 한다..

앞서 말했듯, 부채는 기업의 운영을 위해 거의 필수적이며, 또

많은 회사들이 리파이낸싱을 위해 계속해서 부채 시장을 찾기 때문에 부채 시장은 M&A 시장보다도 훨씬 거대하다. 이렇게 거대한 부채 시장에서 최대한 많은 채권 발행 및 대출에 관여하기 위해서 수많은 투자은행이 피 튀기는 경쟁을 한다. 예를 들어, 규모가 큰 회사가 5,000억 원의 채권 발행을 하면, 이 딜에는 보통 5개에서 많게는 8~9개의 투자은행이 참여할 가능성이 높다.

부채 시장은 M&A나 주식 시장과는 달리 딜이 훨씬 흔하게 이루어지는 시장이다. 큰 투자은행이라면 거의 매주 몇 개의 딜을 성사시키는데, 대신 부채 발행의 경우 ECM, M&A 등의 다른 IBD 상품에 비해 상대적으로 수수료(마진)가 낮은 편이다. '박리다매' 하는 투자은행 상품이다 보니 규모가 클 경우 투자은행들이 독자적으로 딜을 하기보다는 나누어 참여하는데, 이때 상대적으로 수수료가 높은 역할을 맡기 위해 경쟁하기도 한다. 나중에 고객에게 부채 발행에 대한 경력과 능력을 어필할 때 큰 딜에서 핵심 역할을 맡았다는 것이 굉장히 중요해지기 때문이다. 예를 들어, 앞서 말한 5,000억 원의 부채 발행에서 은행 A가 '리더' 역할을 했는데 은행 B가 이 딜을 자신의 경력으로 언급한다면 고객이 자연스레 "좋아요. 그런데 그 딜에서 리더를 맡은 은행은 어디였나요?"라고 묻게 될 것이다.

> **부채 시장에서는 딜이 굉장히 빈번하게 일어난다.**
> **투자은행들은 핵심 자문 역할을 맡기 위해서 서로 경쟁을 한다.**

부채 시장의 규모에서 짐작할 수 있듯이 '부채'라는 개념 안에서도 굉장히 다양한 종류의 상품이 있다. 아마 부채 상품 전부에 대해 논하려면 이 책의 두 배, 아니 세 배의 내용을 써도 부족할 것이다.

이렇게 다양한 부채 관련 상품들은 DCM 내의 작은 부서들이 담당한다. 채권 내에서도 신용등급이 높은 '투자 적격' 회사를 대상으로 하는 IG (Investment-grade) 채권이 있고, 그 아래의 신용등급을 가지고 있는 회사를 대상으로 하는 하이일드(High-yield) 채권이 있다. 전자의 경우는 정통적인 의미의 DCM 부서에서 담당하는 반면, 후자는 DCM 내의 레버리지금융(Leveraged Finance) 팀에서 별도로 담당한다.

하이일드 채권은 보통 기업의 인수 자금을 마련하는 데에 쓰이는데, 이런 특수성 때문에 레버리지금융 팀을 DCM이 아닌 별도의 팀으로 구분하는 투자은행도 있다. 레버리지금융 팀의 경우 간접적으로 M&A와 관련된 분석을 하고, 위험성이 높은 만큼 더 심도 깊은 분석을 요구 받기 때문에 M&A 팀과 함께 유독 인기가 높은 IBD 팀으로 꼽힌다.

> DCM 내의 팀들에서 부채 시장 내의 상품들을 나누어 담당한다.
> 대표적으로는 하이일드 부채를 다루는 레버리지금융 팀이 있다.

• 신용위원회와 크레딧 페이퍼

DCM 팀의 핵심 업무로 부채 발행에 대한 내부 승인을 받는 것이 있다. 여기서 잠시 멈춰 투자은행의 입장에서 생각해 보자. 수천억 원의 돈을 대출해 주거나 채권을 발행하는 절차에 관여하고 또 언더라이팅까지 할 수도 있는데, 이런 위험을 감수하기 전에 확실히 위험성에 대한 분석을 하고 싶지 않겠는가? 따라서 DCM 팀에서는 딜의 기회가 들어오면 우선적으로 은행 내의 신용위원회 (Credit Committee)에 딜에 대한 승인을 구하기 위해 신용위원회 보고서 (Credit Committee Memo)를 작성한다. 이를 '크레딧 페이퍼(Credit Paper, CP)'라고도 한다.

여기서 말하는 신용위원회란 각 투자은행에서 경력이 많고 요직을 차지하고 있는 사람들로 구성된 내부 투자 심의회라고 생각하면 된다. 보통 딜의 규모와 위험성에 따라 그에 알맞은 위원회의 승인을 받아야 한다. 예를 들어 규모가 1조 원이 넘는 경우 투자은행의 임원이 포함된 본사 최고 위원회의 승인을 받아야 하는 반면, 500억 원 등 상대적으로 소액(?)인 경우 그 국가나 지역 내의 위원회에서만 승인을 받아도 되는 식이다. 신용위원회가 열리면, 크레딧 페이퍼를 작성한 DCM 팀의 뱅커가 왜 이 딜을 승인해야 하는지에 대해 자세히 발표한다. 그 이후에는 위원회에서 발표 내용에 대해 반박과 질문을 하고, 의문점들이 풀린 경우에만 승인이 난다.

DCM 팀에서는 HCL(Highly Confidential Letter)을 발행하기도 한다. HCL이란, 투자은행이 고객에게 비공식적으로 어느 정도의 대출 혹은 채권 발행이 가능하다고 시그널을 보내는 것이다.

예를 들어, 투자은행에서 고객 A에게 경쟁사인 B를 인수해 보는 것이 어떻겠냐고 제안을 하려고 한다고 하자. 이 경우, 단순히 B가 왜 좋은 인수 대상인지를 넘어 B를 어떤 조건으로 인수하고 어떻게 인수 자금을 조달해야 하는지에 대해서도 자문을 해야 한다. 당연히 부채 혹은 주식 발행을 통해 인수를 하는 경우 투자은행이 딜을 맡으면 좋으므로 투자은행에서는 HCL을 마케팅에 적극 활용한다.

즉 "내부적으로 심사를 해 보니, 이 정도까지는 우리가 대출을 해 줄 수 있을 것 같다. 자금 마련은 걱정 안 해도 되니 인수하는 게 어떠냐."라고 말할 수 있는 것이다. 당연히 무분별하게 이런 약속을 하고 다니면 문제가 생기므로, HCL 발행의 경우에도 신용위원회를 거쳐야 한다. HCL이 발행되면 나중에 실제로 그 딜이 성사되어야 할 때 재심사 없이 그대로 진행되거나 HCL을 바탕으로 빠르게 절차가 진행되는 경우가 많다.

> **DCM 팀은 신용위원회로부터 딜에 대한 승인을 받는다.**
> **이를 위해 일종의 보고서인 크레딧 페이퍼를 작성한다.**

DCM 팀에서 준비하는 크레딧 페이퍼에는 이 고객이 얼마만큼의 채권 발행 혹은 대출을 하려 하는지, 고객이 가지고 있는 핵심 리스크는 무엇인지, 재무 상태와 신용등급은 어떤지, 업계에서의 위치는 어떤지, 비슷한 회사나 기관과 비교해서 어떤 장단점을 가지고 있는지 등에 대한 심도 깊은 분석이 담겨 있다.

이는 특히 그 고객이 과거에 부채를 발행한 경력이 거의 없거나 규모가 작은, 즉 상대적으로 '고위험'인 고객일수록 더 그렇다. 신뢰하기가 힘드니 더 까다롭게 심사할 수밖에 없는 셈이다.

여기에 더해, 많은 경우 해당 딜과 유사한 과거의 딜을 케이스 스터디로 활용해서 왜 이 딜이 안전한지, 즉 왜 이 고객이 원금과 이자를 잘 상환할 수 있는지에 대한 보충 자료로 활용하기도 한다.

은행과의 관계가 중요한 우량 고객(DCM뿐만 아니라 ECM, M&A 등 다양한 분야에서 수익을 제공해 주는 고객)이라면 이 딜이 어떻게 관계를 유지하는데 전략적으로 활용될 수 있는지에 대해서도 설명한다. 예를 들어, 이 고객에게 이번에 이만큼의 대출을 해 주어 이 기업이 진행할 새로운 프로젝트 자금을 마련해 주면, 나중에 이 프로젝트의 확장을 위한 M&A의 자문사를 선정할 때 관련 경험이 있는 우리 회사(투자은행)를 우선적으로 고려할 확률이 높다거나 하는 식의 논리를 내세우기도 한다.

부채 시장인 DCM에서는 주식 시장인 ECM과 달리 투자자들이 투자에서 높은 수익의 가능성을 보기보다는 손실을 최소화하고 안정된 수익을 선호하는 경우가 많다. 이는 보통 채권이 주식보다 안전한 투자 상품이기 때문인데, 생각해 보면 새로운 개념은 아니다. 보통 주식 시장이 폭락하거나 하는 금융 위기 때에는 안전 자산인 국채에 투자하거나 우량 기업의 채권에 투자하라고 하지 않는가? 물론 하이일드 채권의 경우 높은 수익률을 추구하는 고위험 상품이기 때문에 예외도 있지만 말이다.

이렇게 부채에 투자하는 투자자들이 안전성을 중요시하기 때문에 DCM에서는 회사의 엄청난 성장 가능성보다는 원금과 이자의 안정적인 상환을 위해 현금흐름이 얼마나 꾸준한지, 이 고객이 가지고 있는 미래의 리스크는 어떤지 등 안전성에 대한 분석을 주로 한다. 딜 하나에 잘못 참여해 고객이 파산하거나 하는 일이 벌어지면 천문학적인 손실을 입게 될 수도 있기 때문이다.

예를 들어, 유명한 영국의 여행사 토마스 쿡(Thomas Cook)이 2019년 9월에 파산했을 때, 대출이나 채권 발행에 참여했던 많은 은행들이 큰돈을 잃었다. 토마스 쿡의 경우 사람들이 더 이상 여행사를 이용하지 않고 인터넷으로 예약을 하며, 운영하던 항공사 역시 부진하면서 과도한 부채가 문제가 되어 파산을 하게 되었는데, 이런 리스크에 대한 분석이 소홀했다. 토마스 쿡은 1841년에 설립된 회사로 긴 역사와 전통을 자랑하는 회사이다 보니 리스크 분석에 소홀했던 것이다. 그 어떤 경우에도 철저한 분석이 필요하다는 뼈아픈 사례다.

크레딧 페이퍼와 신용위원회는 이런 일을 방지하기 위해 투자 안정성에 대해 철저히 분석하고 확인하기 위한 절차 중 하나다. 신용위원회에서 딜의 승인을 받으면, DCM 팀은 본격적으로 '계약서'에 해당하는 투자각서(Offer Memorandum, OM) 작성을 시작하게 된다.

> 신용위원회가 딜을 승인하면 투자각서인 OM을 작성한다.

• 계약적 우선권과 구조적 우선권

이 OM에는 앞서 크레딧 페이퍼에 들어갔던 고객에 대한 전반적인 정보에 더불어, 해당 채권·대출에 대한 법적 조건들이 상세히 설명되어 있다. 원금, 이자율, 만기일 등의 기본적인 정보부터 시작해, 다른 부채와 비교해 얼마나 우선권을 가지는지, 만기보다 일찍 상환할 경우 페널티가 있는지, 부채에 대한 약정이 있는지 등도 OM에 필수적으로 들어간다. 여기서 명시된 내용 중 몇 가지는 특히 중요하므로 조금 더 자세하게 설명하겠다.

먼저, 우선권(Seniority)에 대해 이야기를 해 보자. 우선권에는 크게 두 가지가 있다. 바로 계약적 우선권(Contractual Seniority)과 구조적 우선권(Structural Seniority)이다. 계약적 우선권은 같은 법적 객체(legal entity) 내에서의 우선권을 의미한다. 즉, 한 법적 객체가 여러 종류의 부채를 가지고 있을 때, 어떤 부채를 우선적으로 상환해야 하는지에 대한 이야기다.

계약적 우선권은 리스크 분석을 위해 굉장히 중요하다. 예를 들어, 파산할 경우 100억 원의 가치가 있는 회사에 10억 원을 빌려준다고 하자. 파산을 했을 때 100억 원이 생기므로 당연히 10억 원을 돌려받을 수 있을 것이라고 생각하겠지만, 만약 이 회사가 이미 가지고 있는 빚이 95억 원이고 이 빚이 새로 빌려주는 10억 원보다 우선권을 가진다고 하면 5억 원만큼은 받지 못하는 셈이 되는 것이다.

구조적 우선권의 경우, 고객이 여러 객체로 되어있을 때 (앞서 이야기했듯, 모회사-자회사의 관계로 구성된 경우) 어떤 부채가 우선 상환되어야 하는지에 대한 이야기다. 일반적으로는 별도로 OM에 명시 되지 않는 이상, 자회사(Operating Company(Opco), Subsidiary)의 부채 가 모회사(Holding Company(Holco), Parent)의 부채보다 우선시된다. 이 역시 내가 부채를 발행해 주는 객체가 다른 회사의 자회사이거 나 모회사일 경우 굉장히 중요하므로 OM에서 우선권은 굉장히 민감한 주제로 다루어진다. 또, 당연히 우선권에 따라 리스크가 달라지므로 이자율 등 다른 조건과도 밀접한 연관이 있다고 이해 하면 되겠다.

⊙ 계약적 우선권과 구조적 우선권

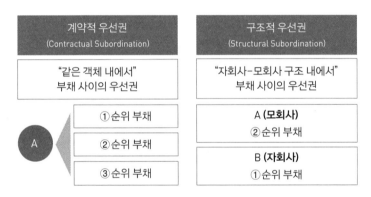

계약적 우선권 (Contractual Subordination)	구조적 우선권 (Structural Subordination)
"같은 객체 내에서" 부채 사이의 우선권	"자회사-모회사 구조 내에서" 부채 사이의 우선권
①순위 부채	A (모회사) ②순위 부채
②순위 부채	
③순위 부채	B (자회사) ①순위 부채

계약적 우선권은 같은 객체 내에서, 구조적 우선권은 자회사-모회사 구조 내에서 어떤 부채가 우선시되는지를 의미한다. 이는 리스크 이해에 있어서 매우 중요한 요소다.

• 콜 프리미엄과 부채 약정

이번에는 만기보다 일찍 원금을 갚을 경우의 페널티에 대해 알아보자. 원금을 만기보다 일찍 갚는 것을 증권 용어로 '콜(Call)'이라고 한다. 원금을 회수하게 되는 것이기 때문에 돈을 '불러 들어오게 한다'라고 이해하면 되겠다. 이렇게 일찍 원금을 상환할 경우, 돈을 빌려준 사람의 입장에서 생각해 보면 이자 수익을 잃게 된다. 예를 들어, 10억 원을 10%의 이자에 5년 만기 조건으로 빌려주었는데, 1년 만에 돈을 갚아 버리면 만기까지 5억 원의 이자를 받을 수 있던 것을 1억 원밖에 받지 못하게 된다. 따라서 이런 손실에 대응하기 위해 일반적으로 채권의 경우 이렇게 일찍 원금을 상환하는 데에 대한 페널티가 있는데, 이를 '콜 프리미엄(Call Premium)'이라고 한다. 특정 날짜보다 일찍 원금을 상환하면 원금 이상의 금액을 갚아야 하는 개념이기 때문에 '프리미엄'이 붙는다.

> 채권의 경우 원금을 만기보다 일찍 상환하려면 돈을
> 더 지불해야 하는 경우가 많다. 이를 콜 프리미엄이라고 한다.

마지막으로 부채에 대한 조건인 '약정'이 있다. 투자은행은 이렇게 부채에 약정을 붙여서 리스크를 조절할 수 있다. 부채 약정에는 크게 두 가지의 종류가 있는데, 포지티브 약정(Positive Covenants)과 네거티브 약정(Negative Covenants)이다.

여기서 포지티브 약정이란 고객이 특정 행동을 '해야만 한다'는 조건이고, 네거티브 약정이란 고객이 특정 행동을 '하지 말아야한다'는 조건이다. 예를 들어, 포지티브 약정으로는 '매 분기마다투명하게 재정상태를 공개할 것', '특정 가치의 담보를 유지할 것'등이 있고, 네거티브 약정으로는 '특정 양 이상의 부채를 보유하지 말 것', '특정 금액 이상을 배당하지 말 것' 등이 있다. 예시를 보면 알겠지만 두 약정 모두 고객이 빚을 상환할 수 있는 능력이 미래에 영향 받는 것을 방지하기 위해 존재한다.

또, 부채 약정을 유지 약정(Maintenance covenants)과 재무 약정(Financial covenants)로 나눌 수도 있다. 전자의 경우, 특정 조건이 잘 지켜져야 한다는 내용으로, 보통 상대적으로 자주 검토된다. 예를 들어, 앞서 다룬 '특정 가치의 담보를 유지할 것'이나 '특정 양 이상의 부채를 보유하지 말 것' 등이 이에 해당된다. 어떤 경우에는 이런 유지 약정 사항이 지켜지는지 분기마다 확인하기도 한다. 재무 약정의 경우에는 부채를 발행하는 기업이 어떤 자본 조달 행위를 할 때해당되는 조건이다. 대표적으로는 추가적으로 부채를 발행하려고할 때에 대한 조건이 있다. 재무 약정은 유지 약정과 다르게 관련상황이 발생했을 때만 집중적으로 조명된다.

> **투자은행은 다양한 약정을 추가하여**
> **고객의 상환 능력 변화에서 오는 리스크를 예방한다.**

이런 요소들을 고려해 OM이 잘 작성되고 나면, 채권에 한정해

DCM 팀에서는 이제 이 딜을 최대한 홍보해 투자자들을 끌어 모으기 위한 마케팅 자료를 만든다. 대출의 경우 투자은행이 직접 돈을 빌려주는 셈이므로 투자자를 모집할 필요가 없다. 그러나 채권의 경우 채권에 투자할 사람들을 모집해야 한다. 이미 이 시점에서 팀은 이 회사의 장점, 핵심 리스크 등에 대해 완벽히 이해하고 있기 때문에, 마케팅 자료를 만드는 데에는 시간이 오래 걸리지 않는다. 크레딧 페이퍼와 OM에 들어가는 내용들을 보기 좋게 요약해서 자료를 만들고 나면, 투자은행의 네트워크를 통해 투자자들을 만나고 이 딜에 참여해서 투자하기를 권유한다. 앞서 이야기했듯 이 과정을 '로드쇼'라고 한다.

이런 과정을 거치면 채권이 발행되고 시장에서 거래가 시작된다. 앞서 말했듯 DCM에서의 딜은 굉장히 짧은 기간 내에 진행되는 경우가 많다. 빨리 자본을 조달할 수 있다는 것이 부채의 핵심 장점 중 하나이기 때문이다.

③ ECM 팀

ECM (Equity Capital Markets) 역시 DCM과 같이 IBD와 S&T 사이에 있는 '시장' 팀 중 하나로, ECM의 핵심 업무는 주식 발행을 통해 고객이 필요한 자본을 조달할 수 있게 하는 것이다. 주식자본시장(ECM)은 크게 1차 시장(Primary Markets)과 2차 시장(Secondary Markets)으로 나뉜다. 이름에서 알 수 있듯, 1차 시장은 주식이 처음으로 발행되어 거래되는 시장으로, 앞서 이야기한 기업공개, 즉

IPO와 관련 있는 시장이다. 반면 2차 시장은 이미 발행된 주식이 거래되는 시장으로, 단순히 주식뿐만 아니라 이 주식과 관련된 옵션, 선물 등의 파생상품이 거래되는 시장이다.

일반적으로 ECM 팀이라고 하면 1차와 2차 시장을 둘 다 다루는 경우가 많다. 단지 IPO가 대외적으로 많은 관심을 받고, 또 M&A처럼 기업 입장에서 굉장히 큰 사건이기 때문에 IPO가 ECM의 핵심 업무로 알려진 것일 뿐, 실제로 ECM에서 하는 일에는 IPO뿐만 아니라 유상증자, 블록 트레이드(Block Trade), 전환사채(Convertible Bonds) 등의 다른 상품들도 포함된다.

DCM 부서가 취급하는 상품에 따라 여러 세부 팀으로 나뉘어 있듯 ECM 팀 역시 일반적으로는 IPO 및 유상증자를 담당하는 팀, 여러 은행들이 딜에 같이 참여할 경우 조정을 담당하는 '신디케이트(Syndicate)' 팀, 그리고 전환사채 등 주가연계상품(Equity-Linked Securities, ELKS/ELS)을 다루는 팀으로 나뉘어져 있다. 각 팀과 상품에 대해 조금 더 알아보도록 하자.

> ECM 팀은 1, 2차 주식 시장 모두를 다룬다.
> 다양한 상품을 다루기 위해 일반적으로 IPO/유상증자 팀,
> 신디케이트 팀, 전환사채/ELS 팀으로 구성된다.

• IPO/유상증자 팀

먼저 IPO와 유상증자, 그리고 이와 유사한 상품들을 다루는 팀

을 살펴보자. IPO는 한 기업이 처음으로 주식을 발행해 그 기업에 대한 소유권을 대중에게 판매하는 과정이라고 앞서 정리했다. 이와 반대로 비상장 기업이 처음으로 주식을 발행해 소유권을 판매하는데, 대중에게 판매하는 것이 아니라 선택된 소수의 투자자에게 판매하는 경우도 있다. 이를 사모 발행(Private Placement)이라고 한다. 보통 여기서 말하는 '소수의 투자자'는 엔젤 투자자(Angel Investor), 기관 투자자 등 고액 투자자를 의미한다. 기업공개를 통해 소유권이 많이 분산될 수밖에 없는 IPO와 다르게 소유권을 원하는 대로 분배할 수 있으므로 어느 정도 성장한 IT 기업들이 보통 사모 발행을 많이 한다.

또 당장 자본이 급해 빠르게 주식을 발행·판매하는 경우도 있는데, 이런 경우를 ABB(Accelerated Book Build)라고 한다. 이 ABB의 경우 늦어도 3일 내로 자본이 조달되는 '급행 서비스'다. ABB는 마케팅 절차를 거의 거치지 않거나 생략하기 때문에 최고의 자본 조달 성과를 내기는 힘들다는 단점이 있어 대부분의 기업이 잘 고려하지 않는 선택지다. 따라서 ABB는 1) 자본이 급하게 필요하고 2) 부채를 통한 자본 조달이 불가능하거나 어려운 경우에 선호된다. 진행된 ABB 중 유명한 경우로는 싱가포르의 국부펀드인 GIC가 스위스 투자은행인 UBS의 주식 중 2.4%를 선택된 투자자들에게 판매한 경우가 있다. 딜이 진행되는 데는 약 2시간 30분밖에 걸리지 않았다.

유상증자는 앞서 말했듯 이미 IPO를 통해 시장에서 주식을 거래 중인 회사가 추가로 주식을 발행하는 경우를 의미한다. 이렇게 하면 기존 주주들이 가지고 있는 주식의 가치가 희석되기 때문에 흔히 선호되는 선택지는 아니다. 어느 정도 규모가 있는, 신용등급이 괜찮은 기업이라면 유상증자를 해서 이런 가치희석 문제에 골머리를 앓을 필요 없이 부채를 통해 자본을 유치하면 된다.

블록 트레이드는 유상증자와는 또 다른 개념이다. 이름에서 알 수 있듯이 블록 트레이드란 대량의 주식(블록)을 사전에 동의된 가격에 거래(트레이드)하는 경우를 의미한다. 기준이 조금 모호하기는 하지만 일반적으로 '대량의 주식'이란 1만 주 이상의 주식을 의미한다. 이렇게 큰 규모 때문에 블록 트레이드는 흔히 쓰이는 방법은 아니며, 보통 대형 헤지펀드나 기관 투자자들이 투자은행을 통해 주식을 구매하거나 매도할 때에나 활용된다. 예를 들어, 1주의 가격이 1원이고 총 100만 주가 있는 회사가 있다고 가정하자. 이 회사의 100만 주 중 한 헤지펀드에서 20만 주를 가지고 있는데, 이를 모두 처분하고 싶어 한다. 이런 경우 만약 시장을 통해 20만 주를 판매하면 너무 대량의 주식을 매도하는 셈이 되므로 주식의 가격이 떨어지게 되고, 그 과정에서 손실이 일어날 것이다. "20만 주를 판매하겠다."라고 시장에 거래 의사를 밝혔을 때 "20만 주를 구매하겠다."라고 누군가 기적적으로 나타나지 않으면 20만 주를 나누어서 점진적으로 판매해야 하기 때문이다. 당연한 이야기지만, 주식도 살 사람이 있어야 판매가 성사된다! 이 경우 투자은행이 헤지펀드에게서 20만 주를 인수해 후술할 S&T 팀과 브로커를 통해 나누어 판매해서 손실을 최소화한다. 만약 투자은행의 네트워크와 정보력을 이용해 20만 주를 구매할 다른 기관이나 펀드를 찾을 수 있다면 그들에게 되팔 수도 있다.

ECM 팀에서는 '주식을 통한 자본 조달'이라는 핵심 업무 외에도 이렇게 블록 트레이드처럼 특별한 상황에 대한 업무도 존재한다.

> ECM 상품 중에서는 전통적인 IPO 외에도
> ABB, 블록 드레이드 등
> 특별한 상황과 조건에 따라 요구되는 상품들도 존재한다.

• 신디케이트 팀

다음은 신디케이트 팀에 대해 알아보자. 신디케이트라는 단어가 다소 낯설 것이다. 신디케이트라는 영어 단어의 본래 뜻은 '공통의 이익을 추구하기 위해 조직된 집단'이다. 이 단어를 주식 시장의 맥락에서 바라보면 "주식의 발행 과정에 '수수료'라는 공동 이익을 추구하기 위해 조직된 '투자은행의' 집단"이 된다. 즉, 이 맥락에서 신디케이트라는 단어는 ECM 딜에 공동으로 참여하는 투자은행을 모아서 칭하는 단어라고 할 수 있다.

앞서 말했듯 ECM에서 다루는 주식 관련 상품들은 일반적으로 부채 상품인 DCM 상품들에 비해 그 빈도가 높지 않고, 규모도 더 크다. 그래서 신디케이트 팀은 다른 은행들과 연락을 취해 딜의 실행을 돕는 역할을 한다. 규모가 큰 딜의 경우 하나의 은행이 아닌 여러 은행이 동시에 참여하게 되기 때문에 딜의 규모가 클수록 신디케이트 팀의 역할은 더욱 중요해진다.

넓은 개념에서는 다른 은행들과의 연락뿐 아니라 은행 내에서의 세일즈(영업) 팀, 외부 투자자, 그리고 IPO 등에 참여를 희망하는 또는 할 것 같은 기관과 연락을 취하기도 한다. 딜을 성공적으로 홍보해 많은 투자자를 끌어 모으는 것은 ECM의 핵심 업무이기 때문에, 딜이 많이 진행될 때는 신디케이트 팀도 덩달아 굉장히 바빠지게 된다. 고객, 기관, 그리고 내부의 여러 팀과 소통하는 부서인 만큼 정보나 내용에서 오류가 없어야 하기 때문에 꼼꼼함이 많이 요구된다.

> 신디케이트 팀은 은행 내부의 팀들과 외부 은행,
> 그리고 고객 사이의 연결 다리 역할을 한다.
> 딜의 실행을 위해 거의 필수적이다.

• **전환사채/ELS 팀**

전환사채(Convertible Bond, CB)와 주가연계상품을 다루는 팀도 있다.

우선 전환사채에 대해 이야기하자면, 전환사채는 말 그대로 주식으로 '전환'이 가능한 '사채'다. 전환사채는 본질적으로 채권인데, 따라서 일반 채권처럼 거래되고, 원금, 만기, 이자 등이 정해져 있다. 다만, 이 채권의 소유자가 원한다면 전환사채를 정해진 수의 주식으로 전환시킬 수 있다는 점에서 차이가 있다.

일반적으로 사채를 언제 주식으로 전환시킬지는 소유자에게 선택권이 있으며, 주식으로 전환하게 되면 기존의 채권처럼 이자를 받거나, 원금의 일부를 만기에 돌려받을 권리를 잃게 된다. '잠재적 주식'이라는 특성 때문에 일반적으로는 ECM 팀에서 전환사채의 발행을 담당하지만, 채권이기도 하다는 특성 때문에 이와 관련된 딜에는 꼭 DCM 팀과의 논의가 필요하다.

기업 입장에서 생각해 보면, 이 전환사채는 꽤나 매력적인 선택지다. 왜냐하면 주식을 통해 자본 조달을 하는 방식과 비교해 주주들에게 반감을 덜 살 수 있기 때문이다. 당장 주식을 더 발행하는 경우 기존 주주들이 가지고 있는 주식의 가치가 바로 희석되지만, 전환사채를 발행할 경우 사채가 주식으로 전환되지 않는 한 그런 문제가 없다. 게다가 만약 회사가 좋은 성과를 계속해서 내서 주식의 가치가 올라간다면, 이 전환사채에 투자한 투자자들은 주식으로 전환하여 이득을 볼 수 있으니 윈-윈(win-win) 관계가 되는 셈이다.

반대로, 회사가 좋은 실적을 내지 못하고 있다면 주식 투자자의 경우 그 손해를 곧이곧대로 봐야 하지만, 전환사채 투자자의 경우 채권의 형태로 계속 소유하면서 이자를 받으면 된다. 그러나 당연히 "공짜 점심은 없는 법!" 이런 특징 때문에 전환사채는 일반 채권보다 이자율이 낮다. 또, 당장은 주주들의 반대를 사지 않을지 몰라도 만약 회사가 좋은 성과를 내 수많은 투자자들이 모두 전환사채를 전환해서 주식으로 소유하게 된다면 사실상 똑같은 가치 희석이 일어나게 된다는 단점도 있다.

다음으로 살펴볼 주가연계상품이란 주식과 관련된 지수의 움직임에 따라 이자가 달라지는 부채 상품을 의미한다. 영어로는 ELKS, 혹은 ELS라고 한다. 여기서 '주식과 관련된 지수'라고 할 때 관련된 증권 상품을 '기초자산'이라고 한다. 예를 들어, "애플 주식이 30% 이상 떨어지지 않으면 7.5%의 수익(이자)을 준다."는 ELS가 있다면 기초자산은 애플 주식이 되는 것이다. 이 기초자산은 한 주식이 될 수도 있지만, 주식과 관련된 인덱스(Index)가 될 수도 있다. 가령, S&P, FTSE, Dow, KOSPI 같은 지수를 바탕으로 하는 ELS도 있을 수 있다는 뜻이다. 이런 ELS를 여러 개 묶어서 펀드로 만든 상품이 주가연계펀드(Equity-Linked Fund, ELF)다.

ELS는 위에서 든 예처럼 주가와 '연계'된 일종의 파생상품이기 때문에 직접적으로 이런 주식이나 지수에 투자하는 방식과는 차이가 있다. 예를 들어 S&P 지수를 트래킹하는 인덱스 펀드에 투자를 하는 경우 그 펀드의 성과에 따라 수익률이 직접적으로 결정되는 반면, S&P가 기초자산인 ELS에 투자를 하면 S&P의 성과와 ELS의 조건에 따라 수익률이 간접적으로 결정된다. 일반적으로 ELS는 거래소에서 거래되지 않는 장외파생상품이다. ELS는 보통 3년의 만기를 가지고 있으나, 조기 상환 조건이 충족되면 미리 상환된다. 거의 대부분의 ELS는 1년 내에 조기 상환 되도록 설계되므로 사실상의 만기는 1년이라고 생각하면 된다. ELS를 발행하는 회사의 입장에서는 지불해야 하는 이자에 대해 어느 정도 유동성을 가질 수 있다는 장점이 있기 때문에 경우에 따라 채권 발행보다 ELS를 선호한다. ELS도 앞서 말한 전환사채와 같이 주식 상품이라고 할 수는 없지만, 기초자산인 증권 상품의 등락에 따라 수익률이 달라진다는 요소를 가지고 있기 때문에 ECM 팀에서 다룬다.

> **ELS는 주식/인덱스의 성과에 따라 이자율이 달라지는 부채 상품이다.**

• ECM 팀과 DCM 팀의 차이

ECM 팀이 하는 일은 DCM 팀과 비슷한 부분도 많다. 예를 들어, DCM 팀에서 OM을 작성하듯이 ECM 팀에서도 IPO나 전환사채 발행 등을 준비하며 어떤 조건으로 할지에 대해서 깊이 있게 분석하고 논의한다. 또, DCM 팀과 같이 딜이 어느 정도 진행되면 투자자들을 찾아 딜을 홍보하는 로드쇼를 한다.

어찌 보면 많이 닮은 자본 시장(Capital Markets)의 두 상품 팀이지만, 다루는 상품의 본질이 다르다 보니 다른 능력이 요구된다.

앞서 DCM 팀은 회사의 가능성보다는 리스크가 얼마나 잘 관리되고 있는지, 즉 얼마나 위험에 잘 대비하고 있는지에 중점을 둔다고 이야기했다. 그러나 부채와는 달리 주식의 경우 대부분의 투자자들이 더 큰 위험성을 감수하고 투자하는 상품이기 때문에 ECM에서는 주식/상품/회사의 가능성을 보여 주는 데 집중한다.

이를 위해서 ECM의 뱅커들은 과거에 진행되었던 딜들, 회사나 상품의 투자 메리트, 적정 가격 등에 대한 분석을 한다. 얼핏 보면 DCM 팀과 크게 다르지 않은 분석들이지만 분석의 초점이 다르게 맞추어져 있다고 볼 수 있다.

> **ECM에서의 분석은 '가능성'에 초점이 맞추어져 있다.**

(3) S&T 팀 – 우리가 상상하는 바로 그 뱅커

이렇게 IBD의 세 핵심 부서에 대해서 알아보았다. 투자은행에서 하는 일이 조금씩 이해되기 시작한다면 다행이다. 어떤 독자들은 아직 궁금증이 안 풀렸을 수 있다. "아니, 그래서 대체 〈더울프 오브 월 스트리트〉에서 본 장면들은 어떤 팀인 건데?" 하고 말이다.

아마 '월 스트리트'라는 단어를 들었을 때 가장 친숙한 이미지는 운동장처럼 넓은 사무실에 있는 수백 대의 컴퓨터와 전화기, 그리고 시끄럽게 떠들며 분주하게 움직이는 사람들일 것이다. 그런데 이런 이미지는 앞서 설명한 세 팀과는 거리가 있다. IBD의 팀에서는 주로 분석과 문서 작성을 하는 것 같으니 말이다. 대체 전화기에 대고 소리를 지르는 건 누군가? 여러 개의 화면에서 번쩍거리며 초 단위로 변하는 그래프들은 대체 어디에서 볼 수 있단 말인가?

하지만 실망은 이르다. 영화에 나오는 이런 장면은 허구가 아니다. 단지 IBD가 아니라 S&T (Sales & Trading) 팀의 모습일 뿐이다.

개인적으로, 투자은행이 하나의 인체라면 IBD 팀은 뇌에 해당하고 S&T 팀은 심장에 해당한다고 생각한다. IBD 팀이 고객과의 접점이 되어 큰 결정을 내린다면, S&T 팀은 투자은행이라는 인체에 계속해서 혈액을 공급하기 때문이다.

회사, 기관 등을 고객으로 해서 그들의 금융과 전략에 대해서 자

한때 세계에서 가장 넓었던 UBS의 트레이딩 플로어

문을 하고 필요 서비스를 제공하는 IBD 팀과 달리, S&T 팀은 고객의 요구에 따라 주식, 채권, 환율, 파생상품 등의 증권 상품을 거래하는 역할을 한다. 즉, IBD의 M&A 팀이 회사 A를 1,500억 원에 인수하는 것에 대해 자문을 한다면, S&T팀은 회사 A의 주식 1,500주를 인수하는 일을 하는 것이다. 세일즈 팀은 이런 거래에 대한 아이디어를 짜내고 고객들에게 설명 및 설득을 하고, 트레이딩 팀은 거래를 직접 성사시키는 역할을 한다. 얼핏 보면 IBD 팀보다 업무의 전문성이 떨어지거나 단순하다고 느껴질 수 있겠지만, S&T 팀의 업무는 어떤 관점에서는 IBD 업무보다도 어려운 일이다.

> 세일즈 팀은 거래 아이디어를 짜서 고객을 설득하고,
> 트레이딩 팀은 거래를 직접 실행한다.

• 세일즈 팀

먼저 세일즈 팀의 업무에 대해서 이야기를 해 보자. 세일즈 팀의 업무는 뒤에 다룰 리서치 팀이 제시한 투자 아이디어를 바탕으로 고객에게 투자를 하라고 설득하는 것이다. 예를 들어 리서치 팀이 달러 환율이 오를 것이라고 전망하고 있다면, 세일즈 팀에서는 헤지펀드 혹은 기관 투자자인 고객에게 달러를 지금 매수하거나 옵션 구매를 하라고 설득하는 것이다.

세일즈 팀이 다루는 고객들은 몇 백, 몇 천 만 원의 거래를 하는

것이 아니라 수백, 때로는 수천 억 원의 거래를 하는 것이기 때문에, 아이디어에 강한 확신을 가지고 화려한 언변으로 상대를 휘어잡아 설득할 수 있어야 한다. 물론 고객 역시 이미 금융과 투자에 대해 상당히 경험이 있기 때문에 설득하는 것이 그렇게 쉽지는 않다. 이른바 우리가 팔랑귀 친구에게 "이 바이오 회사가 곧 있으면 특허를 낼 거라는데, 지금 사면 세 배는 오를 걸!" 하며 꼬시는 것과는 차원이 다르다는 뜻이다.

또, 일반적으로 M&A, DCM, ECM에서 잘못된 자문으로 인해 큰 손해를 입는 경우는 꽤나 드물지만 시장은 계속해서 움직이기 때문에 잘못된 투자 아이디어로 인해 손실을 입는 것은 꽤나 흔하다. 인수한 회사가 생각보다 합이 잘 맞지 않았다거나, 채권을 발행했는데 회사가 파산을 했다거나, 좋지 않은 가격으로 IPO가 되었다거나 하는 경우도 없는 것은 아니지만, "사셔야 합니다."라고 했는데 가격이 떨어지거나 "파셔야 합니다."라고 했는데 가격이 오르는 것은 그와는 비교할 수 없을 정도로 비일비재한 일이다. 따라서 이런 손실 가능성에 대해 잘 인지하고 있는 투자자를 설득하여 큰 규모의 딜을 이끌어내는 일은 매우 어려운 일이다.

세일즈 팀이 하는 업무는 IBD의 특정 업무와도 밀접한 연관이 있다. 예를 들어 IPO에서 투자은행이 주식을 전량 매수하는 언더라이팅을 했을 경우, 투자은행은 이 기업의 주식을 대량 보유하고 있으니 이를 이제 고객에게 판매해야 한다. ECM 팀에서 이미 IPO를 준비하는 과정에서 왜 이 회사에 투자해야 하는지, 또 성장 가능성은 어떤지에 대해 분석을 거의 끝냈으므로 고객을 설득해 주식을 구매하게 만드는 것만 남은 것이다.

이렇게 대량의 주식을 팔아 넘겨야 하는 일이 흔하기 때문에 투자은행의 세일즈 팀은 여타 영업 팀과 같이 다양한 고객들을 자주 만나고 관계를 유지한다. 혹시 류준열 배우가 나온 2019년작 영화 〈돈〉을 본 사람이라면, 영화 초반부에 갓 취업한 세일즈맨들이 퇴근 후 고객을 응대하고 달래는 모습을 기억할 것이다. 실제로 세일즈 팀 사람들은 이런 미팅과 술자리, 그리고 고객과의 전화를 매일같이 하며 살아간다. 흔히 생각하는 '세일즈맨'의 이미지와 어느 정도 부합하지 않는가?

물론 주식 시장에 대해 전반적으로 이해하고 있어야 고객이 질문을 했을 때 답할 수 있고, 또 더 설득력 있게 이야기할 수 있기 때문에 리서치 부서를 포함해 투자은행 내의 다양한 팀과 계속해서 연락을 취하며 공부를 계속해야 한다.

• 트레이딩 팀

물론 거래를 성사시킬 수 있는 트레이딩 부서가 없다면 이런 세일즈 업무는 무의미할 것이다. 트레이딩 팀의 업무는 최대의 수익을 얻을 수 있는 거래 구조를 짜서 이를 실행하는 일이다. 투자은행에서의 트레이딩에는 크게 두 종류가 있는데, '에이전시 트레이딩(Agency Trading)'과 '프롭 트레이딩(Proprietary Trading)'이다.

여기서 에이전시 트레이딩이란 말 그대로 투자은행이 하나의 '에이전시'가 되어 고객을 위해 세일즈 팀이 제안한 투자 아이디어나 고객이 낸 투자 아이디어에 따라 트레이딩을 대리로 진행하는 것을 의미한다. 앞서 ECM 팀에 대해 이야기할 때 블록 트레이드에 대해 잠시 이야기를 했는데, 10주나 100주를 사는 것이 아니라 수만, 수십만 주를 사고파는 경우가 되면 이 거래를 잘 나누어서 맞는 타이밍에 사자와 팔자 거래를 넣어야만 손실을 최소화할 수 있다. 이런 식으로 고객에게 맞는 상황에 따라 올바른 거래 전략을 세우고 그것을 실제로 실행하는 것이 에이전시 트레이딩이다.

에이전시 트레이딩에서는 일반적으로 스프레드(Bid-Ask Spread)와 수수료로 수익을 올린다. 스프레드란 말 그대로 살 때와 팔 때의 가격 차이를 의미한다. 예를 들어 100원에 거래되고 있는 주식이 있는데 이를 99원에 사서 101원에 팔면 2원이 스프레드가 되는 셈이다. 수수료의 경우 거래의 규모에 따라 일정 %의 수고비를 받는 식이다. 이는 우리에게도 익숙한 개념인데, 주식 투자를 하는 독자라면 거래 당 특정 금액 혹은 거래량의 %에 따라 수수료를 내야 하는 플랫폼을 이용하고 있을 가능성이 높다. S&T 팀에서 관여하는 거래량은 하루에도 수백, 수천 억 달러가 되는 경우가 많으므로 이런 수수료와 스프레드를 통해 벌어들이는 돈 역시 IBD와 비견될 정도로 많을 것이다.

> 에이전시 트레이더는 스프레드와 수수료로 수익을 올린다.

반대로, 프롭 트레이딩이란 고객을 위해 거래를 하는 것이 아니라, 투자은행의 자본금을 가지고 스스로 거래를 하는 것을 말한다. '프롭(Prop)'의 원래 영단어인 'Proprietary'는 '소유 권한', '소유자의'라는 뜻을 가지고 있다. 투자은행 소유의 돈으로 거래를 한다는 뜻이다.

에이전시 트레이딩에서 고객의 돈을 잃으면 투자은행의 명성과 신용에 금이 가므로 그것도 큰 리스크이지만, 프롭 트레이딩의 경우 돈을 잃으면 그 손실이 그대로 투자은행의 손실이 되므로 은행의 관점에서는 리스크에 가장 직접적으로 노출되는 사업이다. 역으로 트레이딩을 통해 큰 이익을 내면 그 이익이 그대로 투자은행의 이익이 되므로 능력이 있는 프롭 트레이더 몇 명이 투자은행에 수백 억 원의 돈을 벌어다 주는 것도 불가능하지 않다. 거래하는 증권 상품은 에이전시 트레이딩이나 프롭 트레이딩이나 크게 다르지는 않은데, 어떤 상품들이 있는지에 대해서도 잠시 짚고 넘어가 보도록 하자.

> 프롭 트레이더는 투자은행 자본을 가지고 투자해 수익을 올린다.

• S&T 팀에서 다루는 상품들

DCM 팀에 대해 이야기할 때 부채 관련 상품을 모두 나열하자면 이 책의 분량만으로는 불가능하다고 했다. 아쉽게도 이는 S&T 팀

⊙ **S&T 부서에서 다루는 상품들**

S&T 부서	
주식 관련 상품	FICC 상품
주식	채권
	금리 스왑
주식 관련 파생상품	환율
	자원
기타	기타 파생상품

에서 다루는 상품에도 해당되는 말이다. 아주 넓은 범주에서 생각해 보면, S&T 팀에서 다루는 상품은 주식 관련 상품과 그 외의 모든 상품으로 나누어진다. 여기에서 후자를 전문용어로 FICC(Fixed Income, Currencies and Commodities)라고 한다. 채권처럼 투자하면 고정 수익을 주는 상품, 환율과 관련된 상품, 그리고 석유, 석탄 등의 자원과 관련된 상품 등을 모두 묶어서 FICC라고 부른다고 이해하면 되겠다.

> **S&T 팀에서 다루는 상품으로는 크게
> 주식 관련 상품과 FICC가 있다.**

　주식 관련 상품의 경우, 우리가 일반적으로 생각하는 회사의 주식뿐 아니라, 그 주식과 연관된 파생상품(Derivatives)까지 포함한다.

후에 투자은행의 역사에 대해 이야기할 때 조금 더 자세히 설명하겠지만, 파생상품이란 특정 자산의 가치 변동을 통해 수익을 노리는 상품들이다. 옵션(Option), 선물(Futures)과 같은 개념을 들어본 적 있을 것이다. 예를 들어 애플 주식이 지금 100원에 거래되고 있는데 미래에 가격이 오를 것 같다고 판단될 경우, 지금 애플 주식을 구매하는 방법도 있지만, '1년 뒤에 애플 주식을 100원에 살 수 있는 권리'를 미리 구매해 놓을 수도 있다. 이렇게 되면 만약 1년 후에 가격이 100원보다 높게 책정되었을 때 100원에 주식을 살 수 있으니 이득을 보는 셈이다. 이런 것을 콜 옵션이라고 한다. 주식 관련 상품에는 이런 파생상품들과 더불어 앞서 이야기한 IPO를 통해 발행된 주식의 판매, 그리고 고객의 포트폴리오에 포함된 주식의 거래가 포함된다. 여기까지는 크게 어렵지 않을 것이다.

FICC의 경우 개념이 조금 더 복잡하다. 우리가 일반적으로 접하는 상품이 아니기 때문이다. 먼저 FICC의 FI, 즉 'Fixed Income'에 대해 이야기하자면, 투자하면 정해진 소득을 주는, 예를 들면 채권 같은 상품을 의미한다. 여기서 채권이란 단순히 기업이 자금 조달을 위해서 발행하는 채권뿐만 아니라, 정부가 국가의 운영 자금 마련을 위해 발행하는 국채(Government Bonds, 'Govies')도 포함된다. 채권은 투자하면 계속해서 이자를 받는, 정해진 소득이 있으므로 대표적인 FI 상품이다.

또, 금리 스왑(Interest Rate Swap, IRS) 등의 상품도 FI 상품에 해당된다. 스왑 같은 경우는 상품을 이해하기가 쉽지만은 않으므로 여기서는 기본 개념만 설명하고 넘어가도록 하겠다. 예를 들어 2%

⊙ 금리 스왑의 구조

A	고정 금리 →	B
고정된 금리로 이자 지급 변동 금리로 이자 수급	← 변동 금리	변동 금리로 이자 지급 고정된 금리로 이자 수급

의 고정 이자를 지불하고 있는 기업 A가 있다고 생각해 보자. 동시에, 기업 B가 있는데 B는 시장 금리와 연동된 변동 금리로 이자를 지불하고 있다. 예를 들자면 기준 금리+1.5%와 같이 말이다. 이때, A와 B가 서로의 이자 금리가 매력적이라고 생각한다면, '금리 스왑'을 통해 금리로 부터 나오는 현금흐름을 교환할 수 있는 것이다. 이는 더 낮은 금리를 위해, 혹은 시장 금리의 변동에서 오는 리스크를 낮추기 위해 사용된다. IRS의 경우에도 '금리로부터 나오는 현금흐름'을 교환하는 것이므로 그 이자에 따라 정해진 수익이 있다. 그래서 FI 상품으로 분류되는 것이다.

FICC의 CC, 즉 'Currencies and Commodities' 부분은 IRS 같은 상품보다 이해하기 쉬운 상품이다. 외환 거래, 환율과 관련된 파생상품(옵션, 선물 등), 자원/상품(Commodities) 등과 관련된, 즉 '주식 이외의 다른 상품과 관련된' 파생상품을 의미한다.

이는 사실 기업 고객들에게 특히 굉장히 중요하다. 생각해 보자. 삼성전자는 한국에 본사를 두고 있기 때문에 한국 기업이지만 활동하는 국가는 수십 개가 넘으므로 원화가 아닌 달러, 파운드, 유로 등의 외화로 매출을 올리기도 할 것이다. 이런 경우, 회사의 자산과 수익이 상당수 외화로 이루어져 있기 때문에, 환율의 변동으로 인해서 큰 손실이 생길 수도 있다. 물론 환율의 변동으로 인해서 이익을 볼 수도 있지만 글로벌 기업의 입장에서 이렇게 벌어들인 다양한 화폐를 그대로 가지고 있기에는 가치가 계속해서 변동하니 너무 불안할 것이다. 따라서, 기업은 환율이 어떻게 변동할 것인지에 대한 예측을 바탕으로, 앞서 말한 옵션과 선물 등으로 이런 위험에 대해 대비할 수 있다. 이렇게 리스크에 대해서 대비하는 것을 '헤징(Hedging)'이라고 한다. 헤징이라는 영단어의 본래 뜻은 '벽을 친다'인데, 벽을 쳐서 다가올 수 있는 위험에 대비한다고 이해하면 되겠다.

자원의 경우도 마찬가지이다. 예를 들어 BP나 쉘 같은 정유 회사의 경우 석유를 추출하는 사업과 더불어 이를 판매하고 공급하는 사업도 한다. 당연히 이 과정에서 적재해 놓은 석유 등의 자원이 생길 수밖에 없고, 이는 곧 회사의 자산이기 때문에 석유의 가치가 떨어지면 이 기업은 손해를 볼 수밖에 없다. 이런 위험에 대해서도 파생상품을 이용해 헤징할 수 있다. 예를 들어, 석유 가격이 떨어질 것을 대비해 '1년 뒤에 석유 1배럴을 특정 가격에 판매할 수 있는 권리'를 사 놓으면 가격이 실제로 떨어져도 손실을 최소화하거나 없앨 수 있다. 2020년 5월 현재 유가가 심하게 폭락해 가격이 음수가 되기도 했는데, 이런 상황을 대비하기 위해서 헤징이 존재하는 것이다.

외부 고객이 없는 프롭 트레이딩의 경우에도 이런 상품들을 거래함으로써 시세 차익을 올릴 수 있다. 환율이나 자원 가격이 변동하면 자연스레 관련 상품의 가격도 변동되기 때문이다. 이 흐름을 잘 읽고 제때 사고 제때 팔면 수익을 낼 수 있다. 물론, 주식 투자를 해 본 독자라면 알겠지만, 이는 절대 쉬운 일이 아니다. 그러나 개인 투자자가 아닌 한 기업이 가지고 있는 모든 정보와 지식을 총동원해서 투자에 참여하는 경우 아무래도 수익률이 더 높을 것이다.

> **S&T 팀은 증권 상품으로 고객의 리스크를 헤징하는 역할을 하기도 한다.**

• **S&T 팀의 미래**

S&T 팀에서 하는 업무에 대해 개략적으로 알아보았다. 그런데 한 가지 주목할 점은 S&T 팀은 최근 빠르게 진행되고 있는 정보화, 즉 기술의 진보에 가장 직접적으로 영향을 받는 부서라는 점이다.

예를 들어 트레이딩 업무의 경우, 빅데이터를 이용한 통계의 등장으로 가장 높은 수익률을 낼 수 있는 투자 알고리즘을 만들어 그에 기반해서 트레이딩을 하기는 것으로 대체되기도 한다. 쉽게 설명하자면, 예전에는 방대한 양의 정보를 수집하고 또 그로부터 의미 있는 결과(어떻게 투자해야 하는지)를 도출하는 데에 어려움이 있었는데, 기술의 발달로 인해 이것이 쉽게 가능해지면서 시장에서 일어나고 있는 모든 거래와 가격의 움직임 등을 실시간으로 분석하면서 그에 맞추어 투자 전략을 짜는 것이 가능해진 것이다.

아무리 뛰어난 트레이더라도 인간이다 보니 감정이나 체력적 요소를 완전히 배제할 수 없다. 예를 들어 화장실 가는 시간이나 식사를 하는 시간 정도는 있어야 하지 않겠는가! 또, 개인적으로 좋지 않은 일이 있다면 감정적으로 동요할 수도 있다. 그러나 컴퓨터 프로그램은 이런 문제점을 가지고 있지 않으니 잘 작동된다는 전제하에 투자은행의 입장에서는 굉장히 매력적인 선택지가 될 것이다. 그래서 대형 투자은행에서는 S&T 업무를 점점 축소하는 추세이고, 투자은행 내에서도 미래에는 가장 큰 변화가 일어날 법한 부서로 많이 거론되고 있다.

세일즈의 경우는 고객을 직접 응대하고 설득해야 하는 요소가 많기 때문에 아직은 큰 변화를 맞지 않고 있지만, 미래에는 일을 하는 방식이 어떻게 달라질지 예측하기 힘든 상황이다.

그러나 S&T, 더 넓게는 '시장'을 다루는 팀에서의 커리어는 여전히 매우 매력적이다. 성과에 따라 엄청난 연봉을 받을 수도 있으며, 빠르게 변동하는 시장에 반응해야 해서 장이 열린 시간에는 거의 꼼짝도 하지 못하지만 퇴근 시간도 이르기 때문이다. 물론 높은 스트레스에 계속해서 노출되고 짧은 시간 내에 여러 결정을 내릴 수 있어야 하기 때문에 모두에게 적합한 진로는 아니겠지만, 본인이 이런 성향을 가지고 있고 금융 시장에 관심이 있다면 충분히 도전해 볼 만한 일이라고 생각한다.

> S&T 팀은 가장 직접적으로 기술의 진보에 의한 영향을 받고 있다.

(4) 리서치 팀 – 투자은행의 튼튼한 뼈대

아마 투자은행에서 부서의 이름만으로 업무를 파악할 수 있는 부서를 하나 꼽으라면 리서치(Research) 팀이 제일 먼저 생각날 것이다. 리서치 팀은 말 그대로 시장에서 거래되는 증권 상품, 그리고 경제 트렌드를 분석하고 이를 바탕으로 고객들에게 어떤 전략적 자문을 해야 할지에 대한 아이디어를 낸다.

얼핏 보면 꽤나 평범한 업무처럼 보이지만, 리서치 팀은 투자은행에서 굉장히 큰 의미를 가진다. 앞서 말한 크로스 셀링을 기억하는가? 투자은행에서는 한 상품 혹은 한 서비스를 제공할 때 거기서 그치는 것이 아니라 이를 발판 삼아 다른 기회를 찾는 식으로 사업을 진행한다. 하지만 이 과정이 그렇게 순조롭지만은 않다. 물론 IPO를 진행한 자문사로 한 투자은행이 있고, 이 투자은행이 좋은 신뢰를 쌓았고 좋은 성과를 냈다면 그 투자은행에 부채 발행이나 M&A 등을 맡기는 것이 당연하다고 생각될 수 있다. 하지만 이는 이 투자은행이 그럴 만한 능력이 있어야만 가능한 것이고, 결국 투자은행의 능력이란 업계에 대한 전문지식과 이에 기반한 성과다. 따라서 훌륭한 리서치 팀이 있어야 좋은 투자 아이디어가 나오고, 고객에게 "우리는 시장을 잘 알고 있습니다. 우리 투자은행의 분석을 믿으셔도 됩니다."라고 영업을 할 수 있게 되는 것이다.

투자은행의 IBD 부서에서 애널리스트로 근무하다 보면, 고객에게 발표할 회의 자료에 꼭 우리 투자은행의 강점과 과거에 성사시켰던 딜들을 정리한 페이지가 있다. 물론 상황마다 강조하는 부분이 다르지만, 이 페이지에 거의 늘 포함되는 것 중 하나가 '우리 투자은행은 강한 리서치 팀을 갖추고 있다'는 것이다. 이를 보여 주기 위해 과거에 리서치 팀에서 예측했던 주가가 얼마나 잘 맞아떨어졌는지를 수치로 보여 주기도 하고, 리서치 팀이 수상한 상들을 나열하기도 한다. 이 페이지가 바로 투자은행 업무에서 리서치가 지니는 중요성을 보여 주는 증거라고 할 수 있다.

좋은 리서치 팀이 있으면 다른 팀들이 영업하기가 쉬워진다.

일반인들에게는 투자은행의 브로커들이 발행하는 주식 리서치(Equity Research)가 가장 익숙할 것이다. 이 리서치에는 일반적으로 매수·매도에 대한 의견, 주식의 적정 가격(당연히 적정 가격이 현재 거래 가격보다 높다면 매수해야 할 것이고 낮다면 매도해야 할 것이다), 회사의 전략에 대한 의견, 재무 상태에 대한 분석, 그리고 가치평가 등이 포함된다.

일반적으로 이런 리서치는 회사에 중요한 사건이 일어났을 때 발행된다. 가장 대표적으로 각 분기의 사업 성과를 발표할 때가 있다. 회사마다 날짜는 모두 다르겠지만, 어느 정도 규모가 있는, 특히 상장 기업의 경우 주주와 대중에게 사업의 성과와 경과를 공개해야 하는데, 이때마다 회사의 최근 성과가 업데이트되므로 당연히 이 최신 정보를 담아 새로운 리서치를 발행해야 한다. 이 최신 정보에 따라 재무 분석이 달라지고, 따라서 가치평가도 달라진다. 또 회사가 특정 부서를 매각하려고 한다거나, M&A를 진행 중이거나, 큰 부채를 발행했거나 하는 등의 중요 사건이 있으면 주식의 적정가를 예측하는 데 이런 요소들이 들어가야 하므로 역시 업데이트를 위해 새로운 리서치가 발행된다. 이런 리서치는 일반 고객과 기관 투자자 고객에게 판매·제공되는데, 보통 페이지 수에 따라 가격이 책정된다.

리서치를 하나의 주식 종목에 대해서만 하는 것이 아니라 그 산업 전체에 대해서 하는 경우도 있다. 예를 들자면 '영국의 소비재 산업 현황'이라는 주제를 가지고 여러 회사를 동시에 다루는 리서치를 발행할 수 있다. 이런 경우 단순히 그 산업에 포함되는 회사들의 주식 적정가가 얼마인지에 중점을 두기보다는 최근 업계에 뚜렷하게 나타나고 있는 동향이 있는지, 위협이 될 만한 리스크 요소가 있는지, 미래 전망은 어떠한지 등에 대해서 폭넓게 다루는 경우가 많다.

이런 주식 계통의 리서치 외에 대표적인 리서치로 경제 리서치 (Economics Research)가 있다. 이는 말 그대로 시장과 경제의 거시적인 상태에 대한 분석과 소견을 담은 리서치다. 일반적으로는 금리 인상 가능성에 대한 논의, 중요한 정치 이슈, 강세/약세인 산업, 노동시장(실업률, 연봉, 노동인구 연령 등) 등에 대한 분석이 포함된다. 이런 경제 리서치는 말 그대로 '글로벌'하게 전 세계를 다룰 수도 있고, 한국, 중국, 미국, 영국 등 정해진 한 국가의 상태에 대해서 발행할 수도 있다.

경제 리서치의 경우 지금까지 이야기한 투자은행의 다른 부서들과는 조금 다른 의미로 경제 자체에 대한 이해도가 매우 높아야 하기 때문에, 이런 리서치에는 경제학자에 버금가는 지식인들이 참여하기도 한다. 실제로 이들의 직함을 일반적인 투자은행 직급인 '애널리스트', '어쏘시어트' 등이 아니라 '이코노미스트' 등으로 별도로 설정하는 경우가 많다.

> **개별 기업뿐 아니라 인덱스, 국가 경제 등에 대해서도 리서치를 발행한다.**

이렇게 리서치 팀이 여러 가지 주제에 대해서 전문성을 가지고 있기 때문에, IBD나 S&T 팀에서는 리서치 팀과 계속해서 연락을 취해 가장 최신 정보로 무장하려고 애를 쓴다. 가령 IBD 부서에서 철강 회사에 자문을 제공해야 하는데, 이 회사가 칠레에 있다고 하자. 이 회사를 담당하는 팀의 MD(매니징 디렉터)는 철강 사업에 대해 잘 이해하고 있을 것이다. 하지만 구체적으로 지금 칠레의 경제 상황이 어떤지, 경쟁사는 어떤 회사인지, 칠레 회사가 자금 조달을 하기에 좋은 상황인지, 한다면 어떤 방법들이 현실적으로 가능한지 등에 대해서는 이 회사를 오랜 시간 동안 지켜보며 주식 리서치를 발행했거나 칠레의 경제를 오랜 시간 다뤘던 전문가에게 물어보아야 한다. 이런 경우 자문을 해야 하는 IBD

의 팀과 관련 리서치 부서원을 초대해 컨퍼런스 콜(Conference call)을 하거나 실제로 만나서 회의를 한다. 투자은행에 부서가 굉장히 다양한 만큼 서로의 전문성을 통해서 시너지를 극대화하려는 노력이다.

(5) 컴플라이언스 팀 – 투자은행의 보안관

이렇게 리서치 팀의 업무까지 알아보았다. 일반적으로 여기까지
를 '프런트 오피스'라고 하지만, 여기에는 사람에 따라, 또 은행에
따라 어느 정도 관점의 차이가 있을 수 있다. 이제부터 다룰 팀은
이렇게 투자은행 사업의 전선에 직접적으로 서 있다기보다는, 투
자은행 사업을 유지하기 위해서 존재하는 '백 오피스' 팀들이다.
어떤 경우에는 이런 백 오피스 팀 중에서도 프런트 오피스와 연관
성이 깊은 팀을 '미들 오피스(Middle Office)'로 한 단계 더 분류하기
도 하는데, 어디까지를 미들 오피스로 분류하고 어디까지를 백 오
피스로 분류하는 게 맞는지에 대해 의견이 많이 갈리므로 여기에
서는 더 보편적인 '백 오피스'라는 표현을 사용해 설명하도록 하
겠다. 그럼 백 오피스 중 첫 번째로 컴플라이언스(Compliance) 팀에
대해서 알아보자.

투자은행의 역사를 다루는 '투자은행이 오늘에 이르기까지' 장
에서 더 자세히 알아보겠지만, 투자은행, 넓게는 금융 업계는 수
많은 상승과 하락을 반복하면서 정치계의 많은 관심과 규제를 받
게 되었다. 가장 최근에는 2008년 서브프라임 모기지 사태로 인
한 세계적 경제 위기의 영향으로 수많은 종류의 규제가 새로 생
겨났다. 앞서 설명한 투자은행의 다양한 부서들이 하는 모든 사
업은 각 정부의 규제를 받고 있다고 이해하면 된다. 넓게는 은행
이 공격적으로 투자할 수 있는 정도에 대한 규제가 있고, 좁게는

투자은행 내에서 직원을 교육하고 규제에서 어긋나지 않기 위해 얼마나 노력해야 하는지에 대한 규제가 있다.

투자은행에서 일해 본 사람이라면 사실 컴플라이언스 팀은 '만나고 싶지 않은 팀'일 것이다. 컴플라이언스 팀의 주 업무는 투자은행과 그 직원들이 관련 규제를 잘 지키는지 관리하는 것이다. 이들과 만날 일이 있다면 그건 규제에 어긋날 수 있는 내용에 대한 의논이거나, 규제에 어긋난 행동을 한 것에 대한 논의일 테니 만나지 않을수록 좋은 팀이라고 농담처럼 이야기하곤 한다. 하지만 실제로는 근무를 하면서 여러 규제와 관련해 컴플라이언스 팀에 자문을 구해야 할 일이 많기 때문에 이런 인식은 하나의 오해라고 할 수가 있다.

'컴플라이언스(Compliance)'라는 영단어 자체가 '규제에 순응한다'라는 뜻이다. 따라서 컴플라이언스 팀은 투자은행에 소속돼 있지만, 그 투자은행을 자체적으로 관리하고 감독하는 존재라고 볼 수 있다. 컴플라이언스 팀에서 근무하기 위해서는 가장 최근의 규제에 대해 완벽히 이해하고 있어야 하며, 그와 관련해 어떤 식으로 문제를 접근해야 하는지도 판단할 수 있어야 한다.

컴플라이언스 업무는 투자은행이 현재 가지고 있는 리스크를 찾아내는 것에서 시작된다. 투자은행에서 다루는 파일들은 대부분 극비 자료가 많다. 금융 관련 정보가 밖으로 빠져나가는 순간 시장이 이에 반응하면서 주가가 폭등하거나 폭락하는 일이 일어날 수 있다. 따라서 만약 투자은행에서 이런 파일이 밖으로 빠져나가는지를 확인하고, 또 사전에 막을 수 있는 시스템이 없다면 이는 매우 큰 리스크인 셈이다.

예를 들어 골드만삭스의 어떤 애널리스트가 특정 금융 정보를 흘려서 상장 기업의 주가가 폭락했다고 하자. 이 경우 이는 단순히 그 사람만 처벌받는 것이 아니라 기업으로서 골드만삭스 자체가 큰 벌금을 내야 할 뿐더러, 신용이 제일 중요한 투자은행 업계에서 회사의 명예가 실추되는 데에서도 큰 손실이 온다. 주가 폭락으로 그 고객이 직접 입은 손실도 있음은 물론이다.

따라서 이런 리스크를 찾을 때마다 컴플라이언스 팀은 행동강령(Protocol)을 짠다. 예를 들어, 이 경우에는 "대중에게 공개되지 않은 극비 자료를 외부 이메일로 보낼 때에는 상사 2명의 결재를 받아야 한다." 같은 규칙을 만드는 것이다. 또, 이런 규칙을 만드는 데에서 그치는 것이 아니라 이 규칙이 잘 지켜지고 있는지 계속해서 확인하고, 이 규칙을 어기는 사람 혹은 어기려고 한 사람이 있다면 그에 대한 처벌·관리도 맡아서 한다.

> 컴플라이언스 팀은 투자은행이 관련 규제를 잘 지킬 수 있게 돕는다.

더 흥미로운 예를 들어 보겠다. 투자은행은 압도적인 영향력을 가지고 있는 금융기관이기 때문에, 정부와 UN 등에서 정한 규칙들을 의무적으로 따라야 한다. 이 중에는 제재 대상인 국가와 거래하지 않는 것도 포함된다. 대표적인 제재 대상 국가로는 쿠바, 이란, 시리아, 북한이 있다. 아마 이 목록을 보고 "에이 뭐야, 그런

데에서 투자은행이 할 만한 일이 있나?" 하고 의아해 할 독자가 있을지도 모르겠다. 하지만 "있다!" 물론 이 나라들의 경제 규모는 그렇게 크지 않으므로 고객이 많지는 않겠지만, 이런 나라에서 사업을 하는 글로벌 기업이 있을 수 있다.

예를 들어, 광산 산업을 하는 큰 회사가 있는데 이 회사가 쿠바에서 광산을 개발하고 있어서 관련된 자회사를 설립했을 수 있다. 만약 이 회사가 이 쿠바 자회사에 대출을 해 주기를 요청하거나, 가지고 있는 현금의 일부를 이 자회사의 계좌를 통해서 옮기고 있다면 문제가 될 수 있다. 컴플라이언스 팀에서는 이런 경우에 대해서도 행동 강령을 마련하고, 관리·감독을 한다. 물론 모든 경우와 모든 고객에 대해 직접적으로 분석과 확인을 하지는 않지만, 필요할 경우 각 팀에 더 많은 정보를 달라고 요청해 내부적으로 승인을 낼 수 있는지 확인한다.

또, 투자은행의 영향력과 자본을 고려하면 금융 범죄에 연루될 수 있는 가능성도 늘 있기 때문에, 이에 대해서도 감시해야 한다. 대표적인 금융 범죄로는 자금 세탁(Money Laundering), 테러 자금 조달(Terrorism Financing) 등이 있다. 이를 막기 위해서는 투자은행과 사업을 하는 고객들의 자금 출처와 관련 사업에 대한 자세한 이해가 필요하다.

내가 겪었던 일화를 하나 소개하겠다. 어느 날 우리 팀이 상사가 사업상 알던 지인을 통해 소개받은 회사의 CEO와 전화로 회의를 하게 되었다. 그는 회사의 프로젝트 확장을 위해 대출을 받고 싶어 했고, 우리 은행이 이를 검토해 줄 수 있는지 물었다. 그런데 이 회사의 사업 모델에 대해서 우리가 설명을 부탁하자 영 석연치 않은 점들이 계속해서 드러나기 시작했다. 우선 사업 모델이 비현실적으로 방대했다. 개발도상국에서 정유 사업을 벌이고, 그 수익을 제약 및 바이오 사업에 재투자하는데, 제조된 약을 판매하는 방식에 암호화폐를 사용하는, 그야말로 '그럴듯해 보이는' 요소들을 모두 '때려 넣은' 이상한 사업 모델이었다. 게다가 이런 사업을 하는데 정작 회사는 홍콩에 위치해 있었다. 회의가 끝나고, 상사가 나에게 이 회사에 대해서 조사해 보고, 찾은 정보를 컴플라이언스 팀에 넘겨 확인을 부탁하라고 했다. 나는 회사를 조사하면서 이상한 점을 몇 개 더 찾았고 이를 컴플라이언스 팀에 보냈는데, 아무래도 이 회사가 자금 세탁과 연루되어 있을 가능성이 높다는 답을 받았다. 실제로 투자은행에서 일을 하다 보면 이런 일이 종종 일어난다. 이런 상황에 잘못 연루되면 앞서 말했듯이 은행은 천문학적인 벌금을 내고 기존의 고객들에게 신뢰를 잃기 때문에 아주, 아주 조심해야 한다.

또한 최근의 세계적 규제 트렌드를 보면 이제는 '불미스러운 일이 일어나지 않는 것'만으로는 부족하다. '불미스러운 일이 일어나지 않게 하는 환경을 조성하고 유지하지 않으면' 처벌을 받을 수 있는 구조가 되었다. 일례로, 2017년에 독일계 투자은행인 도이치뱅크는 영국의 금융 규제 부서인 FCA로부터 '자금 세탁과 관련해 올바른 시스템을 마련하지 못했다'는 이유로 약 2,200억 원의 벌금을 부과받았다.

이렇게 규제가 결과주의보다 '방지주의'로 변화하고 있기 때문에, 컴플라이언스 팀의 업무는 그 어느 때보다도 많아지고 또 중요해지고 있다. 특히 금융기관들이 2008년 금융 위기를 포함한 여러 사건으로 대중의 신뢰를 많이 잃었기 때문에 이를 회복해야 한다는 측면에서 보면 컴플라이언스 팀은 가장 중요한 팀 중 하나일지 모른다.

사건 방지에 초점을 맞추는 최근의 규제 추세 때문에 컴플라이언스 업무는 점점 중요해지고, 그 영역도 확대되고 있다.

(6) 리스크 팀 - 투자은행의 최종 수비수

리스크(Risk) 팀의 업무도 이름으로부터 쉽게 추측이 가능할 것이다. 바로 사업상 위험인 리스크를 모니터링 하는 것이다. 물론 리스크를 관리하는 것은 비단 투자은행뿐 아니라 모든 사업자가 떠안고 가야 하는 숙명이겠지만, 투자은행이 하는 업무는 본질적으로 높은 리스크를 가지고 있다. 회사에 대출을 해 주었는데 그 회사가 부도가 나면 그 돈을 돌려받지 못할 것이다. 또 이런 리스크뿐 아니라 '프롭 트레이딩'을 통해서 공격적으로 투자를 하다가 입는 손실이나 기타 아주 다양한 위험성을 감수해야 한다. 이런 리스크를 잘 모니터링 하기 위해서 존재하는 팀이 리스크 팀이다.

높은 리스크는 곧 높은 보상을 의미하기 때문에, 각자의 기준선 안에서 얼마나 공격적인 전략을 택할지는 물론 투자은행마다 차이가 있다. 일반적으로 골드만삭스, 모건스탠리, 뱅크오브아메리카 등의 미국 투자은행이 크레딧수스, UBS, BNP 파리바 등의 유럽 투자은행보다 공격적인 성향을 가지고 있다.

리스크 팀은 이렇게 각 투자은행의 리스크 선호도에 따라 투자은행이 너무 과도한 리스크를 지지 않게 하기 위한 방어선 역할을 한다. 이런 리스크 조절의 중요성은 따로 설명할 필요가 없을 것이다. 극단적인 예이기는 하지만, 우리는 2008년 유수 투자은행인 리먼브라더스(Lehman Brothers)가 파산하는 것을 목격한 바 있다. 회사가 감당할 수 없는 정도의 리스크를 떠안는 것이 얼마나 위험한지를 보여 주는 많은 예 중 하나라고 할 수 있겠다.

> **리스크 팀은 투자은행의 리스크 선호도에 맞춰 내부적으로
> 사업의 위험성을 심사하고 관리한다.**

리스크 팀은 DCM 팀에 대해 설명하면서 나왔던 신용위원회처럼 내부적인 심사를 담당한다고 이해하면 쉽다. IBD, S&T 등의 팀에서 사업을 할 때 기준선을 정하고, 그 기준선에 근접하거나 넘어설 때 이를 승인해 줄 지를 결정하는 것이다.

이 절차는 투자은행마다 조금씩 차이가 있는데, 보통은 각 고객별로 내부적인 신용등급을 매겨 사업의 상한선을 지정하는 방법을 쓴다. 이는 우리에게도 익숙한 무디스(Moody's), S&P, 피치(Fitch)의 신용등급과 매우 유사하다. 단지, 외부 신용등급 기관에만 의지해 리스크 분석을 하는 것은 그 자체가 또 하나의 리스크이기 때문에 내부적으로 별도의 분석을 통해 신용등급을 지정하고 있다.

이렇게 신용등급을 지정하고 나면 그 회사와 어느 정도까지 사업을 해도 괜찮을지를 금액으로 수치화 한다. 예를 들어 '회사 A는 3- 등급을 가지고 있으니 기업가치의 ○○%인 3억 달러까지 빌려 줄 수 있다'는 식으로 정해 놓는 것이다. 이렇게 되면 IBD와 S&T 팀이 이 범주, 즉 3억 달러 내에서 사업을 진행할 수 있게 허가가 난 셈이다. 그런데 DCM 팀에서 1억 달러를 빌려 주었다면,

2억 달러가 남으니 다른 팀에서 이 2억 달러 규모의 사업을 진행할 수 있게 되는 것이다.

그런데 만약 이 와중에 투자은행에 매우 큰 수익을 안겨 줄 수 있는 5억 달러 규모 딜의 기회가 왔다고 하자. 아마 대부분의 투자은행에서는 이는 너무 큰 리스크라고 생각해 딜을 거절하겠지만, 업계 상황 등을 고려해 이 기회를 놓치는 것이 너무 아깝다고 판단될 경우, 그 딜을 진행하는 팀이 리스크 팀에 사업 한도를 늘려 달라고 요청을 할 수 있다. 이는 신용위원회와 매우 비슷한 개념으로, 사업 기회에 대한 개요부터 시작해 고객의 재무 상태, 그리고 이 딜에서부터 오는 리스크를 어떻게 헤징할 수 있는지 등에 대한 분석이 담겨 있다. 이 리스크 분석이 적절할 경우에만 딜이 승인된다. 아무리 공격적인 성향의 투자은행이라고 해도 좋은 사업 기회가 났다고 바로 한도를 조정하지는 않는다. 실무를 진행하면서. 은행들이 사업의 허가 범주를 확장하는 데 있어서 굉장히 회의적이고 조심스럽다고 느낀 적이 많다. 오히려 상품 팀이나 산업 팀 들에서 "사업 한도를 이렇게 낮게 잡아 놓고 대체 어떻게 돈을 벌겠다는 거냐."며 볼멘소리를 하는 경우를 많이 보았다. 투자은행이 얼마나 보수적인 기관인지 잘 보여 주는 예라고 생각한다.

> **리스크 계산을 바탕으로 고객에 대한 신용등급과**
> **사업 허가가 나오면 그 허용 범위 내에서**
> **각 팀이 각 상품을 판매한다.**

컴플라이언스 팀도 회사가 규제를 잘 지키고 있는지를 관리·감독하는데, 리스크 팀도 이와 유사한 업무를 하는 것 아니냐고 반문할 수도 있겠다. 컴플라이언스와 리스크 팀 사이의 차이를 확실하게 정리하자면, 컴플라이언스 팀은 투자은행에 대한 규제에 회사가 잘 부합하고 있는지를 중점적으로 보는 부서이고, 리스크 팀은 규제와는 상관없이 사업상의 리스크를 관리하는 데에 중점을 두는 부서다. 투자은행에 불미스러운 일이 일어나는 일을 막기 위해 존재한다는 점에서는 비슷하지만, 업무의 본질에서 조금 차이가 있다.

리스크 팀도 투자은행의 업무가 점점 확대되면서 그 중요성이 강조되고 있는 부서 중 하나다. 업무가 확장되면 관리해야 할 리스크도 늘어나기 때문에 어쩌면 당연한 일이다. 리스크의 경우 투자은행의 다양한 상품에 대해서 리스크 심사와 모니터링을 진행하기 때문에 금융업에 대해 폭넓은 지식을 쌓을 수 있는 흥미로운 팀이기도 하다.

(7) 퀀트 팀 – 투자은행의 미래

이렇게 두 백 오피스 팀에 대해서 알아보았다. 누차 강조하지만 백 오피스에는 컴플라이언스 팀과 리스크 팀 외에도 수많은 팀이 존재한다. 회계(Audit) 팀, 기술(Technology/IT) 팀, 인사(Human Resources) 팀 등인데, 이는 일반적인 기업에도 존재하는 팀이므로 별도의 설명이 필요하지 않다고 판단되어 제외했을 뿐이다.

마지막으로 다루어 볼 퀀트(Quant) 팀은 투자은행 내에서도 역사가 그리 깊지 않은 팀이다. 퀀트 팀은 컴퓨터 프로그래밍과 수학, 통계 분석을 이용해 투자은행에서 이루어지는 거래의 알고리즘을 짜거나 리스크 관리 시스템을 만들거나 상품의 가치를 평가하거나 하는 업무를 한다. 당연히 이를 위해서는 방대한 양의 데이터, 즉 최근 아주 핫한 '빅데이터'를 수집하고 분석할 수 있는 기술이 필요하므로 최근에 와서야 별도의 한 팀으로 구성된 것이다.

하지만 이런 짧은 역사에도 불구하고 퀀트 팀은 현재 투자은행 업계에서 큰 혁신을 불러오고 있다. 앞서 S&T 팀에 대해서 이야기할 때 잠시 언급했지만, 이렇게 퀀트 팀에서 개발하는 프로그램과 시스템이 업무의 많은 부분을 자동화·단순화하고 있기 때문이다.

몇몇 스타 트레이더의 감각과 지식에 의지하는 트레이딩 방식이 가지는 인간적인 한계를 극복하고 매초마다 시장 상황을 재분석해서 투자 전략을 무한히 새로 짜내는 프로그램을 사용하는 것은 안정성 측면에서도 큰 도움이 된다. 이에 최근 투자은행은 이렇게 퀀트 엔지니어를 너도 나도 채용하고 있는 상황이며, 기존에는 큰 연관성이 없었지만 요즈음은 이과, 즉 STEM (Science, Technology, Engineering and Mathematics) 계열의 학생들이 대거 투자은행에 지원하고 있다.

업무에 대한 설명을 보면 알 수 있지만, 퀀트 팀에서 근무하기 위해 요구되는 지식과 기술은 다른 투자은행 팀의 그것과는 큰 차이가 있다. 단지 다루는 데이터의 종류가 금융, 시장 관련 정보일 뿐이지 통계적 분석을 하고 수학적 모델을 만들어 내는 것이 업무의 본질이다. 그렇다고 해도 본인이 다루는 수치와 통계가 무엇을 나타내는지 어느 정도 알아야 하기 때문에 퀀트 팀에서도 S&T 팀에 필요한 지식을 요구하기도 한다. 파생상품의 원리를 이해하지 못 하는 사람에게 파생상품을 거래하는 알고리즘을 짜라고 맡길 수는 없지 않겠는가. 대신, 직접 거래를 하는 게 아니라 상황별 거래의 알고리즘을 짜는 것이니, 시장의 최근 트렌드나 역사 등에 대해서는 아무래도 지식을 덜 요구하는 편이다.

능력 있는 이과 학생이 몰리다 보니 퀀트 팀은 투자은행 내에서도 기본급이 가장 높은 편인 IBD와 비슷하거나 때로는 더 높기도 하다. '기본급'이라고 하는 이유는 IBD, S&T 팀 등의 경우 인센티브가 연봉의 큰 비중을 차지할 수 있는 반면, 퀀트 팀의 경우 꼭 그렇지만은 않기 때문이다. 그러나 확실한 것은 퀀트는 매우 매력적인 팀이며 앞으로의 확장 가능성이 무한한 팀이라는 것이다.

아마 여러분이 이 책을 읽는 순간에도 지구 반대편의 어떤 투자은행에서는 어떤 거래가 자동화 되고 있을 것이다. 5년, 10년 뒤에는 투자은행들의 사업 방식이 기술에 의해 크게 달라져 있을 것이다.

> 빅데이터, AI, 프로그래밍 등의 영향으로
> 투자은행 업무의 상당수가 조금씩 자동화 되어가고 있고,
> 이런 흐름은 계속될 것으로 보인다.

다양한 투자은행의 세계

이제 여러분은 투자은행이 하는 일이 무엇인지 어느 정도 이해하게 되었을 것이다. 이번 장에서는 여러분에게 익숙한 이름들, 그리고 아마 들어보지 못했을 이름들을 다루어 보면서 투자은행의 종류에 대해서 이야기해 보려고 한다.

앞서 투자은행의 주요 부서라고 소개되었던 팀들은 모든 투자은행에 똑같이 존재하는 것이 아니다. 모든 상품을 골고루 커버하는 대형 투자은행도 있지만, 특정 상품에 대해서만 특화되어 있는 투자은행도 있다. 또, 은행 전체가 투자은행이 아니고 특정 부서만 투자은행 업무를 하는 곳도 있다.

투자은행을 분류해 보자면 구조에 따른 분류와 상품 및 고객에 따른 분류로 나누어 볼 수 있을 것이다. 먼저 구조에 따른 분류를 짧게 살펴보고, 상품 및 고객에 따른 분류를 조금 더 깊이 있게 다

뤄 보도록 하겠다. 또, 한국형 투자은행에 대해서도 잠시 이야기
해 보도록 하겠다.

(1) 투자은행을 구분하는 방법

① 업무 형태에 따른 분류

투자은행은 구조에 따라 크게 IB (Investment Banking), CIB (Commercial Investment Banking), UB (Universal Banking)로 나누어 볼 수 있다. '구조에 따른 분류'라는 표현을 사용했지만 업무를 어떤 형태로 처리하는지에 따른 분류라고 하는 것이 더 정확할 것이다.

⊙ 투자은행의 구조에 따른 분류와 대표적 은행들

먼저 IB의 경우는 순수한 투자은행 모델로, 상업은행의 요소 없이 자금 조달과 자문, 즉 투자은행 업무의 두 축을 모두 다루는 모델을 의미한다. 대표적인 은행으로는 가장 전통적인 투자은행인 골드만삭스와 모건스탠리가 있다.

CIB는 반대로 상업은행 업무를 겸하는 구조를 의미한다. CIB

의 C는 Commercial로, 상업은행을 의미하는 Commercial Bank 에서와 같은 단어를 사용한다. 대표적인 대형 투자은행으로는 우리에게도 익숙한 씨티은행, 그리고 거대 상업은행인 체이스 은행 (Chase Bank)을 겸하는 JP모간이 있다.

마지막으로 UB는 조금 독특한 형태로, 은행 전체는 투자은행이 아닌데 은행 내의 특정 부서 혹은 부서들이 투자은행 업무를 담당하는 식의 은행이다. 보통 유럽계 은행들이 UB 형태를 많이 띠는데, 대표적인 예로 프랑스의 대형 은행인 BNP 파리바와 네덜란드의 ABN 암로 등이 있다.

사실 이 구조에 따른 분류에 대해서는 별로 더 설명할 점이 없다. 물론 투자은행 업무 자체만을 본다면 당연히 순수 투자은행 모델이 제일 유리하겠지만, 보통 대형 은행들은 전통적인 의미의 투자은행 업무만이 아니라 다른 업무도 겸하는 경우가 많기 때문에 무조건 IB 모델이 최고라고 할 수는 없다.

또한 기존에 비(非)투자은행으로 존재해 왔던 은행이 고객 네트워크와 신뢰를 바탕으로 투자은행 사업에 진출하고 싶다면 투자은행을 인수하거나 하지 않는 이상 UB 모델을 따를 수밖에 없는데, UB 모델을 따라간다면 상업은행이나 자산운용 등의 분야에서 이미 가지고 있는 고객 네트워크와 IB 업무 사이의 시너지를 얻을 수 있다.

투자은행의 구조적 분류에 대해서는 선택의 문제로 바라보기보다는 해당 은행의 역사로부터 자연스럽게 이어져 내려오는 것으로 이해하면 좋겠다.

> 투자은행을 구조에 따라 IB, CIB, UB 모델로 분류할 수 있다.

② 규모와 사업 특징에 따른 분류

이렇게 투자은행을 구조에 따라 분류하는 방법도 있지만, 이 장에서는 이 분류 방식 대신 상품 및 고객에 따른 분류를 중심으로 살펴보려고 한다. 구조에 따라 분류하여 설명하기에는 투자은행들이 너무 다양하고, 또 각 분류로 묶인 투자은행 내에도 차이가 많이 나기 때문이다. 가령 IB-CIB-UB 모델로 투자은행을 나누면 자산 100조 원의 골드만삭스와 설립된 지 채 15년도 되지 않은 센터뷰 파트너스가 나란히 IB 모델로 분류된다. 두 은행 모두 상업은행을 겸하지 않고 투자은행 업무에 집중하기 때문이다.

구조에 따른 분류보다는 상품 및 고객에 따른 분류가 투자은행을 이해하는 데 더 효율적인 만큼 여기서는 상품 및 고객에 따른 분류를 중심으로 설명해 보겠다. 일반적으로 투자은행에서 근무하는 사람들은 투자은행을 아래의 세 가지 형태로 분류한다. 다만, 한국형 투자은행은 이런 분류가 적절치 않기에 뒤에서 별도의 분류로 따로 다루도록 하겠다.

- **벌지 브래킷**(Bulge Bracket, BB)

- **미들 마켓**(Middle Market, MM)

- **부티크**(Boutique)

◉ 상품 및 고객에 따라 분류한 대표적인 투자은행들

벌지 브래킷(Bulge Bracket, BB) 투자은행

 Morgan Stanley JPMORGAN CHASE & CO. citi Deutsche Bank

BARCLAYS BANK OF AMERICA CREDIT SUISSE UBS

미들 마켓(Middle Market, MM) 투자은행

Jefferies PiperJaffray. RAYMOND JAMES®

OPPENHEIMER HOULIHAN LOKEY William Blair

부티크(Boutique) 투자은행

LAZARD EVERCORE Greenhill PJT Qatalyst PARTNERS

Rothschild & Co CENTER|VIEW PARTNERS

규모와 사업 특징에 따라 BB, MM, 부티크로도 구분이 가능하다.

BB, MM, 그리고 부티크 투자은행은 각자 역할과 사업 규모가 다르고, 사내 문화 등에서도 어느 정도의 차이를 보인다. 어찌 보면 투자은행 커리어를 생각하는 사람에게만 중요한 내용이라고 비추어질 수 있겠지만, 이 세 투자은행 모델의 차이를 이해하고 각 투자은행의 종류와 그 분류 내에서의 유수 투자은행을 알면 현재의 투자은행 시장이 어떤 경로로 형성되어 왔는지, 또 현재 투자은행 생태계의 구조는 어떤지 더 잘 보일 것이다.

본격적으로 내용을 시작하기 전에, 여기에서 다루어질 투자은행들이 투자은행의 전부가 아니라는 점을 강조하고 싶다. 규모가 작은 부티크까지 포함하면 세계적으로 몇 천, 몇 만 개의 투자은행이 있다. 또한 '한국형 투자은행'처럼 '일본형 투자은행', '중국형 투자은행', '네덜란드형 투자은행' 등으로 무한 확장해서 생각할 수도 있다. 따라서 여기에서는 각 분류별로 어느 정도 규모가 있고 영향력이 있는 투자은행만 선별해서 언급함을 이해해 주기 바란다.

(2) 벌지 브래킷(BB), 누구나 알 만한 대형 투자은행

'벌지 브래킷(BB)'이라는 단어의 '벌지(Bulge)'는 '대형'을, '브래킷(Bracket)'은 '분류'를 의미한다. 즉, 벌지 브래킷이라는 단어 자체가 대형 투자은행을 의미한다. 벌지 브래킷 투자은행은 회사의 인원과 자산 규모, 그리고 영향력 측면에서 다른 두 종류의 투자은행을 압도하는 초대형 회사다. 세계에 거대한 은행은 많지만, '투자은행'이라는 분류 안에서 일반적으로 벌지 브래킷이라고 불리는 투자은행은 아래와 같다.

- 골드만삭스(Goldman Sachs)
- 모건스탠리(Morgan Stanley)
- JP모간(JP Morgan)
- 뱅크오브아메리카(Bank of America)
- 씨티(Citibank)
- 크레딧수스(Credit Suisse)
- 바클레이즈(Barclays)
- UBS
- 도이치뱅크(Deutsche Bank)

이 목록은 총 5개의 미국 은행과 4개의 유럽 은행으로 이루어져 있다. 아마 금융 시장에 특별한 관심이 있지 않더라도 이 은행 중 상당수를 들어 보았을 것이다.

벌지 브래킷 투자은행은 앞서 이야기한 IBD, S&T, 그리고 백 오피스 팀들을 갖추고 있으며 종합적인 투자은행 상품의 패키지를 제공한다. 즉, 투자은행 업무의 두 축이라고 이야기했던 '자금 조달'과 '자문' 업무를 모두 활발하게 한다는 뜻이다.

이 벌지 브래킷 은행 중에서도 전통적인 투자은행 업무, 즉 IB 업무 외에 다른 사업을 곁들여 하는 경우도 있다. 예를 들어, 아래의 은행들은 상업은행 업무도 같이 하는 CIB 모델의 은행이다. 쉽게 말하자면 우리 같은 개인이 은행 계좌를 만들 수 있는 투자은행이라고 보면 된다.

- JP모간(체이스)(JP Morgan Chase)
- 뱅크오브아메리카 메릴린치(Bank of America)
- 씨티(Citibank)
- 바클레이즈(Barclays)

벌지 브래킷 은행이 하는 투자은행 밖 사업의 다른 대표적인 예로는 자산관리(Asset Management, AM) 사업이 있다. 일반 투자자로 하여금 주식, 펀드 등에 투자할 수 있는 계좌를 개설해 주고 관련 자산을 대신 관리해 주는 일이다. 자산관리는 최근 많은 투자은행이 사업을 확대하고 있는 분야 중 하나다. UBS는 2017년경부터 자산관리 사업을 지속적으로 확대하여 현재는 사업의 큰 부분으로 자리 잡았고, 전통적인 투자은행 모델을 추구하던 모건스탠리도 자산관리 사업을 지속적으로 확대 중이다.

이렇게 각 은행마다 사업의 종류가 조금씩 다르기 때문에 벌지 브래킷 투자은행들을 1:1로 비교하기는 어렵다. 마치 삼성과 애플을 자주 비교하지만 삼성은 모바일뿐 아니라 냉장고 등의 가전제품 사업도 하고 있다는 차이가 있듯이 말이다. 앞으로 몇 년이 지나면 벌시 브래킷 투자은행들도 차별화된 특징을 비탕으로 분류가 더 나뉠지도 모르겠다.

> 벌지 브래킷(BB) 은행은 인원과 자산 규모가 제일 큰 은행이다.
> 상업은행 업무 등 투자은행 업무 외의 사업도 진행하고는 한다.

(3) 미들 마켓 (MM), 분주하게 돌아가는 투자은행계의 허리

아마 미들 마켓 (MM)의 투자은행은 익숙한 이름이 아닐 것이다. 이들 중 대부분은 한국에 지사를 가지고 있지 않기 때문이기도 하다. 사실 MM 투자은행이 하는 업무는 BB 은행과 크게 다르지 않다. 단지 상대적으로 규모가 작은 고객을 대상으로 영업을 하고, 규모가 작은 딜에 참여할 뿐이다. 이렇게 상대적으로 소규모인 시장을 '미들 마켓'이라고 한다.

일반적으로 미들 마켓이라 함은 딜의 규모가 1조 원 미만인 경우를 의미한다. '미들'이라는 말이 무색할 정도로 높은 금액이지만, 수십 조 원의 IPO나 M&A 딜에 참여하는 BB 은행과는 아무래도 차이가 있다. 물론 1조 원 미만이라고 해도 여전히 굉장히 넓은 범주다. 1000억 원 미만의 딜도 있고, 수천억 원 단위의 딜도 있을 것이다. 당연히 규모가 작기 때문에 수수료도 낮은 편이고, 이 때문에 박리다매의 형식으로 작은 딜에 많이 참여하는 식으로 주로 수익을 낸다. 어느 정도 영향력이 있는 MM 은행에는 다음과 같은 것들이 있다.

- 제프리즈 (Jefferies)
- 파이퍼 제프레이 (Piper Jaffray)
- 훌리한 로키 (Houlihan Lokey)
- 오펜하이머 (Oppenheimer)

- 레이몬드 제임스 (Raymond James)

- 윌리엄 블레어 (William Blair)

　사실 뒤에 언급할 '부티크' 투자은행을 제외하면, 앞서 소개한 9개의 BB 은행을 제외한 많은 은행이 이 MM에 포함된다고 할 수 있다. 그중에서도 규모가 천차만별이라 MM은 하나로 통일하기 어려움이 있다.

　MM 은행 중에서도 규모가 큰 제프리즈를 예로 들어 보면, 전 세계의 지부를 통틀어 DCM 업무를 하는 인력이 80명밖에 되지 않는다. BB 투자은행에서는 한 지부에도 수백 명이 DCM 업무를 한다는 점을 고려하면 이는 정말 작은 규모라고 할 수 있다.

　이런 차이는 특히 자본 조달, 즉 DCM, ECM 등의 시장 업무에서 두드러지는데, 기본적으로 시장 업무와 언더라이팅 등을 진행하려면 자산이 필요한 경우가 많기 때문이다. MM 은행은 수십 조 원의 자산을 가지고 있는 BB 은행과 달리 자산이 한정적이기 때문에, 아무래도 자산이 필요하지 않은 M&A 등의 자문 업무에 좀 더 치중하게 되는 경향이 있다. DCM, ECM 딜의 경우에도 메인 투자은행으로 참여하기보다는 일부의 업무를 맡는 보조 역할을 하거나, 일정 금액으로만 참여하는 방식으로 일을 하기도 한다.

> **MM 투자은행은 적은 자산 규모 때문에
> 주로 자본 중개 업무보다는 자문 업무에 집중한다.**

이런 점 때문에 많은 학생이 MM 투자은행보다는 BB 투자은행을 선호하기도 한다. 업무의 내용 자체는 크게 다르지 않은데, 다루는 딜은 BB에서 다루는 딜보다 관심을 덜 받는 경우가 많기 때문이다. 하지만 MM 투자은행의 경우 상대적으로 인력이 적기 때문에 BB에서의 경우보다 더 많이, 더 빨리 일을 배울 수 있다는 장점이 있다. 기업의 규모가 있다 보니 2~3명의 애널리스트가 한 딜을 다루는 일도 종종 있는 BB와 다르게 MM 투자은행에서는 1~2명의 애널리스트가 한 딜을 통째로 소화해야 한다. 또, 문화가 상대적으로 덜 수직적인 경우도 많다. 물론 이는 같은 은행 내에서도 팀에 따라서 많이 차이가 나는 부분이기 때문에 일반화하기는 어렵지만 말이다.

여기서는 MM 은행이 다루는 고객이 경제의 큰 부분을 차지하고 있으며(몇 백, 몇 천 개의 대기업만이 경제의 전부는 아니지 않은가?), MM 은행은 이들과 더 전문성 있는 관계를 쌓아 옴으로써 지금까지 빠르게 성장했다는 것을 기억하자.

(4) 부티크, BB에도 뒤지지 않는 작지만 강한 투자은행

앞서 말한 MM 은행의 장점은 대부분 상대적으로 작은 규모에서 나오는 것이다. 그런데 만약 이렇게 작은 규모로 BB에서 다루는 큰 규모의 딜에도 참여한다면 어떻게 될까? 이렇게 상상하기 힘든 조합을 실제로 이루어낸 투자은행이 있다. 바로 투자은행 생태계를 크게 바꾸어 놓고 있는 신흥 강자인 '부티크'다.

부티크 중 가장 성공적이고, 따라서 인지도가 있는 투자은행을 '엘리트 부티크(Elite Boutique, EB)'라고 한다. 부티크는 대부분 한 지부당 50~100명 이내의 인원으로 이루어져 있다. 예를 들어, 부티크 중에서도 최근 매년 최고 기록을 경신하고 있는 '혜성 같은 신인' 엘리트 부티크인 센터뷰 파트너스의 경우, 런던 지사의 총 인원이 약 30명밖에 되지 않는다.

이렇게 적은 인원으로 어떻게 투자은행의 복잡한 업무를 나누어 할 수 있냐고 생각할 수 있는데, 부티크 투자은행은 투자은행의 모든 업무를 맡아서 하지 않는다. '부티크'라는 이름에 걸맞게, 이들은 소규모의 투자 자문사로서만 활동하고, 거의 대부분 M&A와 기업 구조 조정 자문에만 집중한다. 이렇게 전문 분야를 정해 놓고 그 분야 내에서만 활동하니 어느 정도 반복되는 업무와 쌓이는 노하우를 통해 최고의 효율을 낼 수 있는 것이다.

투자은행의 본질은 결국 영업, 즉 세일즈라고 할 수 있는데, 긴 역사가 있고 훌륭한 자원을 가지고 있는 투자은행이 아닌데 어떻게 이렇게 영업을 할 수 있을까? 앞에서 리서치 팀에 대해 설명할 때 강력한 리서치 팀은 투자은행의 정보력을 보여 주기 때문에 굉장히 중요하다고 했는데, 이런 요소 없이 어떻게 부티크 투자은행은 대규모의 딜을 끌어올 수 있을까?(물론 부티크 중에서도 에버코어 등 리서치 팀을 운영하는 회사들이 있다.)

이는 부티크 투자은행을 이끄는 시니어 인력, 즉 임원급의 인력이 BB에서 오랜 시간 동안 자문을 하면서 수많은 고객과 두터운 신뢰를 쌓아 온 사람들이기 때문에 가능하다. 물론 골드만삭스나 모건스탠리 등의 브랜드 이름이 영업에서 큰 이점이 되는 것은 사실이지만, 결국 기업의 CEO, CFO 들은 회사를 신뢰한다기보다는 그들과 직접 연락을 취하고, 자문을 제공하는 MD를 신뢰한다. 이렇게 BB에서 경력을 쌓은 '거물' MD들이 부티크 투자은행으로 이직을 하게 되면, 그들이 다뤘던 고객도 같이 이동을 하게 된다. 부티크 투자은행에서는 BB보다 더 높은 연봉을 제시해 이런 거물들을 끌어들이려고 하고, 이 전략은 크게 성공해 지난 10년간 투자은행 자문 업무의 매우 큰 부분이 부티크 투자은행에 넘어가게 되었다.

> **부티크 투자은행은 넓은 고객층을 확보한 시니어들을
> 대거 확보해 자문 업무에만 집중한다.**

부티크 투자은행는 MM에서처럼 상대적으로 덜 수직적인 분위

기와 개개인에게 더 많은 책임을 지게 하는 문화로 유명하다. 예를 들어 한 애널리스트가 5~6가지의 일을 도맡아 하는 BB(그리고 몇몇 MM)의 특성상 전문성을 쌓는 데에 조금 더 시간이 걸리는 반면, 부티크 투자은행에서 근무하는 애널리스트는 한 가지 일에 대해서 거의 대부분을 독립적으로 맡아 처리해야 하기 때문에 일을 훨씬 너 빨리 배우고, 그 일에 대해서는 동년배의 다른 애널리스트보다 더 전문성을 가지게 된다. 대형 투자은행의 경우 특정 일은 다른 팀에 맡기거나 질문을 통해 쉽게 알아보면 되는 반면, 부티크 투자은행의 경우 직접 모두 조사를 해야 한다는 점도 있다.

이렇게 MM에서 찾을 수 있는 장점을 끌어온 반면, 부티크 중에서도 잘나가는 엘리트 부티크의 경우 참여하는 딜이 BB의 그것과 같기 때문에 수수료, 그리고 연봉은 같거나 더 높은 경우가 많다. 이런 장점들 때문에 최근에는 브랜드 명성이 엄청난 유수 BB 투자은행보다도 엘리트 부티크를 선호하는 이들이 많이 생겨났다.

거의 대부분의 업계 종사자들은 부티크 투자은행이 계속해서 성장하고 커질 것이라고 전망하고 있다. 물론 '부티크'라는 이름이 무색하게 기업이 커진다면 사내 분위기나 직원들의 역할 자체에 조금 변화가 있을 수도 있겠지만, 본질적으로 M&A나 기업 구조 조정 등 특정 분야의 업무만을 수행한다는 점에서 확실히 차별성이 있는 사업 모델이라고 할 수 있다.

이미 로스차일드나 라자드와 같은 유명 부티크의 경우 BB까지는 아니어도 웬만한 MM 은행 혹은 그 이상에 비견되는 규모를

가지고 있고 매년 계속해서 엄청난 수익률을 올리고 있다. 아래는
세계적으로 유명한 엘리트 부티크 투자은행의 이름이다.

- 라자드(Lazard)
- 로스차일드(Rothschild)
- 에버코어(Evercore)
- 그린힐(Greenhill)
- 센터뷰(Centerview)
- PJT
- 콰탈리스트(Qatalyst)

(5) 앞으로가 기대되는 한국형 투자은행

그동안 해외 투자은행에 중점을 두고 설명했는데, 한국에도 투자은행이 있다. 2011년 7월, 한국형 투자은행을 만들어서 자본 시장과 금융 업무를 상당수 국내에서 해결하자는 의도로 자본시장법이 개정되었다. 이때 아래 다섯 은행이 종합금융투자사업자, 즉 '투자은행'으로 선정되어 IB 업무를 하는 은행으로 탈바꿈을 해나갈 계획이 세워졌다.

- 미래에셋대우
- NH투자증권
- 삼성증권
- KB증권
- 한국투자증권

◉ 정부에서 공식 지정한 한국형 투자은행들

한국형 투자은행

위의 이름들에서 볼 수 있듯이 한국에서는 이들이 증권회사로 훨씬 잘 알려져 있다. 하지만 증권회사는 증권의 매매 관련 업무에 중점을 둔 기관인 반면 투자은행은 앞서 다루었듯 자본 조달 업무와 자문 업무까지 도맡아 하기 때문에 증권회사와 투자은행은 확연한 차이가 있다. 현재로서는 수많은 금융회사 중에 위의 다섯 증권사가 정부의 인가를 받아 투자은행 사업을 하고 있다고 보면 되겠다.

정부는 미흡한 자본 규모, 중개업과 가격 경쟁 중심의 영업, 글로벌 경쟁력 부족 등의 이유를 대고 이의 개선을 위하여 앞서 언급한 다양한 투자은행 모델 중 가장 전통적인 투자은행 모델인 IB 모델을 도입해 투자은행을 육성코자 했다. 이는 M&A, IPO 등에 대한 투자 자문과 더불어 자본 시장에서의 언더라이팅 수수료와 거래 수익의 비중을 점차 늘려 나가겠다는 야심 찬 계획을 의미했다. 정부는 종합금융투자사로 설정된 이들을 위해 어음 발행 및 종합투자계좌 개설 등을 허용하고, 기업 금융 규제 완화뿐 아니라 기업 금융 관련 업무 확대를 허가했다. 또한 글로벌 경쟁력 확보를 위해 국내 기업의 해외 인프라 사업을 종합금융투자사가 주관하여 해외 프로젝트의 자금 조달을 맡기고, 이들이 중견기업의 M&A에 참여할 경우 정부의 펀드가 공동 참여를 하는 등 적극적인 지원 정책을 내놓았다.

2011년 기준으로 위의 다섯 회사는 3조 원의 자본 기준을 넘겨 종합금융투자사업자로 지정될 수 있었는데, 아쉽게도 아직까지는 해외 대형 투자은행의 자본 규모를 따라잡지 못 하고 있는 실정이다. 다섯 은행 모두 아직은 BB들과 겨루기에는 적은 자본을 가지고 있으며, 현재까지는 '투자은행'보다는 거대 증권사의 색깔을 유지하고 있다는 평가가 많다.

이들의 사업 구조를 살펴보면 자산운용을 통해서 얻는 수익이 가장 높고, 다른 상품 중에서도 일반 투자자를 대상으로 한 B2C, 즉 상업은행이 관여하는 영역인 리테일 부문의 업무 비중이 상당하다. 이 다섯 종합금융투자사는 독자 여러분도 모두 알고 있을 만큼 시장에서 입지가 좋고 성과도 전반적으로 좋게 내고 있지만, 아직 국내 시장에서 일어나는 M&A 딜에서 해외 투자은행의 힘을 빌리지 않고 독자적으로 진행하기에는 무리가 있다는 평이 지배적이다. 하지만 한국 기반의 은행들인 만큼 한국의 대기업들과 좋은 비즈니스 관계를 맺고 있으며, 이를 통한 전문성을 바탕으로 천천히 사업을 확장해 나가다 보면 규모의 성장과 함께 투자은행으로의 진화도 충분히 가능할 것으로 보인다.

개인적으로는 정부의 정책 방향에 아쉬운 점도 있다. 정부가 한국형 투자은행을 만들 때 그 모델로 IB 형태의 모델, 특히 골드만삭스의 사업 모델을 따르겠다고 결정하면서, 지정된 은행들이 곧바로 순수 투자은행 업무에 전력투구를 해야 한다는 부담이 따랐기 때문이다. 아무래도 100조 원이 넘는 자본을 보유하고 있는 세계적 투자은행의 모델을 처음부터 따라하는 것에는 무리가 따를수밖에 없지 않았나 하는 생각이다. 개인적으로는 위에 언급된 IB 모델보다는 UB 모델을 통해 천천히 투자은행 업무를 확대해 나가는 식으로 접근하는 것이 더 현명하지 않았을까 한다.

한국에서도 금융 시장의 자주성을 위해
투자은행을 지정하고 육성 중이다.

투자은행이 오늘에 이르기까지

투자은행의 역할에 대해 알아보았으니, 투자은행의 역사를 짧게라도 짚고 넘어가면 좋겠다. 사실 '역사'라고 부르기에 투자은행의 현대적 개념이 생긴 지는 그리 오래 되지 않았다. 몇 번의 경제 호황과 공황, 그리고 그 흐름에 맞는 정책과 규제를 거쳐 지금의 투자은행 구조가 확립되었는데, 이 흐름을 이해하면 "아하~ 그래서 이 은행이 지금 이렇게 큰 거구나!" 혹은 "그래서 금융 위기 때 투자은행들이 그렇게 욕을 먹었구나!" 하며 기존에 가지고 있던 의문점을 조금은 해결할 수 있을 것이다.

(1) 투자은행의 시작, 머천트 뱅킹

오늘날 투자은행이라고 불리는 것의 기원은 중세의 상인들이 향신료, 실크, 철 등을 거래한 것에서부터 찾을 수 있다. 첫 시작은 단순히 상품의 거래였지만, 곧 이런 상품들을 생산하기 위해 자본을 조달할 수 있는 기관이 필요하게 되었고, 이것이 투자은행의 시초가 된 것이다. 이런 상인들을 영어로는 '머천트(Merchant)'라고 했는데, 이런 이유 때문에 금융업이 가장 크게 발달한 나라 중 하나였던 영국에서는 이런 사업 모델을 '머천트 뱅킹(Merchant Banking)'이라고 표현했다. 이런 '상인 은행'인 머천트 뱅킹이 19세기에 접어들면서는 로스차일드(Rothschild), 배링스(Barings), 브라운스(Browns) 등의 파트너십으로 진화하게 되었고, 이들은 국채를 언더라이팅하고 판매하기 시작하는 등 '투자은행'의 모습을 띠는 업무들로 자신의 영역을 확장하게 된다. 참고로, 이때 생겨난 파트너십에는 '드렉셀, 모건 앤 컴퍼니(Drexel, Morgan & Co)'도 포함되는데, 이 회사는 후에 우리에게 익숙한 JP모간이라는 이름으로 더 잘 알려지게 된다.

이런 파트너십들의 영향력은 급속도로 커져, 1861~1865년 미국 남북전쟁 때에는 전쟁 자금 마련을 위해 이들을 불러 모으기도 했고, 1893년에는 드렉셀, 모건 앤 컴퍼니가 뉴욕중앙철도회사(New York Central Railroad company)가 발행한 주식을 언더라이팅해 판매하며 미국 전역의 철도 건설의 자금 조달을 담당하기도 했다.

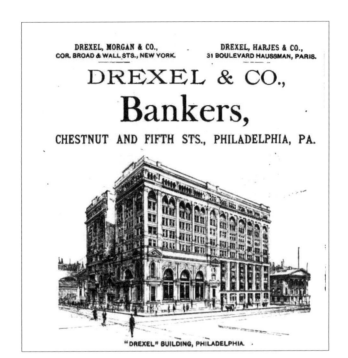

대형 투자은행 드렉셀, 모건 앤 컴퍼니의 광고

뉴욕중앙철도회사의 이 주식 발행이 당시에는 역사상 가장 큰 규모의 주식 발행이었다고 하니, 이미 이때 파트너십들이 얼마나 큰 영향력을 가졌었는지 엿볼 수 있다. 파트너십들은 국가적 사업에도 적극적으로 참여했고, 그에 대한 보답으로 정부는 이들이 만족스러운 수익을 창출하기 좋은 환경을 열심히 조성해 주었다.

투자은행의 시초는 상인들의 파트너십이었다.

(2) 광란의 1920년대, 그리고 대공황

그렇게 파트너십과 은행들이 가파른 성장기를 보인 19세기가 지나고 20세기가 되었다. 제1차 세계대전이 종전을 맞은 1918년 이후 경기 회복과 함께 전 세계의 금융 시장은 급속도로 성장하기 시작한다. 이를 '광란의 20년대(Roaring Twenties)'라고 한다. 낙관주의에 힘입어 주식 시장은 마치 영원히 상승할 것만 같이 치솟았고, 투자자들은 너도나도 시장에 뛰어들어 큰 수익을 올렸다. '투기'라는 지적도 물론 있었지만, 자금을 아무리 많이 조달해도 경제 자체가 워낙 빠르게 성장하다 보니 기업들은 더 투자를 하지 못해 안달일 지경이었다. 이렇게 활발한 시장의 흐름을 타고 투자은행들도 엄청난 수익을 올렸는데, 보통 이때를 투자은행의 1차 황금기라고 부른다.

기록에 의하면 주식에 투자한다는 전제하에 담보 없이 은행에서 대출을 해 주는 경우가 흔했다고 하니, 시장의 전망이 정말 엄청나게 좋았던 것이다. 굉장히 보수적이고 깐깐한 요즘 은행의 대출 기준과 비교하면 하늘과 땅 차이다. 이때 총 85억 달러가 넘는 금액이 대출되었고, 이는 당시 미국 전역의 통화 유통량보다 많은 금액이었다. 사실 이렇게 폭발적으로 상승하는 시장에서 "대출을 통해 남의 돈으로 주식에 투자하는 건 너무 위험하니까 나는 안전하게 투자할 거야."라고 생각하기는 거의 불가능에 가깝다. 돈을 넣기만 하면 몇 달 내로 배가 되어 돌아오는데, 이런 기회를 어찌

BROOKLYN DAILY EAGLE

And Complete Long Island News

LATE NEW
WALL STREET ★
1:15 PRICES

YEAR—No. 295. ★ NEW YORK CITY, THURSDAY, OCTOBER 24, 1929. ★ REISSUE 32 PAGES THREE CE

WALL ST. IN PANIC AS STOCKS CRASH

Attempt Made to Kill Italy's Crown Prince

STOCKS CRASH
IN RUSH TO SELL
BILLIONS L

SSIN CAUGHT RUSSELS MOB; INCE UNHURT

Suitor Was About
ay Wreath on Un-
n Soldiers' Tomb.

Hollywood Fire Destroys Films Worth Millions

ATTEMPT MADE ON LIFE

Consolidated Studios Are Swept by Flames Fatal to One—Master Pictures Burned Include Many New Talkie Productions.

FEAR 52 PERISHED IN LAKE MICHIGAN; FERRY IS MISSING

Wreckage Picked Up Indicates Craft Went Down With All Aboard.

PIECE OF PLANE LIKE DITEMAN'S IS FOUND AT SEA

Black and Orange Wreckage Indicates Daring Flier Went to Death.

High Duty Group Gave $700,000 to Coolidge Drive

Grundy Agrees Rates Went Up Due to His Activities as Propagandist. Favors More Lobbying to 'Carry Out Voters' Wish.'

FOR MORE LOBBYISTS

JOSEPH R. GRUNDY

Morgan, Mitchell Bu
Stocks in Effort
Check Rush to Un

CARNEGIE CHARGE HOOVER'S TRAIN WARDEN SOUGHT SOMERS NAMED

1929년 검은 목요일, 신문 1면을 장식한 주가 폭락

놓칠 수 있었겠는가?

이런 비정상적인 호황에 대해 1929년 여름, 제너럴 모터스(GM)의 존 라스콥(John J. Raskob)은 "지금 당신이 15달러를 투자하면 20년 뒤에는 8만 달러가 되어 있을 것이다."라는 어록을 남긴다. 하지만 그 말을 비웃기라도 하듯 1929년 10월 검은 목요일(Black Thursday)에 월가의 주식들은 대폭락하고, 그 여파로 세계는 역사적으로 가장 긴 대공황(Great Depression)의 시기를 맞이하게 된다.

미국 시장이 80%나 폭락하면서 거액을 빌려 주식에 투자했던 투자자들은 빚쟁이가 되었고, 시장의 폭락과 함께 투자금은 급속히 축소되었다. 약 600개의 은행이 파산하고, 전미 실업률은 25%가 넘었으며, 사회에는 패배주의가 팽배하게 되었다. 과욕이 파멸을 부른 선례 중 하나가 추가된 것이다. 이때 수많은 은행들이 서로에게 헐값에 인수되면서 너도나도 뛰어들었던 투자은행 업계가 급격히 축소되었다.

> 투자은행은 1920년대에 1차 황금기를 맞지만,
> 이는 대공황으로 끝났다.

(3) 뉴딜 정책과 글래스-스티걸 법의 탄생

1932년 미국 대통령으로 프랭클린 D. 루스벨트(Franklin D. Roosevelt)가 당선되었다. 루스벨트는 취임 직후 이런 경제를 되살리기 위해 '뉴딜 정책(New Deal Policy)'을 편다. 경제 전체를 아우르는 폭넓은 정책으로 구성된 뉴딜의 목적 중 일부는 은행들의 사업을 규제해 다시는 이런 경제 대참사가 일어나지 않도록 하는 것이었다.

그중 가장 핵심이 되었던 법안은 1933년 발의된 '은행법'으로, 상업은행과 투자은행의 업무를 분리한다는 내용이 핵심이었다. 구체적으로는 16, 20, 21, 32조가 많이 알려져 있는데, 16조는 상업은행이 증권 발행이나 인수에 참여하는 것을 금지시켰고, 20조는 상업은행이 증권 관련업을 하는 자회사를 보유하지 못하게 했다. 또 21조는 투자은행이 일반인들에게 예금을 받을 수 없게 해서 새로운 자금의 출처를 찾도록 했으며, 32조는 상업은행과 투자은행의 임원을 동시에 하지 못하도록 막았다. 이 법안은 카터 글래스(Carter Glass) 상원의원과 헨리 스티걸(Henry B. Steagall) 하원의원이 제안했는데, 이 때문에 일반적으로는 '글래스-스티걸 법(Glass-Steagall Act)'으로 더 잘 알려져 있다.

핵심 조항에서 읽을 수 있듯이 이 정책의 주된 목적은 '투자'와 '예금·대출' 업무를 분리시킴으로써 은행업과 금융에 대한 국가적 신뢰도를 높이는 것이었다. 이 정책의 영향으로 상업은행들이

─────────────── 글래스-스티걸 법안을 제출한 카터 글래스와 헨리 스티걸 의원

더 이상 고객의 예금액을 가지고 위험천만한 투자를 하지 못하게
되어 더 효율적인 리스크 관리가 가능해졌다.

이 글래스-스티걸 법을 통해 우리가 이 책의 앞에서 다루었던
투자은행과 상업은행의 역할이 확실하게 나뉘게 되었다. 예를 들
어, 당시 상업은행과 투자은행을 겸업하던 초대형 은행이었던 JP
모간은 이때 상업은행을 담당할 JP모간과 투자은행을 담당할 모
건스탠리로 분리되었다. 또, 대표적인 투자은행 중 하나인 골드만
삭스는 상업은행 업무를 완전히 포기하고 투자은행 업무에만 전
념하게 되었다.

> 글래스-스티걸 법을 통해 상업은행과 투자은행 업무가
> 철저히 분리되었다.

(4) 규제 축소와 파생상품의 성장

이렇게 새로운 은행의 모델이 확립된 이후, 세계는 제2차 세계대전을 겪고 다시 경제의 회복기를 맞이한다. 1970년대 초반까지 서구 사회에서는 여러 정부들이 케인스주의(Keynesian) 정책을 펴 전후 자본주의의 황금기가 도래하는데, 여기서 케인스주의 정책이란 정부가 개입하여 자본과 금리 등을 통제하고 투자를 적극적으로 확대해 수요를 창출하는 정책을 의미한다. 케인스주의 정책은 대량 생산, 대량 소비를 창출하는 데에 성공했고 이는 경제의 순조로운 성장에 기여했다.

그러나 1973년 중동에서 이스라엘과 아랍권 사이의 전쟁이 발발하게 되고, 이 전쟁에서 OPEC 회원국들은 적인 이스라엘을 지원하는 미국, 일본, 캐나다, 영국 등의 국가들을 견제하기 위한 목적으로 석유 가격을 올리게 된다. 석유는 생산 위주 경제의 핵심에 있던 만큼 이는 경제에 큰 타격으로 다가오게 되었고, 1979년 이란의 석유 생산량 축소로 인한 2차 오일 쇼크까지 일어나면서 세계 경제는 다시금 위기를 맞는다. 생산성과 고용률은 떨어지는데 물가는 올라가는 스태그플레이션 현상이 일어나게 된 것이다.

경제의 불안은 사상에 대한 질문으로 이어졌다. 사람들은 대공황 이후, 정부의 적극적인 개입을 통해 경제를 바로잡아야 한다며 확립되었던 케인스주의 철학이 과연 맞는가에 대해 회의감을 가졌다. 이에 대한 대안으로 신자유주의(Neo-liberalism)가 떠올랐는데, 인위적으로 경제를 정부가 통제하려고 하면 왜곡이 일어나게 되니 정부의 개입은 최소화되어야 한다는 내용이 핵심이다. 이를 바탕으로 금융 시장에 대한 규제도 완화되었고, 국가 간 무역이 활성화되는 국제화(Gloabalization)도 일어났다. 따라서 국경을 넘은 M&A가 활발하게 일어났고, 시장이 천천히 낙관적인 전망을 되찾으면서 많은 회사들이 IPO를 감행하기 시작했다. 투자자들이 시장의 성장 가능성을 믿고 있기 때문에, 주식 발행을 통해서 자본을 마련하기가 매우 좋은 시기였던 것이다.

금융 시장의 규제가 서서히 풀리면서 생겨난 다른 변화로는 시장의 변동성(Volatility) 증가가 있었다. 기존에 존재하던 안전장치들을 조금씩 풀기 시작하니 시장이 움직이는 폭이 커진 것이다. 이에 따라서 시장의 큰 변동성을 대비하고, 수익을 내기 위한 파생상품들이 생겨나기 시작했다.

> 규제 완화는 변동성의 상승으로 이어졌고,
> 파생상품 시장이 확대되었다.

앞서 조금 설명했는데, 파생상품이란 자산의 가치 변동을 바탕으로 파생된 금융 상품을 의미한다. 예를 들어 금 100그램의 현재 시세가 100만 원이라고 하자. 그런데 당신은 시장의 가격 변동성이 심해 이 금의 가격이 80만 원까지 떨어질 것 같다고 예측하고 있다. 파생상품을 활용한다면 이 상황에서 오히려 수익을 낼 수 있다. 예를 들어 '1년 뒤 금 100그램을 100만 원에 판매할 권리'를 지금 구입하는 것이다. 이렇게 된다면 실제로 금 가격이 80만 원까지 떨어졌을 때, 80만 원에 구입해 금을 100만 원에 팔 수가 있으므로 20만 원의 수익을 창출할 수 있게 되는 것이다. 이를 풋 옵션(Put Option)이라고 한다.

빈대로, 금 100그램이 100만 원에 거래되고 있는데 이 가격이 120만 원까지 오를 것 같다고 하자. 전통적인 투자 전략에 따르면 금을 구입하면 되겠지만, 파생상품을 이용한다면, '1년 뒤 금 100그램을 100만 원에 구입할 권리'를 지금 구입할 수 있다. 이렇게 되면 정말 가격이 120만 원까지 올랐을 때 나는 100그램을 100만 원에 구입할 수 있으므로 역시 20만 원의 수익을 낼 수 있다. 이를 콜 옵션(Call Option)이라고 한다.

파생상품에는 옵션뿐 아니라 선물, 스왑 등 훨씬 다양한 상품이 있지만, 파생상품은 별도의 어려운 주제이므로 여기서는 각 상품을 구체적으로 다루지 않겠다. 다만 이런 식으로 투자자가 미래의 변동성을 이용해 수익을 낼 수 있다는 점을 기억하자.

시장의 변동성이 증가함에 따라 이런 파생상품들이 큰 인기를 얻은 것은 어쩌면 당연한 일이었다. 게다가 파생상품들을 잘 활용하기 위해서는 매우 복잡한 계산이 필요했는데, 1970년대에 컴퓨터의 보급이 본격화되었다는 점도 큰 도움이 되었다. 1973년에는 피셔 블랙(Fischer Black)과 마이런 숄스(Myron Scholes), 그리고 로버트 머튼(Robert Merton)이 옵션의 가격을 계산하는 방정식인 블랙-숄스 모형(Black-Scholes Model)을 고안해 내게 되는데, 이 모형으로

블랙-숄스 모형을 고안해 노벨 경제학상을 수상한
마이런 숄스(좌)와 로버트 머튼(우)

파생상품의 가격을 정확하게 책정할 수 있게 되면서 옵션 시장은 급격하게 성장하게 된다. 마이런 숄스와 로버트 머튼은 이 공로를 바탕으로 1997년에 노벨 경제학상을 받게 된다.

1975년 5월 1일 '메이데이(May Day)', 주식 시장은 큰 변화를 맞는다. 기존에는 고객들에게 주식을 판매하는 '브로킹' 회사나 은행이 고정 수수료(Fixed Commission Rate)를 받아 왔는데, 이제 수수료를 회사마다 개별로 설정할 수 있게 된 것이다. 각 은행마다 수수료를 설정한다는 것은 브로킹 회사나 은행 들 간의 경쟁을 의미했고, 이들이 서로 더 매력적인(낮은) 수수료로 브로킹을 하려고 달려들면서 당연히도 수익률은 크게 하락하게 되었다.

과거와 같이 만족스러운 수익률을 얻지 못하게 된 브로커들은 이제 주식 판매뿐 아니라 직접 거래, 주식 리서치, 그리고 투자은행 업무까지 업무를 확장하게 된다. '한 은행에서 거의 대부분의 업무를 다 하는' 종합 업무 모델이 이때부터 서서히 생겨나기 시작한 것이다.

(5) 하이일드 채권의 폭발적인 인기, 그리고 몰락

1970년 이전 하이일드 채권은 무너져가는 사업을 살리기 위한 도구로, 인기가 많지 않은 금융 상품이었다. 하이일드 채권이란 신용평가 회사인 무디스, S&P, 피치에서 제공하는 등급이 BBB- 혹은 Baa3 미만인 저신용 채권을 의미한다. 신용등급이 높을수록 회사의 재정이 건전하고 파산 가능성이 낮다는 것을 의미한다. 반대로 신용등급이 낮을수록 파산의 가능성이 높으니, 하이일드 채권은 본질적으로 리스크가 큰 채권이라고 할 수 있다.

당연히 저신용 채권의 경우 리스크가 크기 때문에 투자했을 때 얻는 수익도 상대적으로 큰데, 그래서 '하이(높은) 일드(수익률)'라고 불리는 것이다. 투자 적격 등급의 최소 조건인 BBB-이나 Baa3을 충족시키지 못하는 '질 낮은' 채권이므로 다른 말로는 '정크(쓰레기) 본드(Junk Bond)'라고도 한다.

따라서 보통 이런 하이일드 채권은 신용등급이 상당히 낮은 회사가 회생을 위해 높은 비용(수익률, 이자)을 감수하면서 발행하는 것이었고, 이런 고위험 상품에 투자하려는 투자자도 굉장히 제한적이었기 때문에 시장도 작은 편이었다. 하이일드 채권은 '추락한 천사(Fallen Angels)' 기업이나 발행하는, 사람들이 잘 거들떠보지 않는 상품이라는 것이 시장의 인식이었다.

그런데 1970년대 말에 사업 초기의 중소형 회사들이 하이일드 채권을 적극적으로 발행해 자본을 유치하기 시작했다. 사업 초기에 성장 궤도에 오르기 위해서는 자본이 필요한데, 시장 상황이 워낙 좋으니 높은 이자율의 채권 발행을 감행하기 시작한 것이다.

좋은 시장 전망의 흐름을 타고 하이일드 채권 시장은 계속해서 성장했고, 해당 회사들의 파산 위험이 낮다고 판단한 투자자들은 하이일드 채권의 높은 수익성을 보고 과감하게 투자했다. 돈이 몰리면서 당연히 시장은 더욱 커졌고, 이런 순환구조를 통해 하이일드 채권은 폭발적인 인기를 얻었다. 1979년 하이일드 채권 시장은 100억 달러에 불과했지만, 10년 후인 1989년에는 1,890억 달러에 육박하게 되었다. 이는 매년 약 34%가 증가한 것으로, 믿기 힘든 팽창을 했다고 볼 수 있다.

이런 흐름을 놓치지 않고 하이일드 채권 시장에 뛰어들어 좋은 입지를 차지한 회사가 있었는데, 바로 '드렉셀 번엄 램버트(Drexel Burnham Lambert)'였다. 이들은 하이일드 채권의 발행을 적극 권장했다. 특히 드렉셀의 중심에 있던 마이클 밀켄(Michael Milken)은 수많은 채권 발행을 지휘함으로써 '정크 본드의 왕'으로 불리게 되었다. 밀켄은 공격적인 전략으로 유명했는데, 기업이 하이일드 채권을 발행해 자본을 유치하도록 설득해 그 자본으로 다른 회사를 '잡아먹는' 공격적 인수를 많이 했다. 회사를 사고 나서는 매입한 회사의 자산을 팔아서 빚을 되갚는 경우가 많았기 때문에 도의적으로 큰 논란이 되기도 했다. 또, 세법상 채권 등 부채를 대량 발행해 고액의 이자를 낼 때 세제 혜택을 누릴 수 있기 때문에 고위험의 부채를 대량 떠안는 것을 법이 권장하고 있다는 여론도 있었다.

정크 본드의 왕으로 불린 마이클 밀켄

이렇게 미쳐 날뛰던 하이일드 채권 시장의 광기는 1986년부터 내리막을 걷게 된다. 미국의 저축대부조합(Savings and Loans Association, S&L)이 시장의 호황을 따라 고위험인 하이일드 채권 시장에 대거 투자했는데, 부실 채권으로 인해 도산하는 회사들이 생기자 투자금을 회수하지 못하게 된 것이다. 이로 인해 1986년부터 1989년까지 3년간 총 약 300개의 기관이 문을 닫게 되었고, 수많은 사람들이 돈을 잃었다. 하이일드 채권을 발행하는 회사가 만약 안정적인 투자에 적격인 회사라면 그 회사는 애초에 신용등급이 높았을 테니 하이일드 채권을 발행하지 않았을 것이다. 단순히 눈앞에 보이는 과거 수익률에 눈이 멀어 위험성에 대한 이해 없이 투자를 할 경우 어떤 결과가 날 수 있는지를 보여 주는 예라고 할 수 있겠다. 하이일드 채권 시장의 추락과 더불어 각종 금융 범죄와 연루된 드렉셀 번엄 램버트는 결국 1990년에 파산해 역사의 뒤안길로 사라지게 된다. 마이클 밀켄 역시 수감되었으나, 최근인 2020년 2월, 도널드 트럼프 미 대통령의 특별사면을 받았다.

> 하이일드 채권 시장은 1970년대에 큰 호황을 맞지만,
> 부실 채권으로 인해 계속되는 도산으로 그 규모가 대폭 축소되었다.

(6) 인터넷 버블과 투자은행의 두 번째 황금기

1990년대 초중반부터 시장에서는 흥미로운 변화가 일어나기 시작했다. 개인용 컴퓨터(PC)의 보급, 인터넷의 확산, 그리고 관련 분야의 성장에 따라 정보기술(Information Technology, IT), 통신 관련 업계가 큰 주목을 받으며 놀라운 성장세를 보이기 시작한 것이다. 기존에는 상상하지 못했던 인터넷을 통한 쇼핑, 뉴스, 그리고 소프트웨어를 통한 업무의 효율화 등이 현실화되며 사람들은 인터넷이 미래를 주도할 기술이라고 확신했고, 이와 관련된 기업의 주식에 적극적으로 투자했다.

기업들은 인터넷과 관련되면 주가가 폭등한다는 점 때문에 인터넷과 정보기술 분야에 아낌없이 투자했고, 이런 기업에 투자하기 위해서 여러 펀드들이 줄을 설 정도였다. 이런 인터넷 기업의 CEO들은 보유하고 있는 기술을 바탕으로 엄청난 수익을 약속했다. '인터넷'은 마치 마법의 단어와 같이 존재만으로도 돈을 끌어왔고, 주가는 기업의 가치를 훨씬 뛰어넘는 지점에서 책정되어 전형적인 거품 현상을 보였다. 보통 이를 '인터넷 버블' 혹은 '닷컴(.com) 버블'이라고 한다.

미국 중앙은행 의장 앨런 그린스펀은 이 현상에 대해 '비이성적 과열(Irrational Exuberance)'이라는 표현을 썼다. 나스닥 지수가 1,300선을 넘어 가파르게 상승하던 1996년의 연설이었다.

이 시기에 수많은 인터넷 기업들이 IPO를 통해 상장했고, 작은 기업들도 비상식적인 양의 자본을 조달하며 급격히 성장했다. 당연히 투자은행들은 이런 흐름을 놓치지 않았고, 회사를 빨리 키우고 상장시켜 돈을 벌고 싶어 하는 경영진을 설득해 자본 조달을 통해 엄청난 수익을 올렸다. 후에 설명하겠지만 투자은행에서는 산업군에 따라 팀을 나누는 일이 흔한데, 이 시기는 기술, 미디어, 통신, 흔히 TMT라고 불리는 산업군이 사실상 생겨난 시기라고 볼 수 있다. 기존의 중공업, 제조업 등을 넘어 새로운 시장을 발견한 셈이니 투자은행들도 제2의 황금기를 누릴 수 있었다.

그러나 앞서 설명한 사건들과 같이, 시장의 상승세는 영원히 지속되지 않았다. 인터넷과 통신이 미래를 바꿀 거리는 예상은 결과적으로 크게 틀리지 않았음에도 불구하고, 당시에 기술이 개발되던 속도는 투자자들의 기대치를 충족시키지 못했기 때문이다. 이미 상식적인 기댓값을 넘어 과열된 시장은 인터넷 기업들이 생각만큼 좋은 성과를 내지 못하자 크게 휘청거리기 시작했다. 인터넷을 통한 서비스라는 개념이 아직 오늘날과 같이 자연스럽지 못했기 때문에, 아직 느린 인터넷 속도와 더불어 실망스러운 서비스는 결국 이 기술에 대한 회의를 불러왔다. 결국, 최근의 비트코인 열풍과 비슷하게, 이 인터넷 버블은 2000년 11월, 관련 회사들의 주가가 심각하게 폭락하면서 끝이 났다. 워낙 거대한 거품이었기 때문에 이는 세계 경제에도 직접적으로 영향을 주었는데, IT 강국으로 부상 중이었던 한국의 주식 시장도 심하게 타격을 입은 시장 중 하나였다.

하지만 한 가지 알아 두어야 할 것이 있다. 2000년의 인터넷 버블 붕괴가 정확히 효용이 평가되지 않은 기술에 대한 맹목적 신뢰가 어떤 결과를 낳는지 보여 준 것은 사실이지만, 실제로 인터넷과 통신 산업은 그 이후로 폭발적인 성장을 이루었다는 점이다. 애플, 마이크로소프트 등의 기업도 이 시기에 성장했으며, 이 당시 대규모 해고를 감행해야만 했던 기업 중 하나인 아마존은 이제 수십조 원의 기업가치를 가진 기업으로 부상했다. 투자은행이 다루는 산업군 중에서 TMT 업계는 아직도 가장 수익률이 높은 핵심 산업 중 하나로 평가되고 있다.

투자은행은 인터넷 버블과 함께 2차 황금기를 맞는다.
그러나 버블이 붕괴하면서 시장이 빠르게 재조정된다.

(7) 글래스-스티걸 법의 폐지, 거대해지는 투자은행들

상대적으로 훨씬 높은 수익을 올리는 투자은행들을 보며 미국 상업은행들의 불만은 쌓여만 갔다. 국제화의 여파로 해외의 은행들과 경쟁을 해야 하는데, 글레스-스티건 법 때문에 경쟁에서 크게 뒤쳐지고 있다는 것이 중론이었다. 이미 상당한 규제 완화로 인해 상업은행들도 예금액을 가지고 조금씩 더 다양한 투자를 하고 있던 시기였기 때문에, 많은 사람들이 정책적 변화를 예측했다.

그리고 실제로 1999년, 그램-리치-블라일리 법 (Gramm-Leach-Bilely Act, GLBA)이 생기면서 글래스-스티걸 법의 핵심인 20조와 32조가 폐지되게 된다. 이를 통해서 은행들이 자회사를 통해 투자 관련 사업을 할 수 있게 되어 상업은행과 투자은행의 분리가 사실상 없어져 버렸다. 이 여파로 기존에 이 분리 때문에 사업 범위를 제한할 수밖에 없었던 은행들은 서로 질세라 크기를 키워 나가기 시작한다. 대표적인 예가 씨티콥(Citicorp)과 트래블러스 그룹(Travelers Group)의 합병을 통해 생겨난 씨티그룹(Citigroup)이다. 또, 2000년에는 미국에서 가장 큰 상업은행 중 하나인 체이스 맨하탄 은행(Chase Manhattan Bank)이 가장 큰 미국의 투자은행 중 하나였던 JP모간(JP Morgan)을 인수·합병하면서 현재의 JP모간 체이스(짧게는 JP모간이라고도 불린다)가 생겨나게 된다. 내부적으로 사업을 확장하면 되는 유럽의 은행(크레딧수스(Credit Suisse), UBS, 도이치뱅크(Deutsche Bank) 등)과는 다르게 투자은행 업무를 하려면 투자은행을 인수해야 했기 때문에 특히 미국 은행들이 엄청난 규모로 확장했다.

> GLBA로 인해 수많은 상업은행과 투자은행이
> 합병해 덩치를 키웠다.

(8) 글로벌 금융 위기가 불러온 강력한 규제

2000년대 초반은 전반적으로 돈을 빌리기 좋은 시기였다. 비록 인터넷 버블의 여파가 남아 있었지만, 여전히 투자은행과 상업은행이 돈을 빌려 주고 싶어 안달이었기 때문이다. 글래스-스티걸 법이 폐지되며 은행들의 활동은 더 자유로워졌고, 이들은 높은 수익을 위해 더욱 공격적인 전략을 택했다.

여기서 우리도 잘 알고 있는 '주택담보대출(Mortgage Lending)'이 굉장히 흔해지기 시작한다. 부동산 가격이 계속해서 상승세였기 때문에 사람들이 너도 나도 집을 구입하려고 했던 탓이다. 당연히 현금으로 집을 구매하는 사람은 매우 소수였다. 은행에서 좋은 금리로 돈을 빌려 주겠다고 서로 경쟁을 하는 상황에서, 대출을 끼면 같은 자본으로 여러 채, 혹은 더 좋은 집을 살 수 있는데 굳이 돈을 빌리지 않을 이유가 없지 않은가? 이 과정에서 은행들은 욕심에 눈이 멀어 상환 가능성을 희생하면서까지 고객들에게 대출을 하기 시작한다. 즉, 본인의 능력으로 이 빚을 다 갚기 힘들어 보이는 사람에게도 주택을 담보로 돈을 빌려 주었다는 것이다.

우리가 소고기를 평가할 때 좋은 고기를 프라임(Prime) 등급이라고 하듯, 대출 신청자 중에서도 신용등급이 좋은 사람을 프라임 등급이라고 할 수 있겠다. 그렇다면 신용등급이 좋지 않은, 상환 능력이 부족한 사람은? 그렇다. 프라임의 아래라 하여 '서브프라임(Subprime)' 등급이 된다. 그러므로 '서브프라임 모기지'는 상환 능력이 의심스러운 사람에게 주택담보대출을 해 주는 것으로 이해하면 되겠다.

당장 돈을 많이 빌려 주면 수익이 생기니 은행들은 점점 대출 기준을 낮추기 시작했고, 그와 동시에 파생상품과 부채의 적극적인 활용을 통해 공격적인 투자를 감행했다. 그야말로 언제 충돌할지 모르는 벽을 향해 전속력으로 달리는 '폭주 기관차'와 같았던 셈이다.

여기에 기름을 더 부은 것이 자산유동화증권(Asset-Backed Securities, ABS)의 활용이었다. 쉽게 설명하자면, 자산유동화증권은 특정 자산으로부터 얻을 수 있는 수익(현금흐름)을 가질 수 있는 권리이다. 예를 들어, 나에게 유명한 화가의 그림이 있는데 이 그림을 전시해 매년 1,000만 원의 수익을 낼 수 있다고 해 보자. 나는 당장 현금이 필요해 이 그림을 판매하려고 하지만 사겠다는 사람이 좀처럼 나타나지 않는다. 이런 경우 나는 ABS를 발행할 수 있는데, 쉽게 말하면 '매년 이 그림을 통해 얻는 금액 중 10만 원을 받을 권리'를 판매하는 것이다. 이 경우 연 수익이 1,000만 원이니 10만 원짜리 ABS 100장을 발행할 수 있다. 이렇게 가지고 있는 자산을 통한 수익을 현금으로 유동화할 수 있기 때문에 '자산유동화증권'이라고 불린다.

여기서는 그림을 예로 들었지만, 주택 혹은 건물을 담보로 들어서 발행하면 주택저당담보부증권(Mortgage-Backed Securities, MBS)이 되겠다. 물론 건물 하나를 가지고 MBS를 발행할 수도 있겠지만, 여러 채의 부동산을 묶어 담보로 설정해 MBS를 발행하는 일이 더 많았다. 2000년대의 부동산 가격은 계속해서 상승하고 있었으므로 당연히 이런 MBS도 많이 발행되었다. MBS는 이미 자산을 담보로 하고 있으므로 자산의 가격, 즉 여기서는 부동산의 가격이 떨어지면 손해를 보게 되는 상품이다. 여기에 더해 여러 개의 MBS를 담보로 해서 만든 파생상품인 부채담보부증권(Collateralized Debt Obligation, CDO)이 생겨났다. CDO는 MBS 여러 개를 묶었으니 당연히 일반 MBS보다 배로 높은 위험도를 가진 초고위험 상품이라고 할 수 있다. 투자은행들은 호황기의 부동산 시장에 힘입어 이런 MBS와 CDO를 대량 발행했다.

그렇다면 이렇게 고위험군인 상품에 대한 신용등급 평가 회사들의 평가는 어땠을까? 놀랍게도 가장 높은 신용등급인 AAA를 받은 상품도 많았다. 도대체 왜 이랬을까? 첫째 이유는 신용등급 기관들의 경쟁 심리 때문이다. MBS와 CDO는 대량 발행되고 있었고, 만약 호의적인 등급을 매겨 주지 않으면 다른 기관에서 평가를 받으면 그만이었다. 게다가 MBS와 CDO의 특성상 명목상 높은 신용등급의 상품으로 위장시키기가 쉬웠다. 앞서 말했듯 MBS는 여러 채의 부동산을 묶어서 담보로 한 상품이고, CDO는 이 MBS를 묶어서 담보로 한 상품이다. 따라서 여기에 좋은 상품이 몇 개 껴 있다면 그것을 바탕으로 좋은 신용등급을 매길 수 있었다. 비유하자면 상한 재료들로 요리를 하고 나서 최상급 캐비어(철갑상어 알)를 얹고는 최고급 요리라고 칭한 셈이다. 이런 식으로 높은 신용등급을 받으니 투자자들은 안전한 상품이라는 믿음하에 투자를 강행했고, 시장은 '안전한 고위험 상품'으로 넘쳐나게

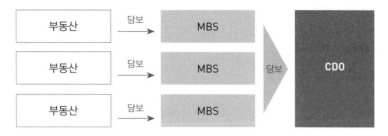

⊙ 단순화한 **MBS**와 **CDO**의 구조

부동산	담보→	MBS	
부동산	담보→	MBS	담보→ CDO
부동산	담보→	MBS	

되었다.

필자도 이 시기에 유수 투자은행에 근무하던 사람을 많이 만났다. 투자은행에서 인턴십을 하면 종종 시니어 인력에게 멘토링을 받는 시간이 있는데, 이때 가장 자주 나오는 질문이 금융 위기에 대한 것이었다. "금융 위기 전 투자은행에서 일한다는 것은 어떤 느낌이었나요?"라는 한 인턴의 질문에 멘토가 했던 답이 아직까지도 유독 기억에 남는다. 그분은 이런 비유를 했다.

"아주 깊은 동굴이 있다고 생각해 보자. 그 동굴의 맨 끝에는 자동 입출금기(ATM)가 있고, 이 기계는 무한으로, 또 무료로 현금을 인출할 수 있는 기계다. 당연히 많은 사람들이 돈을 뽑으러 이 동굴 속으로 들어가고, 돈뭉치를 들고 나온다. 그러다 보니 점점 입소문이 나 수백, 수천, 수만 명이 이 동굴에 왕래하기 시작하고, 그로 인한 심한 진동 때문에 동굴 벽에 곧 무너질 것만 같이 균열들이 생기기 시작한다. 나중에는 점점 심해져 '우르릉' 하는 소리도 들려온다. 그리고 그 동굴 문 앞에 당신이 서 있다. 들어가야 할지 말지 망설여지지만, 양 옆에서 뒤도 돌아보지 않고 수십 명의 사람들이 '마지막 한 번'을 위해 동굴로 뛰어 들어간다. 그래서 무언가 꺼림칙하지만 당신도 결국 동굴 속으로 발을 내딛는다."

나는 이 비유가 당시의 집단 광기와 과욕을 너무나도 잘 묘사했다고 생각한다.

결국 동굴은 무너졌다. 그것도 아주 처참하게 말이다. 부동산 가격의 거품이 꺼지면서 이를 담보로 대출받은 사람들이 대거 파산하게 되었고, 당연히 서브프라임 모기지 대출을 했던 투자은행들도 큰 손실을 입게 되었다. MBS와 CDO 등 부동산과 깊이 연관되어 있는 상품들 역시 그야말로 재앙이 되었고, 투자은행들은 이로 인해 천문학적인 빚을 지게 되었다. 이미 공격적인 투자 전략으로 높은 부채 비율을 가지고 있던 은행들이 많았고, 이들은 어쩔 수 없이 파산 신청을 해야만 했다.

그러나 이런 투자은행들은 파산하도록 놔두기에는 민간, 기업 차원에 미치는 영향력이 너무 컸기 때문에 ("Too big to fail"이라는 표현이 유명하다) 중앙은행과 정부는 어쩔 수 없이 이들의 빚을 대신 탕감해 주는 선택을 했다. 이런 구제 금융을 베일아웃(Bailout)이라고 하는데, 대신 이런 금전적·정책적지원을 받은 투자은행들은 특정 조건을 받아들여야만 했다. 예를 들어, 미국에서 골드만삭스와 모건스탠리는 투자은행업에서 한 발짝 물러나 상업은행의 성격을 띠는 은행지주사로 전환해야만 했다. 영국에서는 영국 정부가

RBS(Royal Bank of Scotland)와 로이드 은행(Lloyds Bank)을 구제해 주었다. 본인들의 과욕으로 참사를 불러온 것도 모자라 국민의 혈세로 이 은행들의 빚을 탕감해 주어야 한다는 사실에 많은 사람들이 분노했다. 이는 지금까지도 어느 정도 이어져 오는 금융업계에 대한 불신과 분노의 근거가 된다.

위기에 몰린 투자은행들은 급하게 구조 자금을 찾아 나섰다. 영국계 대형 투자은행인 바클레이즈는 우리에게도 잘 알려진 만수르 왕자 소유의 회사에 주식을 팔아 연명했고, 모건스탠리도 일본의 미쓰비시 금융(Mitsubishi UFJ Financial Group, MUFG)에 지분을 판매해 간신히 파산을 면했다. 파산 직전의, 혹은 파산한 은행들을 다른 은행이 인수하는 상황도 많이 연출되었다. 유명 투자은행인 베어스턴스(Bear Sterns)는 JP모간에 인수되었고, 파산한 리먼브라더스(Lehman Brothers)의 핵심 사업은 바클레이즈에 인수되었다. 살아남는 소수가 결정되는 순간이었던 셈이다.

이렇게 심각한 금융 위기를 겪고 나서 세계의 정부는 은행과 금융업에 대해 대대적인 규제에 들어간다. 소비자를 보호하고, 금융권 임원의 연봉을 제한하고, 은행이 특정 자본 조건(Capital Requirements)을 지켜야만 하도록 했다. 또 '사건이 터지면 책임을 지는' 것이 아니라, '사건이 터질 만한 환경을 조성하면 책임을 지는' 방향으로 규제를 강화해 은행이 내부적으로도 감시 및 관리를 해야만 하도록 하는 정책들이 생겨났다. 유명한 법안으로는 2010년에 버락 오바마 대통령이 서명한 도드-프랭크(Dodd-Frank) 월가 개혁 법안이 있는데, 법을 입안한 민주당의 크리스토퍼 도드

(Christopher Dodd) 상원의원과 바니 프랭크(Barney Frank) 하원의원의 이름을 땄다. 이렇게 금융 위기 이후 은행들은 지금까지 경험하지 못했던 강력한 규제와 감시를 받게 되었다.

2008년 금융 위기로 인해 금융업에 대한
제재와 감시가 대폭 강화되었다.

INVESTMENT BANK

$

2부

투자은행은
어떻게
일하는가

핵심은 '가치'다

여기까지 이 책을 읽은 독자라면 투자은행 업무의 중심에는 늘 '가치'가 있다는 것을 이해할 것이다. 투자은행이 투자은행이라는 이름을 가지게 된 것은 투자은행에서 다루는 상품들이 투자의 형태를 띠기 때문이라고 했는데, 애초에 '투자'라는 것은 가치를 기반으로 하는 것이다.

여기서 잠시 간단한 질문을 하나 던져 보겠다. 여러분은 투자가 무엇이라고 생각하는가? 아마 여러 가지 정의가 떠오를 것이다. 하지만 투자는 본질적으로 '가치의 상승'을 노리고 '비용을 지불' 하는 행위다. 이 두 가지 요소 중 하나가 빠진다면 그건 투자라고 할 수 없다.

예를 들어, 지금 지갑에 가지고 있는 1만원권이 새로운 지폐가 나온 미래에는 더 큰 가치가 있을 것이라고 생각해 가지고 있기로 했다고 하자. 이 행위는 가치의 상승을 노리는 행위지만, 투자라고 하기는 애매하다. 원래 가지고 있던 것을 그대로 가지고 있는 것뿐 따로 비용을 지불한 것은 아니기 때문이다. 이번엔 집 앞 매점에서 1,000원을 주고 아이스크림을 구매했다고 해 보자. 이 역시 투자가 아니다. 비용을 지불하기는 했지만 가치의 상승을 노리고 있는 것이 아니기 때문이다.

하지만 만약 누군가가 미래에 가격이 오를 것을 예측해 지금 1,000만 원을 지불하고 골동품을 구매해 가지고 있기로 했다면, 이에 대해서는 아마 대부분의 사람이 투자라고 할 것이다. 이 사람은 지금 1,000만 원인 이 골동품이 미래에는 1,000만 원 이상의 가치, 즉 상승된 가치를 가질 것이라고 믿고 있고, 그 믿음을 기반으로 1,000만 원이라는 비용을 지불했기 때문이다.

> **투자는 가치의 상승을 노리고 비용을 지불하는 행위다.**

가치에 대해서 이야기를 한다더니 갑자기 뜬구름을 잡는 이야기를 한다고 느낄지 모르겠다. 그렇다면 이제 더 중요한 질문을 해 보자. 투자란 가치 상승을 위해 비용을 지불하는 것이다. 그럼 여기서 말하는 '가치'란 도대체 무엇인가?

가치의 사전적인 의미를 찾아보면 '사물이 가지고 있는 쓸모'라고 나온다. 물론 이는 사전적인 정의고, 실제로 우리는 가치라는 단어를 사물에 대해서만이 아니라 형태가 없는, 예를 들자면 서비스나 경험 등에 대해서도 사용한다. "가격이 조금 비쌌지만, 태국에서의 그 발 마사지는 그만한 가치가 있었어."라거나 "가족과의 시간은 나에게 중요한 가치가 있다." 같은 표현 말이다. 가치의 철학적인 의미가 무엇인지는 몇 문단으로 다루기 어렵겠지만 '쓸모' 혹은 이와 유사한 하나의 개념이 가치의 조건에 포함되어야 한다는 사실에는 아마 큰 이견이 없을 것이다. '쓸모'란 어떤 물건의 용도를 의미하지만, 여기서는 특정 상품 혹은 서비스가 제공하는 행복감, 편의성 등으로 넓혀서 생각하면 맞을 것이다.

이렇게 가치에 대해서 갑자기 진지하게 논하는 이유는 가치에 대한 확실한 이해 없이는 여기서부터 설명할 투자은행에서 사용하는 분석 방법들을 이해할 수 없기 때문이다. 반대로, 이 가치에 대한 개념을 바탕으로 차근차근 잘 이해해 나간다면 앞으로 설명할 개념들이 딱딱하고 어려운 전문지식이라기보다는 과학적이고 논리적인 하나의 과정으로 느껴질 것이다.

이 장에서는 우선 가치를 내재가치와 시장가치의 관점에서 바라볼 것이다. 그 둘의 차이를 확실히 확립하고 나서는, 가치의 개념을 기업, 그리고 그 기업의 가치를 보여 주는 주식에 적용해서 주식가치와 기업가치라는 두 가지 개념으로 나누어 생각해 볼 것이다. 마지막으로는 금융 시장에서 가치를 바라보는 방식인 '돈의 시간 가치'라는 개념에 대해 설명하겠다.

(1) 내재가치인가, 시장가치인가?

이 장의 제목을 보고 이런 생각을 할지도 모르겠다. "그런데 시장가치가 곧 내재가치 아니야?"

결론부터 말하자면, 아니다! 자본주의 사회와 시장에서 시장가치(Market Value)란 내재가치(Intrinsic Value)를 나타내기 위한 하나의 수치지만, 시장에서 특정 가격으로 거래된다는 이유만으로 그 가격이 그 상품이나 서비스의 내재가치를 보여 준다고 말할 수는 없다.

먼저 이 두 단어를 정의하고 넘어갈 필요가 있겠다. 우리가 마트에서 과자를 한 봉지 사려고 한다고 생각해 보자. 이 과자는 현재 1,500원에 팔리고 있다. 이렇게 단순하게 생각할 경우, 여러분도 예상했겠지만 1,500원이 이 과자의 시장가치다. 시장가치란 말 그대로 시장에서 거래되는 가격을 의미한다.

경제학에 대해 잘 알지 못하더라도 '수요와 공급의 법칙(The Law of Supply and Demand)'에 대해서는 들어 보았을 것이다. 말 그대로, 수요와 공급에 따라 시장에서 특정 재화 혹은 서비스의 가치가 결정된다는 것이다.

예를 들어, 어느 날 우주에서 주먹만 한 크기의 운석이 떨어졌다고 하자. 당연히 이 운석은 여러 가지 의미로 엄청난 가치를 가지고 있을 것이다. 하늘에서 떨어진 운석이라니, 과학에 관심이 없는 사람이라도 왠지 집에 가져다 두면 좋은 일을 불러올 것만 같지 않은가? 이런저런 이유로 이 운석을 사겠다는 사람이 너무 많았고, 사람들은 너도 나도 비싼 값을 부르기 시작했다. 어떤 백만장자는 돌 하나에 10억 원을 지불하겠다고까지 말했다. 수요는 굉장히 많은데 공급은 적어 가격이 높게 형성된 상황이다. 그런데 이렇게 사람들이 몰려들어 북새통을 이룬 와중, 바로 옆에 같은 크기의 운석이 떨어졌다. 원래는 단 한 개밖에 없던 운석의 공급량이 두 개로 늘어난 것이다. 이렇게 되면 이 운석의 희소성(Scarcity)이 떨어지게 될 것이다. 쉽게 말해서 '단 하나밖에 없다'는 데에서 오는 매력이 없어진다는 것이다. 또, 경쟁의 요소도 생긴다. 원래는 이 운석을 사겠다는 사람들이 서로 경매를 하듯 비싼 가격을 부르며 경쟁을 했는데, 이제는 운석을 주운 두 사람이 서로 눈치를 보며 어느 정도에 가격을 책정해서 팔아야 할지 생각해야 하는 상황이다. 이렇게 공급이 늘어나면 당연히 가격도 떨어지게 된다. 아마 여기까지는 여러분도 이미 잘 알고 있는 사실일 것이라 생각한다.

위의 예에서 운석이 하나 더 떨어지면 "어느 정도에 가격을 책정해야 할지 생각해야 한다."라고 했는데, 여기에서 운석의 두 주인이 생각하고, 예측해서 맞추려고 하는 그 금액, 그 숫자가 바로 내재가치다. 과연 이 운석 그 자체가 가지고 있는 값어치는 얼마일까? 이 운석이 가지고 있는 값어치보다 높은 가격을 부르면 사람들이 사지 않을 위험성이 생기고, 이 운석이 가지고 있는 값어치보다 낮은 가격을 부르면 사실상 자신이 손해를 볼 수 있다. 결국 여러 요소를 배제하고 이 운석이 가지고 있는 그 고유의 가치를 생각해 보지 않을 수 없는 것이다.

이런 의미에서 시장가치는 내재가치의 '대체품(Proxy)'이라고 할 수 있다. 내재가치는 시장가치와 달리 상황에 영향을 받지 않는 숫자이다. 생각해 보자. 만약 위에서 말한 대로 어떤 백만장자가 10억 원을 지불하고 단 하나뿐인 운석을 구매했다. 그런데 이 백만장자가 그 운석을 구매해 집으로 돌아가는 길에 차 사고가 나서 안타깝게도 숨지고 말았다. 자연스레 이 운석은 다시 주인을 찾아야 하는 입장에 놓인다. 그런데 아무도 10억 원 혹은 그에 근접한 비용을 지불하려고 하지 않는다면, 이 운석의 시장가치는 10억 원이었지만, 더 이상은 아니다. 내재가치는 더더욱 아니다. 만약 10억 원이 이 운석의 내재가치였다면 누군가가 비슷한 가격에 구매하지 않았겠는가?

> 시장가치는 수요와 공급에 의해 결정되는 가치인 반면,
> 내재가치는 본질에 의해 결정되므로
> 시장 환경에 영향을 받지 않는다.

우리가 주식과 채권에 투자하는 행위도 결국은 이 내재가치와 시장가치를 비교하는 행위이다. 여러분은 주식을 왜 사는가? 그 주식의 가격이 오를 거라고 생각하기 때문에 사는 것 아닌가? 만약 여러분에게 내재가치와 시장가치의 개념이 (적어도 무의식 중에라도) 없었다면 여러분은 주식을 구매할 필요가 없다. 당장 시장에

서 판매하는 가격이 그 주식의 절대적 가치일 텐데 그 주식을 구매하는 것이 무슨 의미가 있는가? 아이스크림이나 과자와 같이 소비해서 효용을 얻을 수 있는 상품도 아닌데 말이다.

앞서 M&A를 다룰 때 기업이 다른 기업을 인수하는 이유는 그 기업의 가치보다 가격이 낮게 형성되어 있기 때문이라고 했다. 마찬가지로, 구매하는 자는 시장가치가 내재가치보다 낮을 때 구매하고, 판매하는 자는 시장가치가 내재가치보다 높을 때 판매한다. 각자 내재가치를 어떻게 측정하고, 얼마에 측정하는지는 다르겠지만, 사는 사람은 싸니까 사고, 파는 사람은 비싸니까 판다는 뜻이다. 앞으로 여러 가지 개념들을 다루게 되겠지만 여러분은 이 간단하지만 중요한 내용을 잊지 않기를 바란다.

(2) 주식가치인가, 기업가치인가?

내재가치와 시장가치의 차이에 대해 이해했으니 이제 가치의 개념을 기업에 대입해서 생각해 보자. M&A에 대해 설명할 때 집을 사는 과정에 비유 했는데, 나는 기업을 집에 빗대어 이야기하는 이 비유가 굉장히 정확하다고 생각한다. 우리가 5억 원짜리 집을 구매했다고 하자. 그런데 이 5억 원을 모두 현금으로 지불한 것이 아니라, 3억 원은 전세를 내 주어서 마련했고, 나머지 2억 원 중 1억 원은 은행에서 대출을 받았다고 해 보자. 이렇게 될 경우 실투자금, 즉 내가 직접 들인 돈은 1억 원이다. 여기서 질문. 이 집의 시장가치는 얼마인가? 그렇다. 5억 원이다. 그렇다면 내재가치는?

잘 모르겠다고? 정답이다. 이 정보만 가지고는 알 수 없다! 물론 5억 원이라는 시장가치가 이 집의 가치를 정확하게 측정해 내재가치가 실제로 5억 원일 가능성도 없지는 않다. 하지만 단순히 집이 얼마에 거래되었다는 것만으로는 그 내재가치를 논할 수 없다. 마치 주식이 1주에 5,000원이라고 하더라도 그 주식의 가치가 실제로 5,000원인지는 별도의 문제이듯이 말이다.

다시 집 이야기로 돌아가 보자. 정리하자면, 총 가격 5억 원 중 전세금 3억 원, 대출 1억 원, 현금 1억 원이다. 이렇게 될 경우 사실상 집의 소유권은 나에게 있지만, 이 집에 투자된 나의 돈은 1억 원밖에 되지 않는다. 어떻게 보면 간접적으로 은행도 1억 원만큼의 돈을 넣었고, 전세를 내고 들어온 세입자도 3억 원만큼 돈을 넣은 것이다. 바로 이런 점에서 집과 기업이 비슷하다고 볼 수 있다.

앞서 우리는 기업이 자금을 조달하는 다양한 방법을 살펴보았다. 그중 크게 두 가지를 꼽자면, 주식을 통한 자본 조달과 부채를 통한 자본 조달이다. 즉, 100억 원의 가치를 지닌 기업이 있을 때 70%가 주식의 형태로, 그리고 30%가 부채의 형태로 있으면 70억원은 주식 투자자들이 투자한 돈이고, 30억 원은 부채 투자자들이 투자한 돈이 된다. 그 주식 투자자가 개인인지 기관인지 펀드인지, 그리고 부채 투자자가 은행인지 아닌지와는 별개로 말이다. 우리가 다룰 주식가치와 기업가치는 이런 개념을 바탕으로 하는 분류법이다.

① 주식가치 구하는 법

먼저 주식가치에 대해서 이야기해 보자. 주식가치란 한 기업이 가진 모든 것의 가치 중 주식 투자자들에게 해당하는 가치를 의미한다. 표현이 조금 어색할지 모르겠다. '한 기업이 가진 모든 것'이란 그 회사가 가진 공장, 사업 모델, 상표, 특허 등이 모두 포함된다. 이런 것들을 구매하고 소유하기 위해서 어떤 방법으로든 자금을 조달하지 않았겠는가? 그중에서 주식을 통해 얻은 비중만큼의 가치를 의미한다는 것이다.

'주식을 통해 얻은 비중만큼의 가치가 대체 뭐지?'라고 생각할수 있다. 앞서 말한 5억 원짜리 집의 경우에서와 같이 주식을 통해 얻은 비중만큼의 '내재'가치는 측정하기 쉽지 않다. 이 내재가치를 측정하기 어렵기 때문에 투자은행들이 전문성을 가지고 앞으로 소개할 다양한 분석을 하는 것이다.

반면 상장 기업의 경우 주식을 통해 얻은 비중만큼의 '시장'가치는 측정하기가 매우 쉽다. 주식 투자자들이라면 이미 눈치를 챘을지 모른다. 상장 기업, 즉 주식이 거래소를 통해 공개적으로 거래되는 기업의 경우, 현재 그 회사의 모든 주식의 수를 시장에서 거래되고 있는 가격으로 곱하면 그 회사의 현재 주식가치가 나온다. 이를 시장에서 거래되는 주식의 가치 총액이라 하여 '시가총액(Market Capitalization, 'Market Cap')'이라고 한다. 시가총액이라는 단어는 익숙할 것이다. 뉴스에서 삼성의 시가총액이 얼마를 돌파했다거나, 전기 자동차 회사인 테슬라의 시가총액이 자동차 회사 중 1위로 도약했다거나 하는 소식을 들어 보았을 테니 말이다. 다시 한 번 강조하지만, 시가총액은 '시가'라는 단어에서 볼 수 있듯이 내재가치가 아닌 시장가치이다. 당연히 주식의 내재가치를 현재 시장가치와 비교해 '적정 시가총액'이 얼마인지를 계산해 볼 수는 있겠지만, 일반적으로 회사의 시가총액이 얼마라는 표현을 쓸 때는 시장가치를 의미한다. 시가총액을 내재가치와 혼동하지 않기를 바란다.

시가총액 = 주식 가격 × 총 주식 수

주식가치는 한 기업이 가진 모든 것의 가치 중 주식 투자자에게 해당하는 가치이다. 상장 기업의 주식가치는 시가총액이다.

② 기업가치 구하는 법

그렇다면 기업가치는 무엇을 의미할까? 기업가치란 한 기업의 핵심 사업 요소의 가치를 의미한다. 이렇게 이야기하면 굉장히 모호하게 들릴 수 있는데, 주식가치와의 차이를 중점으로 두고 다시 이야기해 보자. 첫 번째 차이는 주식가치는 한 기업이 가진 '모든 것'에 대한 것인 반면, 기업가치는 한 기업이 가진 '핵심 사업 요소(Core Business Operations)'에 대한 것이다. 두 번째 차이는 주식가치는 '주식 투자자들에게 해당하는 것'인 반면, 기업가치는 어떤 투자자에게 해당하는 것인지에 대한 제한이 없다.

여기서 만약 우리가 어떤 기업의 주식가치를 알고 있다고 해 보자. 이 회사가 거래소에 상장해 있다고 전제해서 시가총액이 100억 원이라고 가정하자. 그렇다면 이 100억 원의 주식가치에서 기업가치를 도출하려면 어떤 계산을 거쳐야 할까?

우선 '핵심 사업 요소'를 제외한 나머지 부분의 가치를 빼야 할 것이다. 위에 언급한 두 가지의 차이점 중 첫 번째 차이점을 보면, 주식가치는 한 기업의 모든 것에 대한 것인데, 기업가치는 핵심 사업 요소에 대한 것이라고 했다. 따라서 100억 원의 시가총액에서 우선 핵심 사업 요소가 아닌 나머지를 빼야 기업가치에 접근할 수 있다. 이 시점에서 우리는 핵심 사업 요소가 무엇인지 정의해야 할 것이다. 핵심 사업 요소란 말 그대로 한 기업이 사업을 계속하기 위해서 필요한 중요 요소들을 의미한다. 예를 들어, 공장이 없다면 제품을 생산할 수 없고, 인력이 없다면 회사가 돌아갈 수 없다. 제품과 서비스를 생산하고 제공해서 수익을 올린다는 기업

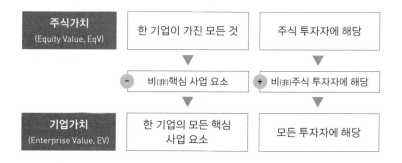

⊙ **주식가치와 기업가치의 상관관계**

주식가치 (Equity Value, EqV)	한 기업이 가진 모든 것	주식 투자자에 해당
	▼	▼
	− 비(非)핵심 사업 요소	+ 비(非)주식 투자자에 해당
	▼	▼
기업가치 (Enterprise Value, EV)	한 기업의 모든 핵심 사업 요소	모든 투자자에 해당

의 본질을 추구하기 위해 필요한 요소들이기 때문에 공장이나 인력이 핵심 사업 요소에 포함되는 것이다.

> **기업가치란 한 기업의 핵심 사업 요소의 가치를 의미한다.**
> **이는 모든 투자자에게 해당하는 가치다.**

 그렇다면 '핵심 사업 요소'가 아닌 것에는 어떤 것이 있을까? 회사가 가지고 있는 것인데, 사업의 구동에는 필요가 없는 것? 대표적인 것이 바로 현금이다. 물론 처음에는 이를 납득하기 어려울 것이다. 사업을 하는 데 돈 만큼 중요한 게 어디 있다고, 도대체 어떻게 현금이 핵심 사업 요소가 아닐 수 있는가? 그런데 잘 생각해 보면, 기업이 쌓아 둔 현금 자체는 사업에 전혀 관여하지 않는다. 아마 여러분은 뉴스에서 한국의 대학들이나 기업들이 너무 많은 현금을 쌓아 두고 있다는 이야기를 들어 보았을 것이다. 이렇게 말 그대로 은행 계좌 안에 쌓아만 두고 있는 현금은 회사가 구동하는 데 꼭 필요한 요인이 아니다. 물론, 회사가 안정적으로 돌아가기 위해서는 어느 정도의 손실이 일어나도 그를 보완할 수 있는 현금이 있어야 하겠지만, 이는 어디까지나 사업의 구동에서 손실이 난다는 것을 전제로 하므로, 현금은 그 자체로는 핵심 사업 요소가 아닌 것이다. 경우에 따라 아주 쉽게 현금화할 수 있는 단기 자산인 단기투자자본(Short-Term Investment)을 유사현금(Cash-Like Items)으로 취급하여 핵심 사업 요소에서 제외시키는 경우도 있지만, 일단 여기에서는 우선 현금만을 고려하도록 하겠다.

자, 우리는 주식가치에서 기업가치로 넘어가는 산술식의 첫 부분을 완성했다. 아래의 식을 보자. 물론 이는 아직 미완성이다.

$$기업가치 = 주식가치 - 현금 (\cdots)$$

현금은 핵심 사업 요소가 아니므로 주식가치에서 빼 준다.

이제 두 번째 차이점을 다시 한 번 살펴보자. 주식가치는 주식 투자자들에게만 해당되는 것인 반면, 기업가치는 이 제한이 없다. 즉, 모든 투자자들에게 해당되는 것이라는 것이다. 여기서 '모든 투자자'란 주식 투자자뿐 아니라 부채 투자자도 포함하는 말이다. 여기에 더해, 우선주 투자자 등 그 외의 투자자들도 포함될 수 있다. 우선주(Preferred Shares)란 주식 중에서도 일반 주식보다 배당 등에서 더 높은 권리(대신 경영 참여 대해선 낮은 권리)를 지니고 있는 주식을 의미하는데, 만약 한 회사가 우선주를 발행했다면 이 투자자들의 지분 역시 기업가치에 포함이 된다. 다시 돌아가, 주식가치에서 기업가치로 넘어가려면 주식 투자자들 외에 다른 투자자들의 지분에 해당되는 요소들을 더해야 한다고 했다. 이런 요소에는 첫째로 부채 투자자들이 있으니 그 회사의 부채를 디힌다. 또, 우선주가 있을 경우 우선주의 가치도 더해져야 할 것이다. 이 시점에서, 아직 미완성이지만 위의 식을 다시 한 번 살펴보자. 왜 각 요소들을 더하고 빼는지 잘 이해하는 것이 중요하다.

기업가치 = 주식가치 - 현금 + 부채 + 우선주 (…)

여기에서 부채에서 현금을 뺀 것을 '순부채(Net Debt)'라고 한다. 이외에 다른 투자자들의 지분에 해당되는 다른 요소는 뭐가 있을까? 해답은 우리가 이미 다루었던 모회사-자회사 구조에 있다. 그렇다! 회사가 다른 회사들을 소유하고 있을 수도 있지 않겠는가? 예를 들어서 회사 A가 다른 회사 B의 70% 지분을 가지고 있다고 하자. 이런 경우, 회사 B를 A가 모두 소유하고 있다고 계산하면 이는 당연히 잘못된 계산법일 것이다.

이 차이를 메우기 위해 존재하는 개념이 '비지배주주지분(Non-Controlling Interests(NCI), Minority Interests)'이다. 이 비지배주주지분은 회사가 다른 회사의 지분을 50% 이상으로 소유하고 있을 때 '소유하지 않고 있는' 부분을 의미한다. 헷갈리지 말자! 50% 이

⊙ 비지배주주지분과 지배주주지분의 차이

비지배주주지분 (Non-Controlling Interests, NCI)	지배주주지분 (Equity Investments, EI)
50% 이상을 소유하는 경우	50% 미만을 소유하는 경우
소유하지 않고 있는 부분	소유하고 있는 부분

상의 소유 중인 지분이 아니라, 그 회사의 소유하지 않은 부분, 즉 100%에서 소유하고 있는 지분을 제외한 나머지를 의미한다. 이 NCI에 해당하는 부분은 주식 투자자 이외에 다른 투자자들과 연관된 부분이므로, 이 역시 주식가치에 더해 주어야 한다.

반대로, 회사가 50% 미만의 지분을 가지고 있는 경우도 있을 것이다. 이 경우를 '지배주주지분(Equity Investments(EI), Equity Interests)'이라고 한다. 지배주주지분이란 이 회사가 '가지고 있는' 50% 미만의 지분을 의미하는데, 이는 NCI와 반대 개념이므로 빼야 할 것이다.

기업가치 = 주식가치 - 현금 + 부채 + 우선주 + NCI - EI

**주식 투자자 외를 고려하기 위해
부채, 우선주, NCI를 더하고 EI를 뺀다.**

사실 여기까지를 일반적인 식으로 생각하는 경우가 많다. 그런데, 실무자 입장에서 이 식을 바라보면 의문점이 몇 가지 생긴다. 예를 들어, 부채의 경우 부채 투자자들의 지분을 의미하기 때문에 더해 주었는데, 이런 식으로 부채와 유사한 형태의 다른 요소들은 없을까? 빚을 진 건 아니지만 확실하게 지불해야 하는 종류의 돈 말이다.

대표적으로 부채와 비슷한 항목으로는 연금(Pension)이 있다. 대형 기업의 경우 퇴직금 혹은 퇴직연금의 명목으로 어느 정도의 돈을 지불해야 할 의무가 있는 경우가 대부분인데, 이는 사실상 부채와 크게 다르지 않다. 은행이나 외부 기관에 빚을 진 것이 아니라, 그 회사의 사원들에게 빚을 진 셈이다.

이런 식으로 부채와 유사하게 다루어도 되는 항목을 유사부채(Debt-Like Items)라고 한다. 앞서 단기투자자본을 유사현금으로 취급한 것과도 비슷한 개념이다.

또 다른 예로는, 제약 회사에서 흔하게 볼 수 있는 항목인 벌금이 있다. 제약 회사들은 약의 부작용 혹은 약의 특허와 관련해 고소를 하거나 당하는 경우가 굉장히 흔한데, 이 때문에 아직 지불하지 않은 벌금을 가지고 있을 수 있다. 이때, 이런 벌금은 나가야하는 돈이니 사실상 부채와 크게 다르지 않으므로, 유사부채 항목으로 생각해 같이 더해 준다.

어떤 항목들을 유사부채로 취급해서 계산에 포함할 것인지는 기업가치를 계산하는 사람의 몫이다. 이렇게 다양한 재무 항목을 읽고 그 항목이 가치평가에서 어떻게 다루어져야 하는지를 잘 이해하고 결정하는 것이 훌륭한 애널리스트의 덕목이라고 할 수 있다. 완성된 식을 다시 보도록 하자.

기업가치 = 주식가치 − 현금 + 부채 + 우선주 + NCI − EI + 유사부채

이렇게 주식가치에서 시작해 기업가치까지 여러 항목들을 더하고 빼며 계산하는 과정을 투자은행에서는 브릿지(Bridge)라고 한다. 기업을 금융 측면에서 바라볼 때 중요한 수치인 주식가치와 기업가치 사이의 '다리'를 의미하는 것이다. 이 브릿지 계산이 중요한 이유는, 후술하겠지만 가치평가를 통해 기업의 내재가치를 계산할 때, 기업 내재가치로부터 주식 내재가치를 계산하고, 주식 내재가치로부터 기업 내재가치를 계산할 수 있어야 하기 때문이다.

연금, 추징금 등 부채와 유사한 항목들은 부채와 같이 더한다.

다음 내용으로 넘어가기 전에 한 가지 흥미로운 사실을 짚어 보려 한다. 이론상 주식가치는 기업의 자금 조달 방식에 따라서 달라지지만, 기업가치는 달라지지 않는다는 점이다. 만약, 기업가치가 100억 원인 회사가 있다고 하자. 단순하게 생각하기 위해 이 100억 원 중 70억 원은 주식으로, 30억 원은 부채로 조달했다고 하자. 이 경우, 주식가치는 70억 원이라고 할 수 있겠다. 그런데 만약 30억 원 중 15억 원을 부채로 조달하지 않고 주식으로 조달

했다면, 주식가치는 85억 원이 된다. 같은 기업가치라고 하더라도 어떻게 자금을 조달하는지에 따라, 더 구체적으로는 얼마만큼을 주식을 통해 조달 했는지에 따라 주식가치가 달라진다.

하지만 기업가치는 자금 조달 방식에 영향을 받지 않는다. 이를 모딜리아니-밀러 가설(Modigliani-Miller Theorem)이라고 하는데, 위의 식을 바탕으로 다시 살펴보자. 기업가치는 주식가치에서 현금을 제하고, 부채, 우선주, NCI, 유사부채 등을 더해서 계산한다. 여기서 만약 이 기업이 부채, 우선주 등을 통해 자금을 조달했다고 하자. 자금 조달이라는 것은 말 그대로 현금을 받아 오는 것이므로, 조달된 자금의 양만큼 현금이 늘어날 것이다. 예를 들어, 100만 원을 빌렸다면 부채는 100만 원이 늘어나지만 현금도 100만 원이 늘어난다는 것이다. 이렇게 되면 식에서 빼게 되는 현금도 늘어나지만 더하는 부채도 그만큼 늘어나기 때문에 기업가치에는 차이가 없게 된다.

어떻게 생각해 보면 이는 사실 굉장히 당연한 이치다. 기업가치라는 개념을 다시 집에 적용해서 이야기해 보자. 돈을 어디서 어떻게 끌어왔건, 즉 전세를 통해, 은행 대출을 통해, 혹은 현금을 통해 끌어왔건, 돈을 마련한 방식에 따라 그 집의 총 가치가 변하지는 않는다. 물건이나 상품의 가치가 돈의 출처에 따라 달라진다면 그것이 더 이상할 것이다.

기업가치는 자금의 조달 방식에 따라서 변하지 않는다.

여기까지 읽은 독자라면 어느 정도 가치에 대한 생각과 관점이 섰을 거라고 생각한다. 기업가치와 주식가치는 자칫 복잡하게 느껴질 수 있는 금융 개념이지만, 그 배경의 논리를 잘 살펴보면 보다 쉽게 이해할 수 있을 것이다.

그렇다면 이제 가치평가의 기본이 되는 개념인 돈의 시간 가치에 대해서 이야기를 해 보자.

(3) 돈의 시간 가치에 대하여

《마시멜로 이야기》라는 책을 알고 있을 것이다. 2005년에 발간된 자기계발 도서로, 청소년 필수 권장도서로 선정되면서 한국에서도 선풍적인 인기를 끌었던 책이다. 책에는 이른바 '마시멜로 실험'이 나온다. 아주 간단한 실험이다. 먼저, 아이에게 마시멜로 하나를 준다. 그런데 이때 그냥 마시멜로를 놓고 가는 게 아니라 이 마시멜로를 1시간 동안 먹지 않고 있으면 마시멜로 하나를 더 주겠다고 이야기한다. 이 마시멜로 시험을 잘 통과한 아이들이 후에 인생에서 더 성공했다는 내용이다. 인생에서 참을성과 끈기가 얼마나 중요한지를 강조하는 책이다.

끈기를 가지고 기다렸을 때 그렇지 않았을 때 보다 좋은 결과로 돌아오는 경우가 많다. 이 논리가 가장 잘 적용되는 분야 중 하나가 바로 투자다. 투자야말로 끈기를 가지고 기다려야 하는 분야라고 볼 수 있다. 만약 당신에게 100만 원이 있는데 이를 당장 쓰지 않고 예금을 해 어느 정도 시간이 지난다면 100만 원 이상으로 돌려받을 수 있을 것이다.

우리가 이 장에서 이야기할 '돈의 시간 가치(Time Value of Money)'란 바로 이 내용에 대한 것이다. 만약 당신에게 100만 원을 오늘 받거나 1년 뒤에 받을 수 있는 선택지가 있다면 무엇을 택하겠는가? 아마 대부분은 오늘 받는 것을 택했을 것이다. 아마 나중에 받기를 선택한 이도 "오늘 받으면 내가 다 써 버릴 것 같아서." 등의 이유가 클 것이다. 그리고 실제로 오늘 받는 것이 현명한 선택이다. 물론 인플레이션으로 인해 물가가 오르기 때문이기도 하다. 하지만 그것보다 중요한 이유는 돈을 오늘 받으면 그 돈을 어딘가에 투자해서 수익을 낼 수 있기 때문이다.

1년 후에 100만 원을 받는 것보다 지금 100만 원을 받는 게 낫다는 말은 '같은 금액의 돈이라도 미래보다는 현재에 가지고 있을 때 그 가치가 더 크다'는 말이기도 하다. 이 내용이 바로 돈의 시간 가치의 핵심이다. 돈은 그 시간대가 미래일수록 가치가 떨어지고, 현재에 가까울수록 가치가 높아진다는 것이다. 1년 뒤에 100만 원을 받는 것과 3년 뒤에 100만 원을 받는 것을 비교하면, 역시 1년 뒤에 100만 원을 받는 것이 낫다. 이 개념이 중요한 이유는 우리가 후에 알아볼 가치평가법이 돈의 시간 개념을 전제하기 때문이다. 가치평가법에 이 개념이 어떻게 적용되는지를 이야기하기 전에, 여기에서는 조금 수학적인 관점에서 돈의 시간 개념을 바라보도록 하자.

> 돈은 현재에 가까울수록 가치가 높아지고,
> 더 미래일수록 가치가 낮아진다.
> 이는 돈을 투자해 미래에 수익을 얻을 수 있기 때문이다.

수학이라고 하니 조금 겁이 날 수도 있겠다. 하지만 걱정하지 말자! 복리 계산 정도 수준의 아주 단순한 식이니 말이다. 자, 여러분에게 100만 원이 있다. 그리고 이 100만 원을 누군가에게 맡겨 두면 1년에 10%의 이자가 붙는다고 가정해 보자. 이때, 1년 후에 이 100만 원은 얼마가 되어 있을까? 정답이다. 110만 원이다. 이를 수식으로 정리하면 아래와 같다.

$$110 = 100 \times (1 + 0.10)$$

여기서 당연히 110만 원은 이자를 포함한 금액을 의미하고, 100만 원은 원금, 0.10은 10%인 이자율을 의미한다. 원금을 포함해야 하니 앞에 1이 더해지는 것이다. 자, 그러면 여기서 이 110만 원을 계속 맡겨 놓은 채로 10%의 이자율을 1년 동안 더 적용받았다고 생각해 보자. 이 경우, 110만 원에 대해서 10%의 이자가 책정되므로 1년 뒤의 금액은 121만 원이 될 것이다. 이를 아래의 식으로 나타낼 수 있겠다.

$$121 = 100 \times (1 + 0.10)^2$$

아주 쉽지 않은가? 여기까지는 중학교 수준의 계산이니 독자 여러분도 쉽게 이해할 수 있을 거라고 생각한다.

자, 그러면 이제 거꾸로 생각해 보자. 앞서, 돈의 시간 개념에 따라 미래의 시간대일수록 돈의 가치가 떨어지고, 현재에 가까울수록 돈의 가치가 올라간다고 했다. 그렇다면 과연 돈의 가치는 얼마나 떨어지고, 얼마나 올라가는 것일까?

정답은 '그 돈을 투자했다면 얻었을 미래의 수익률만큼'이다.

이를 이해하기 위해 위의 간단한 예를 빌리겠다. 1년이 지나 110만 원을 얻었다. 이 경우 이 110만 원의 현재, 즉 1년이 지나지 않은 지금 시점의 가치는 얼마일까? 그렇다. 100만 원이다. 100만 원을 투자해 110만 원을 1년 후에 얻었으니 1년 후의 110만 원은 현재의 시점에서는 100만 원의 가치인 셈이다. 현재의 100만 원과 미래의 110만 원의 가치가 같으니 미래의 돈은 가치가 덜한 것이다. 마찬가지로 2년 후의 121만 원이 현재의 100만 원과 가치가 같으니, 이 2년 후의 돈은 현재의 돈보다 가치가 낮은 것은 당연하고, 1년 후의 돈보다도 가치가 낮은 셈이 되는 것이다.

여기서 미래의 가치가 더 낮은 것을 금융에서는 '가치가 할인되었다(Discounted)'라고 표현한다. 할인되었다고 하니 당연히 할인율을 생각하지 않을 수 없는데, 여기에서의 그 할인율이 투자의 기대수익률, 즉 이 경우에는 10%의 이자가 되는 것이다.

이 개념에 대해서 조금 더 생각해 보자. 미래의 돈의 가치가 낮아지는, 할인되는 이유는 무엇인가? 바로 현재의 내가 투자를 통해 돈을 더 벌 수 있어서이다. 즉 현재에 내가 투자를 할 수 있는 '기회'가 있기 때문에 할인되는 것이고, 경제학 용어로 설명하자면 '기회비용(Opportunity Cost)'이 있기 때문이다. 기회비용이란 어떤 선택을 할 때 그 선택으로 인해 포기되는 것의 가치를 의미한다. 가령, 내가 지금 아이스크림을 먹지 않고 버틴다면 그 선택에 대한 기회비용은 내가 아이스크림을 먹음으로 인해 얻을 수 있었을 행복감인 것이다. 그런데 만약 아이스크림을 먹어도 내가 전혀 행복감을 느낄 수 없다면 어떻게 될까? 아이스크림을 먹지 않음으로 인해 잃는 것이 없으므로 기회비용도 없는 셈이다. 마찬가지로, 무엇을 하더라도 돈을 불릴 수 없는 상황이라면 기회비용이 없고, 기회비용이 없으면 현재와 미래의 돈 사이에 가치의 차이가 있을 이유가 없다. 즉, 현재와 미래의 선택 사이에서 오는 가치의 차이는 기회비용에서 오는 것이다.

위의 예에서 10%의 이자율은 수익률이기도 하지만 그와 동시에 하나의 기회비용이기도 하다. 왜냐하면 10%의 수익률이 있기 때문에 우리가 투자를 하지 않고 돈을 가만히 둘 때, '잃는' 10%의 수익에 대한 손해가 생기기 때문이다. 이 10%가 있기 때문에 "야, 내가 그 돈 투자했으면 1년 뒤에 10% 더 얻을 수 있었어. 그러니까 1년 뒤의 돈을 지금으로 환산해서 생각하려면 10%를 할인해서 생각해야 해."라고 할 수 있다. 따라서 수익률과 기회비용, 즉 할인율은 같은 개념을 다른 두 관점에서 바라본 것이라고 할 수 있다. 이 할인 과정을 수식으로 나타내 보자.

$$100 = 110 \times \frac{1}{(1 + 0.10)}$$

2년 동안 투자를 한 경우인 121만 원의 경우는 아래와 같다.

$$100 = 121 \times \frac{1}{(1 + 0.10)^2}$$

패턴이 보이기 시작하는가? 위의 식을 보편화해서 정리하면 이렇게 된다.

$$현재가치 = 미래가치 \times \frac{1}{(1 + 수익률)^{년수}}$$

이렇게 막상 써 놓고 나니 별것 아닌 개념이다. 하지만 이 별것 아닌 개념을 바탕으로 투자은행에서는 내재가치를 측정하고, 이를 시장가치와 비교해 거래를 하거나 관련된 자문을 한다. 이제 여러분은 투자은행에서 사용하는 분석의 핵심이 되는 개념들을 대부분 이해하게 되었으니, 각 분석을 하나하나 다루어 보도록 하자. 뒤의 분석에 대해 읽으면서 잘 이해가 되지 않는 부분이 있다면 이 장의 내용을 다시 살펴보는 것도 큰 도움이 될 것이다.

> 돈의 현재가치와 미래가치의 차이는 그 돈을 투자해서 얻는
> 기대수익률을 통해서 계산할 수 있다.

투자은행에서 쓰는 가치평가법

이제 우리는 본격적으로 자산의 내재가치를 측정하는 여러 가지 분석 방법에 대해 알아볼 것이다. 지금까지 기업과 집을 비교하며 설명했는데, 가치평가법에 대해 이야기할 때도 집을 예로 들어 설명하겠다.

여러분이 집을 사려고 하는데, 이 집의 가치가 어느 정도인지 알고 싶다면 어떻게 하면 좋을까? 아마 첫 번째로 드는 생각은 월세를 얼마나 받을 수 있는지, 혹은 전세를 얼마에 내줄 수 있는지를 바탕으로 가격을 책정하는 방법일 것이다. 즉, 집이 가지고 있는 특성을 바탕으로 가격을 산출하는 방식이다. 이렇게 생각하는 방법은 어떻게 보면 가장 본질적 가치에 충실하다고 볼 수 있겠다. 왜냐하면 철저히 집이라는 자산이 얼마만큼의 이득을 가져다주는지를 바탕으로 가격을 책정하는 방식이기 때문이다.

또 다른 방법으로는 시장에 나와 있는 비슷한 집들과 가격을 비교하는 방법이 있겠다. 아마 많은 분들이 이 방법을 떠올렸을 것이라고 생각한다. 만약 30평대 아파트라면, 비슷한 규모와 퀄리티의 주변 30평대 아파트들과 비교해 어느 정도가 적정 가격인지 예상해 볼 수 있겠다.

또 가장 최근에 거래되었던 가격, 부동산 용어로는 실거래가를 바탕으로 아파트 가격을 생각해 볼 수 있겠다.

여기서 우리가 이야기한 세 가지 방법은 실제로 기업에도 적용이 가능한 부분이다. 투자은행에서 기업에 대해 가치평가를 할 때 주식 외에도 채권이나 기타 파생상품 등에 대해서도 하지만, 여기에서는 우리에게 가장 익숙한 주식에 중점을 두고 이야기하도록 하겠다.

세 가지 가치평가 방법을 다시 정리해 보자. 첫째로, 기업이 가지고 있는 수익적 측면을 고려해 기업의 총 가치를 계산하는 방법이 있다. 둘째로, 현재 시장에서 거래되고 있는 유사한 기업을 기준으로 가치를 예상해 볼 수 있다. 마지막으로는 최근 성사된 M&A 딜을 통해서 기업의 가치를 예상해 볼 수 있다. 여기서 첫 번째 방법은 본질(Fundamental)적인 방식이고, 두 번째와 세 번째 방법은 시장(Market)에 의존한 방식이다. 실제로 가치평가는 이렇게 본질적 평가와 시장에 기반한 평가로 나뉜다. 다른 말로는 '절대적 가치평가'와 '상대적 가치평가'라고 할 수 있겠다.

> 가치평가에는 절대적 가치평가와 상대적 가치평가 방법이 있다.

각각의 평가 방식에 대해 구체적으로 설명하기 전에, 잠시 각 평가 방식이 가지는 장단점을 들여다보기로 하자. 기업의 수익성을 바탕으로 가치를 측정하는 방법의 장점은 아무래도 가장 정확하고 논리적인 평가가 가능하다는 점이 있겠다. 다른 외적인 요소를 전혀 보지 않고, 기업이 창출하는 가치를 바탕으로 기업의 가치를 판단하는 셈이니, 가장 '순수한' 평가법이라고 할 수 있다. 하지만 역으로 꽤나 많은 정보를 필요로 한다는 단점이 있다. 만약 이 회사가 상장되어 있어 재무 상태를 공시할 의무가 있다면 관련 재무, 회계 정보를 얻는 데에 큰 어려움이 없겠지만, 그렇지 않다면 이 회사에 대해 낱낱이 알고 있지 않은 이상 가치평가가 상당히 어렵게 된다. 실제로 M&A를 다루는 장에서 이야기했지만, 이렇게 회사에 대해 정보가 많이 없다면 DD를 통해 계속해서 의문점들을 풀어 나가야 한다. 따라서 정보가 많이 없는 경우에는 사용하기 어려운 가치평가 방식이라고 볼 수 있겠다. 또 다른 문제로는 수익성을 예상하기 어려운 기업의 경우 이 방식을 활용할 수 없다는 점이 있다. 예를 들어 페이스북이 현재는 전 세계적으로 시가총액 최고봉을 달리는 우량 기업이지만, CEO이자 설립자인 마크 주커버그(Mark Zuckerberg)가 하버드 대학교의 자기 방에서 회사를 설립하고 코딩을 하고 있던 시점에서 페이스북의 가치를 측정해야 했다면 어떨까? 당장 미래의 수익을 예측하는 것을 떠나서 이 '회사'가 1년 뒤에 존재할지, 그렇지 않을지도 모르는 상황에서 이는 아마 불가능에 가까울 것이다. 절대적 가치평가법의 활용에서 정보와 예측 가능성은 그 무엇보다 중요하다.

> 절대적 가치평가법은 정확하고 논리적인 평가가 가능하지만,
> 정보가 부족한 경우에는 사용할 수 없다는 단점이 있다.

둘째와 셋째 방식은 모두 시장에 기반한 평가이니 묶어서 이야기해 보도록 하자. 이 두 방법의 확실한 장점은 빠르고 간단하게 가치평가를 할 수 있다는 점이다. 시장이 있다는 것은 그 시장에 대해 정보가 있다는 것을 의미하므로, 관련해서 비교할 수 있는 회사들이 있다면 바로 적용해서 쓸 수 있는 방법이다. 만약 우리가 소의 가치를 매긴다고 할 때, 만약 그 소와 몸무게도 비슷하고, 방목 환경도 비슷한 소가 2,000만 원에 거래되고 있다면 이 소의 가치가 2,000만 원이라고 판단하는데 꽤나 좋은 근거가 될 것이다. 그런데 여기서 눈치가 빠른 독자라면 "글쎄…."라고 반응했을지도 모른다.

그렇다! 앞서 계속 강조했지만 시장에서의 가격이 꼭 그 자산

⊙ 절대적 가치평가법과 상대적 가치평가법

의 내재가치를 보여 주지는 않기 때문이다. 우리에게 익숙한 인터넷 버블이나, 2008년 경제위기 전의 비상식적인 호황이 보여 주듯, 시장은 언제나 옳지 않다. 과욕이 시장을 점령할 경우 시장에서의 가격은 내재가치와는 상관없이 폭등하게 되고, 투자자들이 위험에 대해 과도하게 주의하고 있을 경우 가격은 매우 낮게 책정될 수도 있다.

바로 이 점이 시장에 기반한 가치평가 방법의 가장 큰 문제점이다. 시장이 옳다는 전제하에 이루어지는 평가 방식이기 때문에, 현재 시장의 상태가 과연 이 자산의 내재가치를 측정하기에 적합한, 즉 이렇다 할 편향성이 없는 상태인지에 대한 판단이 필요하다.

또 다른 큰 문제로는 비교 대상, 즉 표본 설정의 문제가 있다. 예를 들어서, 30평 아파트의 가격을 측정하기 위해서 현재 거래되고 있는 아파트들의 가격과, 최근 근처 지역에서 거래된 30평 아파트들의 거래가를 보았다고 하자. 그런데 현재 시장에 나와 있는 30평 아파트가 없다면 어떨까? 혹은 30평 아파트는 있는데 지금 가치를 평가 중인 신축 아파트와는 다르게 완공이 30년도 더 넘은 오래된 아파트만 있다면? 또, 실거래가의 경우도 만약 이 지역에서 가장 최근에 거래된 30평 아파트가 6년 전에 거래되었다면? 당연히 그 가격들을 비교 대상(벤치마크)으로 활용하기는 힘들 것이다.

게다가 표본이 여러 개가 있는 경우에도 그 안에서 편차가 클 수도 있다. 만약 30평대 아파트가 4채가 나와 있는데, 3채는 6억 원대에서 가격이 형성되어 있는데, 이상하게도 마지막 한 채는 몇

천만 원이나 저렴한 가격에 나와 있다. 왜인지 자세히 들여다보니 그 집에서 사람이 죽어서 급하게 나온 매물이었다면? 당연히 이런 집은 제외하고 비교해야 할 것이다. 이런 식으로 표본 간의 편차가 어느 정도 있다면 어떤 표본을 제외하고 어떤 표본을 포함해야 하는지에 대한 판단이 필요하기도 하다.

> 상대적 가치평가는 빠르고 간단하다는 장점이 있지만,
> 비교 대상의 설정에 문제가 있을 경우
> 주관성이 크게 개입된다는 단점이 있다.

시장에 기반한 평가법이라고 하면 단순히 비슷한 회사 혹은 주식을 찾아서 평균치를 내면 된다고 생각할 수도 있는데, 이게 그렇게 단순하지는 않다는 뜻이다.

이렇게 각 가치평가 방법마다 장단점이 확실하기 때문에 그 어떤 경우에도 하나의 가치평가법만을 독립적으로 사용하지는 않는다. 보통은 모든 방법을 동원해서 가치평가를 하고, 각 값이 어떻게 다르게 나오는지를 고려해서 적정 가격의 구간을 알아본다. 예를 들어, 본질적 가치평가의 값이 5,000억 원이 나왔고, 시장에 의존한 두 가치평가가 6,000억 원, 7,000억 원이 나왔다면 이 회사의 적정 가치는 5,000억~7,000억 원 사이라고 할 수 있을 것이다. 물론 실제로 이렇게 차이가 크게 난다면 이는 오히려 가치평가에 어느 정도 오류가 있다는 뜻이겠지만, 예로만 들자면 그렇다

는 것이다.

아직까지 우리는 각 가치평가 방법을 어떻게 진행하는지에 대해서 깊게 다루지 않았다. 위의 장단점이 기업의 가치를 평가할 때 실질적으로 어떤 의미를 가지는지에 대해서는 각 가치평가법에 대해 이야기하면서 조금 더 깊게 다루도록 하겠다.

가장 먼저 제일 보편적으로 쓰이는 가치평가법인 현금흐름할인법과 배당할인법에 대해서 살펴보도록 하자. 이는 우리가 바로 앞에서 다루었던 돈의 시간 가치를 전제로 하는 가장 기본적인 가치평가 방법이므로 각 과정과 배경이 되는 논리를 이해하면 도움이 많이 될 것이다.

> 하나의 가치평가법을 독립적으로 사용하는 경우는 매우 적다.
> 보통 다양한 가치평가법을 모두 활용해서 가치의 범위를 구한다.

(1) 현금흐름할인법(DCF)

현금흐름할인법과 배당할인법은 우리가 앞서 다룬 두 종류의 가치평가법 중 '본질적 평가'에 해당하는 가치평가법이다. 시장에 있는 다른 비슷한 회사들과 비교하며 가치를 측정하는 방법이 아닌, 순수하게 이 회사의 수익성을 고려해 가치를 평가하는 방법인 것이다. 특히 현금할인법은 투자은행에서 가장 기초로 쓰이는 평가 방법이기도 하다. 이 장에서는 지금까지 설명했던 개념들을 바탕으로 현금흐름할인법을 차근차근 설명하도록 하겠다. 편의상 DCF라고 부를 이 가치평가법을 잘 이해하고 나면, 일종의 응용 버전인 배당할인법(DDM)은 매우 쉽게 이해할 수 있을 것이다.

DCF과 DDM의 핵심이 되는 개념은 '자산의 가치는 그 자산이 창출하는 미래 수익이 가지는 현재가치의 총합이다'라는 것이다. 사실 크게 놀랄 만한 이야기는 아닐 수도 있다. 자산이 가지는 가치란, 그 자산이 만들어 내는 수익에서 나오는 것이기 때문이다. 예를 들어 토끼 인형이 가지는 본질적 가치는 그 토끼 인형이 미래에 누군가에게 줄 행복의 가치의 총합과 같을 것이다. 그 행복감이 브랜드 가치, 희소성, 촉감 등 어디에서 오든지 말이다. 단지 우리가 앞서 이야기했듯이 이런 행복이나 돈은 시간 가치에 따라 더 가까울수록 값이 나가고 멀리 있을수록 값이 적기 때문에 이를 할인해서 더해야 할 뿐이다. 이 논리를 통해서 회사의 가치를 평가하는 방법이 DCF와 DDM이다. DCF의 경우 영

⊙ **DCF의 개념**

어로 Discounted Cash Flow의 약자로, 말 그대로 기업의 수익을 현금흐름으로 잡고 그를 할인해서 합하는 방법이고, DDM의 경우 Dividend Discount Model의 약자로, 주식이 주는 배당금(Dividend)의 가치를 할인해서 합하는 방법이다.

> 자산의 가치는 그 자산이 창출하는 미래 수익이 가지는 현재가치의 총합이다. DCF는 현금흐름을 할인해 기업가치를 계산하고, DDM은 배당금을 할인해 주식가치를 계산하는 가치평가법이다.

이제 구체적으로 DCF 분석의 각 단계를 설명할 것인데, 여기에 나오는 복잡한 개념이나 식을 모조리 이해할 필요는 없다. 만약 읽다가 '지금 뭘 하고 있는 거지' 싶다면 DCF가 '기업의 가치를 평가하기 위해 그 기업이 창출하는 미래의 현금흐름을 현재가치로 할인하는' 분석이라는 점만 다시 떠올려도 충분하다. DCF의 과정을 총 6가지의 단계로 나누어서 설명할 텐데, 그 단계는 다음과 같다.

현금흐름할인법 (Discounted Cash Flow, DCF) 의 과정		
1	회사의 미래 재무 상태를 예측한다	
2	재무 정보를 바탕으로 현금흐름을 계산한다	
3	현금흐름의 할인을 위해 할인율인 WACC를 계산한다	
4	각 현금흐름을 WACC로 할인해 현재가치를 도출한다	
5	TV의 현재가치를 도출한다	
6	기업가치(EV)를 도출하고 이로부터 주식가치(EqV)를 도출한다.	

아마 이 시점에서 위의 단계들을 읽으면서 잘 이해가 가지 않는 부분도 많을 것이다. 가령 WACC이라거나 TV라거나 하는 용어는 아직 설명하지 않았으므로 모르는 것이 당연하다. 위의 단계는 이 장을 다 읽고 돌아와서 다시 보아도 좋겠다.

① 1단계, 미래 재무 상태를 예측한다

그러면 DCF의 첫 단계인 미래 재무 상태 예측에 대해 알아보자. DCF에 대해서 이야기할 때 기업의 '미래' 현금흐름의 현재가치를 계산한다고 했는데, 이를 위해서는 당연히 기업의 미래 재무 상태를 예측할 수 있어야 한다. 가장 간단하게는 매출(Revenue/

Sales)부터, 자본적 지출(Capital Expenditures, Capex)나 운전자본(Working Capital) 등까지 상세하게 예측할 수 있어야 한다.

이를 위해서 우리가 가장 먼저 해야 할 것은 어느 정도의 미래까지 재무 정보를 예측할 수 있을지 정하는 것이다. 예를 들어, 당장 사업을 시작한 스타트업의 경우 한 치 앞의 정보도 예측하기 힘들겠지만, 애플 같은 거대 기업의 경우 이느 정도 예측이 가능하다. 앞서 이야기했듯, 당장 한 치 앞의 정보도 알 수 없는 이런 스타트업의 경우 애초에 DCF를 통한 가치평가를 하기에 부적합하다고 할 수도 있다. 당장 미래의 현금흐름을 계산조차 할 수 없으니 말이다. 어느 정도 성장한 기업 중에서도 꾸준한 결과를 내는 기업이 있고 그렇지 않은 기업이 있다. 그러므로 회사의 종류에 따라 어느 정도까지 현금흐름을 예측할지 정해야 한다. 일반적으로는 5년 혹은 7년이나, 경우에 따라서 15년 혹은 그 이상을 예측 기간(Projection Period)으로 설정하기도 한다.

여기서는 편의상 예측 기간을 5년으로 잡아 보자. 그렇다면 그 후의 미래는 어떻게 처리할까? 이 회사가 5년까지만 영업하고 갑자기 문을 닫지 않는 게 아닌 이상 그 이후의 현금흐름, 즉 수익도 고려해야 할 것이다. 이를 위해서 존재하는 개념이 바로 잔여가치(Terminal Value, TV)다. TV는 우리가 설정한 예측 기간 이후의 모든 현금흐름의 총 가치를 의미한다. 즉, 예측 기간 밖의 모든 현금흐름은 이 TV라는 개념 하나로 모두 요약이 되는 것이다.

> 회사에 따라 예측 기간을 설정하고,
> 그 외의 기간은 잔여가치(TV)로 계산한다.

이렇게 예측 기간을 정했다면, 이제 본격적으로 재무 정보를 예측해야 한다. 여기서는 각 재무 항목을 어떻게 예측하는지에 대해서 깊이 있게 다루지는 않겠다. 그렇게 하기에는 항목이 너무 많고, 단순히 DCF만을 위해서는 모든 항목을 자세하게 나누어서 예측할 필요는 없기 때문이다. 다만 투자은행에서 어떻게 분석을 하는지 소개하는 차원에서 몇 가지 방법을 설명하도록 하겠다.

• 성장률을 통한 예측

첫 번째는 성장률을 통해 예측하는 방식이 있다. 이는 아주 간단하다. 만약 한 회사가 지난 3년 동안 각각 2%, 2.5%, 2.25%의 성장률을 보였다면, 큰 변수가 없는 이상 성장률을 2.25% 혹은 조금 보수적으로 2%로 설정해서 예측을 해도 별 문제가 없을 것이다.

만약 국가별, 상품별, 부서별 등 더 세부적으로 나누어서 분석할 수 있다면 더 자세하게 예측할 수 있다. 예를 들어, 호텔 사업을 하는 회사가 있다면 건물에 있는 침대의 수, 1박당 비용 등을 통해서 미래에 이 회사가 침대의 수를 늘린다고 가정했을 때 매출이 어떻게 상승할지 계산할 수 있다. 이렇게 매출을 계산하는 방법은 회사의 종류에 따라서 굉장히 다르다. 그래서 더 흥미로운 부분이기도 하다.

2019년 말에 발표된 철도 회사 유로스타(Eurostar)와 탈리스(Thalys)의 M&A를 위해 DCF와 DDM 분석을 한 적이 있었는데, DD를 통해 이 회사의 정보를 받아 보니 매출을 나누어서 분석해 놓은 것이 매우 흥미로웠다. 단순히 기차표 판매를 통한 매출뿐 아니라, 기차 내 와이파이(해외외 경우 돈을 내고 와이파이를 써야 하는 경우가 많다!), 음료나 간식 등의 판매, 그리고 비수기에 기차 몇 대를 다른 회사에 빌려주어 내는 리스 매출 등이 있었다. 이런 경우 미래에 얼마나 기차를 더 구입할 것인지, 이미 존재하는 기차의 수명은 언제까지인지, 그리고 각 기차 노선별 매출은 어떻게 변화할 것인지 등을 디테일하게 살펴보아야 한다. 주요 노선과 관련해 테러 사건이 있거나 한다면 매출이 어떻게 영향을 받을지 예측하기 위해서 과거에 있었던 테러 사건 때의 매출 변화를 살펴보고 그 변화율을 적용하거나 하는 식이다.

제약 회사의 경우도 흥미롭다. 시중에서 판매되는 상품에서 주로 매출이 나오므로, 미래에 출시될 약이나 현재 판매 중인 약의 특허가 언제 만료되는지 등을 고려해야 한다. 보통 약들은 총 3~4단계의 임상실험을 거쳐 시중에 발매된다. 또 관련 특허의 기간이 끝나면 약의 제조법이 공개되어 다른 제약 회사들이 복제약(Generic Drug)을 판매할 수 있게 된다. 당연히도 복제약이 나오면 매출이 크게 떨어진다. 이런 점을 고려해 현재 판매 중인 약의 특허가 끝났을 때 얼마나 매출이 떨어질지를 예측해야 하는데, 현실적으로 몇 개의 제약 회사가 이 약의 복제약을 만들 수 있고 또 실제로 만들지에 대한 정보를 바탕으로, 전문가들의 의견을 참조해 예측한다. 또 현재 개발 중인 약이 출시되어 새로 생길 매출을 계산해야 하는데, 여기에도 허점이 있다. 개발 중인 모든 약이 출시될 것이라고 확신할 수 없기 때문이다. 실제로 모든 임상 실험 단계를 거쳐 시중에 출시되는 약은 10% 혹은 그 미만이기 때문에 현실적으로 이 약이 현재 남아 있는 실험 단계들을 통과할 확률이 얼마나 되는지를 바탕으로 할인을 해야 한다. 가령, 이 약이 출시되면 매년 1,000억 원의 매출을 낼 것으로 예상되는데, 출시될 가능성이 현재 70%라고 한다면, 1,000억 원의 매출로 예측하는 것이 아니라 700억 원의 매출로 계산하는 것이다.

이렇게 매출 한 가지에 대해서도 굉장히 상세하게 분석을 해야만 하고, 접근 방법은 각 산업에 따라서 천차만별이다.

> 성장률을 바탕으로 재무 정보를 예측할 수 있으나,
> 가능한 한 세분화해서 산업 분야에 맞는 방식으로 예측한다.

• **재무 항목의 비중을 통한 예측**

두 번째 소개할 방법으로는, 한 재무 항목이 다른 재무 항목의 몇 %를 차지하는지를 바탕으로 예측을 하는 것이 있다.

프랜차이즈 빵집을 운영하는 회사가 있다고 하자. 그리고 사업의 특성상 이 회사의 매출은 가게의 수와 비례한다고 가정을 해 보

자. 물론 실제로는 더 좋은 매출을 내는 가게와 그렇지 못한 가게가 있어 정확히 비례하지는 않겠지만, 만약 점포의 수가 10개, 20개가 아니라 몇천 단위라면 어느 정도 평균치를 통해 생각해도 좋을 것이다. 이런 경우, 설비비용이나 인건비를 매출의 %로 설정해 예측할 수 있다. 만약 올해 100억 원의 매출 중 20억 원이 인건비와 설비비용으로 들어갔다면, 내년에 110억의 매출을 예측했을 때 20%를 적용해 22억의 인건비와 설비비용을 예측하는 것이다.

이렇게 예측하는 방법은 매출이 높아지면서 기업이 팽창하면 관련된 비용도 같이 늘어난다는 논리를 전제로 한다. 만약 사업 모델상 지출이 크게 늘지 않고서도 매출이 굉장히 크게 늘 수 있다면 이런 방법을 사용해서는 안 될 것이다.

이처럼 모든 회사에 균일하게 적용할 수 있는 재무 예측 방법은 없다. 회사의 사업 모델이 어떤지, 그리고 가까운 미래에 이 산업 내에서 큰 변화가 일어날 조짐이 보이는지 등을 고려해 예측 방법을 조절해야 할 것이다.

> 경우에 따라 다른 항목의 %로 생각해서
> 재무 항목을 예측할 수도 있다.

• 브로커 합의점을 통한 예측

M&A나 IPO 등을 위해 자세하게 직접 분석을 할 때에는 위에서

말한 방식을 사용하지만, 단순히 클라이언트에게 아이디어를 제시하거나 할 때에는 이렇게까지 구체적으로 분석을 하지 않는 경우도 있다.

예를 들어, 고객인 회사 A에게 "우리가 회사 B를 잘 알고 있는데, B를 A가 인수하면 아주 큰 시너지가 있을 수 있을 것 같다."는 식으로 제안 정도만 할 때에는 M&A나 IPO를 실제로 진행할 때처럼 실사를 진행하고 분석을 깊게 할 수는 없다. 만약 그렇게 한다면 투자은행의 애널리스트들은 지금보다도 2~3배 많이 근무해야 할 것이다!

이렇게 '일단 급하게(Quick & Dirty)' 분석을 해야 하는 경우에는 리서치 애널리스트들의 지식을 빌린다. 즉, 가치평가를 하는 기업에 대해 여러 은행에서 발행한 주식 리서치를 참고하는 것이다. 앞서 말했듯 이 주식 리서치에는 이 회사의 전망, 그리고 가치평가 방법과 과정 등에 대해서 자세히 적혀 있다. 투자은행 애널리스트들은 이런 리서치에서 최대한 많은 정보를 뽑아서 그 평균을 내는 식으로 쉽게 상식적인 선에서 재무 정보를 예측할 수 있다. 주식 브로커 의견의 평균값(Mean) 혹은 중간값(Median)을 이용하기 때문에 이를 브로커 합의점(Broker Consensus)이라고 한다. 월가(Wall Street)가 이 주식의 적정 가치를 어떻게 생각하는지를 보여준다고 하여 금융 은어로는 '스트리트 뷰(Street's View/The View of the Street)'라고 하기도 한다.

물론, 이렇게 합의점을 찾아 이를 예측에 활용할 때도 주의가 필요하다. 브로커마다 의견이 매우 다를 수도 있기 때문에, 본인이 비상식적이라고 느껴지는 예측을 하는 브로커가 있다면 그 브로커를 제외하고 평균을 내야 한다. 어떤 경우에는 몇몇 투자은행이 관계가 좋은 리서치 대상 기업과 사업에 대해 더 호의적인 예측을 내놓기도 하기 때문에 이런 점들을 간파해서 편향적이지 않은 합의점을 내야 한다. 만약 다른 투자은행 리서치와 크게 다른 예측을 하는 투자은행이 있다면, 리서치 보고서를 잘 읽고 왜 이렇게 다른 예측을 하는지, 그리고 그 전제가 논리적인지를 분석해서 이 브로커를 포함할지 혹은 제외할지를 정해야 한다.

결국 재무 정보 예측에서 객관적으로 정확한 답은 없다! 어떤 정보를 어떻게 사용할지에 대해 애널리스트가 주관적으로 결정을 하고, 그에 대한 책임을 져야 한다. 이런 이유 때문에 가치평가는 '과학이 아닌 예술'이라고 말하는 이들도 있다. 답이 정해져 있는 게 아니라 애널리스트가 주체적으로 생각하고 결정을 내려야 하기 때문이다.

> 주식 리서치를 활용해 브로커 합의점으로
> 재무 항목을 예측할 수 있다.

② 2단계, 현금흐름을 계산한다

이렇게 재무 정보를 예측했다면, 이제는 이 예측을 바탕으로 잉여현금흐름을 계산해야 한다. 여기서 먼저 현금흐름이라는 개념에 대한 상세한 정의가 필요할 것 같다.

현금흐름이란 말 그대로 기업이 얻는 '현금' 손익을 의미한다. 현금이 아닌 손익도 있냐고 생각할 수 있겠지만, 있다! 현금 개념이 아닌 재무 항목도 있다. 예를 들어, 우리가 상대적으로 잘 알고 있는 감가상각(Depreciation and Amortization, D&A)의 경우 현금 개념이 아니다. 공장이 있는데 이 공장이 정해진 수명이 있어 가치가 1년에 50억 원씩 떨어진다면 이 50억 원의 손실은 손실이지만 당장 현금으로 지출되는 손실은 아니다. 5,000만 원을 주고 신차를 샀는데 이 차가 5년 후 2,000만 원으로 중고시장에서 판매된다면, 사실상 1년에 600만 원의 비용을 주고 탄 셈이지만, 여러분이 실제로 이 돈을 현금으로 지불하지는 않는 것과 같다. 이런 비(非)현금 항목들의 영향을 모두 제외하고 오롯이 현금 개념으로 수익을 살펴본 것을 현금흐름이라고 한다.

매년 회사가 지출해야 하는 모든 항목을 처리하고 나서 남는 현금흐름을 잉여현금흐름이라고 한다. 잉여현금흐름을 영어로 FCF(Free Cash Flow)라고 하는데, FCF에는 크게 기업잉여현금흐름(Free Cash Flow to Firm, FCFF)과 주주잉여현금흐름(Free Cash Flow to Equity, FCFE)이 있다. 전자는 기업가치(EV)를 도출하는 데에 활용되고, 후자는 주식가치(EqV)를 도출하는 데에 활용된다. 마치 기업가치는 '모든 투자자에게 해당되는' 가치이고, 주식가치는 '주식 투자자에게 해당되는' 가치이듯, FCFF는 모든 투자자에게 해당되는 잉여현금흐름이고 FCFE는 주식 투자자에게 해당되는 잉여현금흐름이다.

⊙ 두 가지 잉여현금흐름

잉여현금흐름 (FCF)

기업잉여현금흐름: FCFF (Free Cash Flow to Firm, Unlevered Free Cash Flow) ▶ 부채의 영향을 고려하지 않음 (= 모든 투자자) ▶ 기업가치 (EV) ▶ DCF

주주잉여현금흐름: FCFE (Free Cash Flow to Equity, Levered Free Cash Flow) ▶ 부채의 영향을 고려함 (= 주식 투자자) ▶ 주식가치 (E_qV) ▶ DDM

FCFF는 모든 투자자에게 해당하는 개념이므로 별도로 부채 투자자에게 해당하는 부분을 빼지 않아도 된다. 따라서 부채를 의미하는 레버리지가 고려되지 않았다고 해서 UFCF(Unlevered Free Cash Flow)라고 하기도 한다. 반대로, FCFE는 부채 투자자의 영향을 제해야 하므로 레버리지를 고려해서 빼야 한다. 따라서 LFCF(Levered Free Cash Flow)라고 하기도 한다.

앞서 말했듯 DCF는 기업가치인 EV를 도출하는 과정이므로 여기서는 먼저 FCFF의 계산에 대해 알아보겠다. FCFE는 DDM을 설명할 때 언급하겠다.

> 잉여현금흐름에는 FCFF과 FCFE가 있다.
> FCFF는 모든 투자자에게 해당되는 잉여현금흐름인 반면,
> FCFE는 주식 투자자에게만 해당되는 잉여현금흐름이다.

• 기업잉여현금흐름(FCFF) 계산법

앞에서 기업가치의 계산 과정을 설명할 때, 주식가치에서부터 시작해 어떤 항목을 더하고 빼는지 하나씩 설명했었다. 이번에는 반대로 식을 먼저 살펴보고 각 항목이 무엇을 의미하는지 설명해 보겠다. FCFF의 계산법은 아래와 같다.

FCFF = 영업이익(EBIT) − 세금 + 감가상각 − 자본적 지출 − 운전자본의 증가량

대체 이게 무슨 소리인가 싶을 수도 있겠지만, 이제부터 하는 설명을 잘 읽고 나면 이 식을 완벽히 이해할 수 있을 것이라 믿어 의심치 않는다.

먼저 **영업이익**부터 살펴보자. 많은 사람들이 영업이익(Operating Profit 혹은 Earnings Before Interest and Tax, EBIT)을 당기순이익(Net Income)과 혼동한다. 여기서 당기순이익이란 우리가 흔히 말하는 '수익'이라고 보면 된다. 매출에서 세금, 이자 등을 포함해 '모든' 비용을 지불하고 나서 최종적으로 남는 "그래서, 다 떼면 얼마나 남았는데?"의 그 금액 말이다.

영업이익은 이와는 조금 다른 개념이다. 영업이익이란 매출에서 매출원가(Cost Of Goods Sold, COGS)와 판매비 및 관리비(Sales, General & Administrative, SG&A)를 제한 금액이다. 당기순이익과는 달리 세금과 이자 수익·지출을 빼지 않는다. 우리가 굳이 당기순이익을 이용하지 않고 영업이익을 이용하는 이유도 여기에 있다. 당기순이익은 이자로 인한 수익·지출을 모두 제한 금액이기 때문이다.

매출	Revenue
(−) 매출원가	Cost Of Goods Sold (COGS)
매출총이익	**Gross Profit**
(−) 판매·관리비	Sales, General & Administrative (SG&A)
(−) 감가상각	Depreciation & Amortization (D&A)
(−) 주식급여	Stock Based Compensation (SBC)
영업이익	**Earnings Before Interest and Tax (EBIT)**
(−) 이자지출/이자수익	Interest Expense/Income
세전순이익	**Pretax Income**
(−) 법인세 비용	Tax Expense
당기순이익	**Net Income**

앞서 FCFF는 '레버리지 되지 않은' 잉여현금흐름이라 하여 Unlevered Free Cash Flow, 즉 UFCF라고도 불린다고 했다. 따라서 그 계산에서 부채로 인해 생겨난 이자가 포함되면 안 되는 것이다. 실제로 영업이익의 영어 표현인 EBIT은 Earnings Before Interest and Tax로, 이자와 세금을 빼기 전의 이익이라는 의미이다.

그런데 다시 위의 식을 보면, 영업이익에서 세금을 뺀다는 것을 확인할 수 있다. 이렇게 영업이익에서 세금을 뺀 것을 세후영업이익(Net Operating Profit After Tax, NOPAT)이라고 한다. 영어 표현을 보면 말 그대로 영업이익(Operating Profit)에서 세금(Tax)를 뺐다는 것이다. 조금 복잡해 보이지만 여기에서는 왜 우리가 이자를 빼지 않고 FCFF를 계산하는지에 대해서만 이해하고 넘어가면 된다. 다시 정리하자면, FCFF는 주식 투자자에게 돌아가는 현금흐름을 의미하는 FCFE와 달리 모든 투자자에게 돌아가는 현금흐름을 의미하므로, 부채와 주식 투자자의 지분 모두를 고려해야 한다. 따라서 이자지출을 빼 버리면 부채 투자자의 지분을 고려하지 않는 현금흐름이 되므로, FCFE의 계산에서와는 다르게 이자지출을 포함하지 않는 영업이익(EBIT)에서 계산을 시작하는 것이다.

> **FCFF 계산은 이자를 빼지 않기 위해
> 영업이익(EBIT)에서 시작한다.**

이제 위의 식을 더 보기 좋게 정리해 보자.

FCFF = NOPAT + 감가상각 − 자본적 지출 − 운전자본의 증가량

이번에는 **감가상각**에 대해서 이야기해 보자. 영어로는 D&A라고 하는데, 이는 유형자산(Tangible Assets)에 대한 가치의 하락인 감가(Depreciation)와 무형자산(Intangible Assets)에 대한 가치의 하락인 상각(Amortization)을 모두 포함한 개념이다. 예를 들자면, 회사에서 운영하는 공장의 수명에 따른 가치 하락은 Depreciation(D)에, 그리고 회사가 가지고 있는 브랜드 가치의 하락은 Amortization(A)에 포함되는 것이다.

왜 이 식에서 감가상각을 다시 더해서 포함시키는지에 대해서는 앞에서도 살짝 언급이 되었다. 바로 FCFF는 잉여'현금흐름'인 만큼 '현금이 아닌 지출'은 다시 더해 줘야 하기 때문이다. 우리가 앞서 알아본 NOPAT의 경우 매출에서 매출원가와 판매비, 관리비, 세금을 제한 숫자인데, 여기에 D&A 등의 현금이 아닌 지출도 포함되기 때문에 다시 더해 주어야 하는 것이다.

감가상각에 대해 한 가지 더 이야기하자면, 이는 대표적으로 매출의 비중(%)으로 예측되는 재무 항목이다. 보통 기업의 규모가 커질수록 감가상각의 정도도 비례하게 증가한다. 반대로, 감가상각의 정도가 증가하는 유형자산이나 무형자산이 많아질 경우 매출이 자라는 효과도 있다. 이런 관계 때문에 D&A는 매출과 연관 지어서 많이 예측되고는 한다.

D&A는 비 (非)현금 항목이므로 다시 더해 준다.

감가상각비를 더해 주고 나서는 **자본적 지출**(Capital Expenditures, Capex) 비용을 빼 준다. 여기서 자본적 지출이란 일반적으로 유형자산에 투자한 비용을 의미한다.

앞서 유형자산을 Tangible Assets라는 영단어로 표현했는데, 재무·회계에서는 이 항목을 Property, Plant & Equipment 혹은 PP&E라고 부르기도 한다. PP&E는 부동산, 공장, 장비 등의 항목을 의미하는데, 회사가 계속해서 매출을 내고 사업을 확장하기 위해서는 이런 PP&E의 역할이 큰 경우가 많다. 그래서 자본적 지출 비용은 굉장히 중요한 요소다. 경우에 따라 무형자산에 투자한 비용을 포함하는 경우도 있다.

이 자본적 지출 비용은 본질적으로 현금 비용이다. 공장을 매입하거나, 최첨단 장비를 구입하거나 하기 위해서는 무조건 현금으로 지불해야 한다. 그 현금을 조달하는 방식이 부채일 수도 있지만, 어쨌든 지불은 그 부채를 통해 지불한 현금이다.

계속해서 강조하지만 FCFF는 현금흐름이기 때문에 들어오는 현금과 나가는 현금을 모두 고려해야 한다. NOPAT에서는 들어오는 현금을, D&A에서는 빠졌던 비현금 지출을, 그리고 자본적 지출 비용에서는 나가는 현금을 기록하는 것이다.

참고로, 자본적 지출 비용 역시 감가상각과 비슷하게 매출과 연관 지어 %로 예측되는 경우가 많다. 감가가 는다는 것 자체가 유·무형의 자산이 는다는 것을 간접적으로 의미하듯이, 유형자산이 늘어났다는 것은 사업의 확장과 직결되어 있기 때문에 자본적 지출과도 연관 지을 수 있다.

> **자본적 지출은 현금 지출이므로 빼 준다.**

이제 마지막 항목인 **운전자본의 증가량** 순서다. 먼저, 운전자본이 무엇인지 알아보도록 하자. 운전자본의 정의는 다음과 같다.

운전자본 = 유동자산(Current Assets) - 유동부채(Current Liabilities)

여기서 유동자산이란 1년 내로 현금화가 가능한 자산을 의미하고, 유동부채는 1년 내로 현금 지출로 이어지는 부채 혹은 그와 비슷한 법적 책임을 의미한다. 대표적인 유동자산으로는 매출채권(Accounts Receivable, AR), 재고자산(Inventory), 선급비용(Prepaid Expenses) 등이 있고, 대표적인 유동부채로는 매입채무(Accounts Payable, AP), 이연수익(Deferred Revenue) 등이 있다. 갑자기 어려운 단어들이 많이 튀어나왔지만, 당황하지 말고 한 가지씩 짧게 살펴보자.

먼저 유동자산에 해당하는 항목들을 보자.

매출채권이란 회사가 매출을 기록했는데 아직 돈을 받지 않은 경우를 의미한다. 여기서 매출을 기록했다는 것은 상품을 보냈다는 것이다. 회계에서는 상품이 고객에게 전달되어야만 관련 매출이나 비용을 기록한다. 즉, 상품을 보내고 매출을 기록했는데 아직 돈을 받지 못했으니 돈을 받을 권리를 하나의 자산으로 기록하는 것이다. 이렇게 사업 방식으로 인해 상품 전달과 현금 수금 사이에 시간이 뜰 경우 대부분은 1년 이내로 해결되기 때문에(그렇지 않다면 정말 큰 문제다!) 유동자산으로 분류된다.

재고자산이란 아직 상품으로 만들어지지 않은 부품이나 미완성 제품을 의미한다. 제품을 만들기 위해 비용은 들어갔는데 아직 판매되지 않았기 때문에, 일종의 실물자산으로 남아 있는 셈이다. 이런 제품들은 판매해서 1년 내로 현금화가 가능하기 때문에 유동자산으로 분류된다.

마지막으로 선급비용은 사업비용을 지출했는데 아직 기록하지 않은 경우를 의미한다. 비용은 지불했는데 그에 대한 대가가 아직 기록되지 않았으니 이도 '무언가를 받을 수 있는 권리'이므로 자산의 형태로 기록된다. 매출채권의 경우와 같이 1년 내로 이 대가를 받지 않는 경우는 거의 없으므로 유동자산이다.

이번에는 유동부채에 대해서 이야기해 보자. 유동자산의 개념과 정반대라고 생각하면 아주 쉽다.

매입채무란 비용을 기록했는데 아직 실제로 지출하지 않은 경우를 의미한다. 이렇게 되면 회계상 지출한 만큼의 현금을 나중에 지불해야 할 의무가 있는 셈이므로 '돈을 보내야 하는 의무'이고 따라서 부채의 형식으로 기록된다.

이연수익은 돈을 이미 받았으나 상품을 전달하지 않은 상태를 의미한다. 선수금으로 돈을 받았는데 이제 상품을 보내면 사실상 어느 정도의 가치를 지불하는 셈이므로 이런 의무가 부채의 형태로 기록된다. 이 역시 1년 이내로 해결되는 문제다.

우리가 위에서 언급한 항목들 외에도, 1년 내로 현금화될 수 있는 지분인 단기투자자산(Short-term Investments)이나, 반대로 1년 내로 지불해야만 하는 부채인 단기차입금(Short-term Debt) 등 여러 가지 항목이 있다. 이 책은 회계에 중점을 두는 책이 아니므로 모든 항목을 다루는 데에 너무 많은 시간을 쏟지는 않겠다.

운전자본의 정의를 다루다 잠시 샛길로 빠졌는데, 그래서 운전자본이 실질적으로 의미하는 바는 무엇일까? 운전자본은 유동부채가 유동자산에 의해 얼마나 잘 담보되어 있는지를 보여 준다.

생각해 보자. 단기 부채는 1년 내로 지출이 생길 일들을 정리한 것이고, 단기 자산은 1년 내로 현금화가 가능한 것들을 정리한 것이다.

만약 유동자산이 유동부채보다 심각하게 낮다면 이는 좋지 않은 신호다. 급전이 필요한 상황인데 그 급전을 마련할 수 있는 방법이 없다는 뜻(당장 1년 내로 들어오지 않을 예정이라는 뜻)이니 말이다.

반대로, 유동자산이 유동부채보다 과도하게 높다면 이는 물론 안전하기는 하지만, 기업이 유동자산을 최대한으로 활용하지 않고 있다는 것을 보여 준다. 급전을 마련할 방법이 많다면 조금 더 공격적으로, 즉 유동부채를 높여서 사업을 운영해도 되지 않겠는가?

운전자본이 무엇인지를 알아보았으니, 이제는 운전자본의 '변화량'을 알아보자.

만약 운전자본의 변화량이 음수, 즉 운전자본이 '감소' 했다면 이는 유동부채가 유동자산보다 많이 증가했다는 것을 의미한다. 이런 사업의 대표적인 예로는 '구독(Subscription)' 기반의 사업이 있다. 영화, 드라마 구독 서비스인 넷플릭스나 음악 서비스인 멜론 등 말이다. 쉽게 생각해 보면, 우리가 멜론에서 음악 서비스를 구매할 때, 돈을 먼저 지불하고, 지불한 돈에 대한 서비스를 나중에 받게 된다. 이를 회사의 입장에서 바꾸어 말하면, 돈을 먼저 받고 서비스를 나중에 제공하는 형태가 된다. 즉, 사업 모델 자체가 '받은 돈에 대해 상품·서비스를 제공해야 하는 시스템'이므로 유동부채에 기반한 사업이라는 뜻이다. 따라서 구독 기반의 사업들은 운전자본의 변화량이 음수가 된다.

반대로, 운전자본의 변화량이 양수, 즉 운전자본이 '증가'한다면 이는 유동자산이 유동부채보다 더 많이 증가했다는 것을 의미한다. 이런 사업의 대표적인 예로는 홈플러스, 이마트 등 대형 소매사업(Retail)이 있다. 이 경우, 회사는 물건을 먼저 구입해 놓고, 이를 판매할 때 돈을 받는다. 즉, 사업 모델이 유동자산에 의존한다는 뜻이다. 물건이 판매되기 전까지는 재고의 형태로 취급되며, 물건이 판매되어야만 그 매출과 연관된 비용들이 기록되기 때문이다. 따라서 소매 회사들은 대부분 양수의 운전자본 변화량을 가지고 있다.

이렇게 운전자본의 변화를 알아보는 이유는 이 운전자본의 변화를 통해 얼마만큼의 현금이 들어오고 나갔는지를 볼 수 있기 때문이다. 유동자산, 유동부채에 해당하는 항목들을 다시 읽어 보면 '돈을 받을 것이냐' 혹은 '돈을 내야 하느냐'의 문제라는 것을 알 수 있다. 이런 항목들이 어떻게 변하는지는 현금흐름에 당연히 반영되어야 한다.

> **운전자본 변동량은 현금의 출입이므로 운전자본 증가량을 빼 준다.**

FCFF를 계산하는 식을 여기서 한 번 더 되짚어 보고 DCF의 다음 단계로 넘어가 보도록 하자. 다시 확인하자면 지금 우리는

1~5년간의 재무 정보를 예측했고, 그 정보를 바탕으로 각 년도의 FCFF를 계산한 상태다.

FCFF = NOPAT + 감가상각 - 자본적 지출 - 운전자본의 증가량

③ 3단계, WACC를 계산한다

이제 DCF의 세 번째 단계다. 바로 앞서 계산한 FCFF들을 현재가 치로 할인하기 위한 할인율을 계산하는 단계다. 이 단계는 어쩌면 가장 흥미로운 단계일지도 모른다. 가장 많은 논리가 들어가는 부분이기 때문에 금융을 전공한 학생들도 잘 이해하지 못하거나 잘못 알고 있는 부분이 많기도 하다. 하지만 우리가 앞서 다룬 내용들을 생각하면서 차근차근 살펴본다면 분명 이해할 수 있을 것이다.

먼저, 돈의 시간 가치에서 우리는 미래의 돈을 현재의 돈으로 할인해서 환산할 때 그 할인율은 '기회비용'이라고 했다. 그리고 우리가 들었던 10%의 이자율 예로부터 그 기회비용은 기대수익률이기도 하다고 했다. 이제 이 개념을 기업의 입장에서 생각해 보자.

기업의 입장에서 '기회비용'이란 대체 무엇일까? 바로 기업이 가지고 있는 자본으로 얻을 수 있는 수익률이다. 여기서 '수익률'이라 함은 그 자본을 다른 데 투자했을 때의 수익률이므로 기업의 입장에서 보면 '비용'이라고 할 수 있겠다.

그런데 기업은 자본을 부채와 주식으로 조달하는데, 한 수치로 이 수익률을 나타낼 수 없지 않겠는가? 그래서 나오는 개념이 바로 가중평균자본비(Weighted Average Cost of Capital, WACC)다. WACC 역시 식을 먼저 설명하고 왜 그 식을 사용하는지 설명하도록 하겠다.

$$\text{WACC} = \frac{\text{부채}}{\text{총자본}} \times \text{부채비용} \times (1 - \text{세율}) + \frac{\text{주식}}{\text{총자본}} \times \text{주식비용}$$

부채비용(Cost of Debt)은 흔히 K_d , 주식비용(Cost of Equity)은 흔히 K_e라고 쓴다. '가중평균자본비'라는 표현에서 알 수 있겠지만 WACC은 부채와 주식이 총자본에서 차지하는 비중을 고려해서 각 비용을 산정한 일종의 평균값이다. 단순히 부채비용과 주식비용을 더해 2로 나누는 식이 아니라 만약 자본에서 부채가 차지하는 비중이 높다면 부채비용을 더 많이, 주식이 차지하는 비중이 높다면 주식비용을 더 많이 고려해서 계산한다. 부채에 (1-세율)이 붙는 이유는 부채를 통한 비용, 즉 이자는 세금을 적용 받기 때문이다.

WACC는 기업이 가지고 있는 자본에 대한 기회비용을 나타낸다. '기업의 자본 조달 방식은 크게 부채와 주식으로 나누어진다', '돈의 할인율은 기회비용이다'라는 개념을 합친 식이다. 우리가 지금까지 설명한 개념들이 퍼즐처럼 맞아떨어지고 있다.

> DCF에서 현금흐름의 할인율은 WACC이다. WACC는
> 자본구조를 고려한 부채비용과 주식비용의 가중평균이다.

물론 이 WACC를 계산하기 위해서는 당연히 부채비용과 주식
비용을 계산해야 할 것이다.

• 부채비용

먼저 부채비용에 대해 알아보자. 기업이 내는 부채에 대한 실질적
인 비용은 바로 이자다. 은행에서 대출을 받았으면 그에 대한 이
자를 은행에, 그리고 채권 발행을 했다면 그에 대한 이자를 채권
투자자에게 지불해야 한다. 따라서 기업의 부채비용을 계산하기
위해서는 그 기업이 지금 지니고 있는 모든 부채의 이자율의 가
중평균(Weighted Average)을 내야 한다. 여기서 가중평균이란 앞서
WACC의 계산에서 쓰였듯 부채의 양에 따라 다른 비중을 두고
평균을 내는 것이다. 가령, 이자가 5%인 100억 원의 부채와 이자
가 8%인 400억 원의 부채가 있다면 이 회사의 부채비용은 7.4%
이다. 아래와 같은 식으로 계산할 수 있다.

$$\frac{0.05 \times 100 + 0.08 \times 400}{100 + 400} = 0.074$$

> **부채비용은 회사가 가지고 있는 부채의 이자율의
> 가중평균으로 계산한다.**

• **주식비용**

비교적 간단한 부채비용 계산에 비해 주식비용 계산은 그리 간단하지 않다. 주식비용을 계산하기 위해서 대부분의 금융 실무에서는 일반적으로 자본자산가격결정모형(Capital Asset Pricing Model, CAPM)을 사용하는데, 이름만 들어도 아주 복잡해 보인다. 하지만 이 역시 배경 논리를 이해하면 어렵지 않게 이해할 수 있을 것이다. 먼저 CAPM의 식을 보자.

주식비용 = 무위험이자율 + 초과수익률 × 차입베타계수

각 항목에 대해 실무적인 측면에서 하나하나 살펴보기 전에, 이 식이 무엇을 의미하는지 먼저 설명하겠다. 식의 왼쪽에서 확인할 수 있듯이 이는 주식비용을 책정하는 식이다. 다른 말로 하자면, 시장에서 거래되는 주식의 기대수익률을 구하는 모형이다. 이런 맥락을 이해한다면 위의 식을 이렇게 표현할 수 있다. "가장 안전한 투자에서 얻을 수 있는 수익률에, 이 주식이 시장에서 얻을 수 있는 초과수익률을 더한 식!"

> 주식비용은 CAPM모형을 통해 계산할 수 있다.
> CAPM은 시장에서 거래되는 주식의 기대수익률을 구하는 모형이다.

이제 CAPM 식의 각 항목을 더 자세히 살펴보도록 하자.

먼저 **무위험이자율**(Risk Free Rate)이다. 무위험이자율이란 말 그대로 아무런 리스크(Risk)를 지지 않고(Free) 투자할 수 있는 상품의 수익률(Rate)을 의미한다. 물론 이는 가상의 수익률이다. 아무런 리스크를 지지 않고 투자해서 얻을 수 있는 수익이란 없기 때문이다. 아마 독자 여러분은 "은행에 예금하는 게 리스크 없는 거 아니야?"라고 생각할 수 있지만, 엄밀히 말하자면 그것 역시 은행이 파산할 가능성이 있기 때문에 전혀 리스크가 없는 것은 아니다. 리스크가 없는 것은 그냥 현금을 금고에 보관하는 것일 텐데 (금고가 도난당할 가능성까지는 고려하지 말도록 하자), 이런 식으로는 수익을 낼 수 없기에, 아무런 리스크를 지지 않고 하는 투자의 수익률이라는 개념은 추상적일 수밖에 없다.

그래서 이와 가장 근접한 개념을 찾아서 활용한다. 이론상 가장 안전한, 심지어 은행 예금보다도 안전한 자산이란 무엇일까? 부동산? 주식? 채권? 정답은 국가에서 발행하는 채권인 국채다. 물론 미국 정부가 재정난 때문에 문을 닫았던 경우도 있지만, 대부분의 경우 국가의 경제뿐 아니라 치안, 사회 등을 총괄하는 정부가 돈을 갚지 않을 것이라고는 생각하지 않는다. 미국 주식이라면 미국 정부의 국채, 영국 주식이라면 영국 정부의 국채, 독일 주식이라면 독일 정부의 국채 수익률이 이론상의 무위험이자율에 가장 가깝다고 할 수 있겠다. 이런 이유 때문에 실무에서는 국채를 무위험 투자 상품으로 설정한다.

CAPM 계산은 이 무위험이자율에서부터 시작된다.

> 무위험이자율은 아무런 리스크를 지지 않고
> 투자할 수 있는 상품의 수익률을 의미한다.
> 실무에서는 주로 국채의 이자율을 사용한다.

무위험이자율 다음 개념은 **초과수익률**(Risk Premium)이다. 영어 표현을 보고 의아해하는 독자도 있을 것이다. '리스크 프리미엄'이라니, 이러면 초과수익률이 아니라 초과위험이 아닌가?

반은 맞고 반은 틀렸다. 리스크 프리미엄이라는 단어를 쓰는 이유는 현재 주식 시장이 앞서 설정한 무위험 투자 상품, 즉 국채와 비교해 얼마나 더 큰 리스크를 가지고 있는지를 보여 주기 때문이다. 이에 대한 결과가 바로 더 높은 수익률이고, 따라서 이는 같은 표현이라고 볼 수 있다. 더 높은 리스크를 통해 얻을 수 있는 '프리미엄' 수익률이라는 뜻이다. 초과수익률을 간단한 수식으로 설명하자면 아래와 같다.

초과수익률 = 시장기대수익률 - 무위험이자율

예를 들어, 우리가 보고 있는 주식이 미국 주식이고 이 주식이 나스닥(NASDAQ) 거래소에 상장되어 있다고 하자. 그렇다면 시장 기대수익률은 나스닥의 수익률이 될 것이다. 나스닥 시장에 있는 모든 자산의 규모를 고려해서 가중평균을 낸 수익률 말이다. 이 수익률에서 앞서 말한 무위험이자율(대상이 미국 회사라는 전제하에 미국 국채의 이율)을 빼면 초과수익률이다. 초과수익률은 사실상 시장에 투자했을 때 무위험이자율보다 얼마나 더 높은 기대수익을 낼 수 있는지를 보여 주는 수치이다. 이 수치에 이제 우리가 다룰 부채베타계수를 곱하면 이 특정 주식이 국채보다 얼마나 더 높은 기대수익을 낼지 알 수 있다.

이제 마지막 항목인 **차입베타계수**(Levered Beta)에 대해서 알아보도록 하자.

먼저 베타란 주식이 시장의 움직임과 비교해 얼마나 민감하게 반응하는지를 보여 주는 변동성의 지수다. 가령, 시장이 1만큼 올라갔을 때 주식도 1만큼 올라가면, 그 주식의 베타계수는 1이다. 시장이 1만큼 올라갔을 때 주식이 2만큼 올라가면, 그 주식의 베타계수는 2이다. 시장이 1만큼 올라갔을 때 주식이 1만큼 내려간다면, 그 주식의 베타계수는 -1이다. 베타계수가 높을수록 시장과 비교해 변동성이 높고, 베타계수가 낮을수록 시장과 비교해 변동성이 낮은 것이다.

이해를 위해 베타계수가 높고 낮은 산업군이 무엇이 있을지 한번 생각해 보자. 베타가 높을수록 상대적으로 고위험이라는 뜻이기도 하다. 미국 뉴욕 대학교(NYU) 경영대학에서 이 베타와 관련된 분석을 내놓는데, 예를 들어 2020년 1월 기준으로 담배 산업은 1.68의 베타를, 조선, 해양 산업은 2.17의 베타를 가지고 있는 반면, 인프라(유틸리티)는 0.28의 베타를 가지고 있다. 이렇게 산업군에 따라 베타가 크게 좌우되고, 이는 각 산업군이 가지는 투자 위험성의 정도를 보여 준다고 할 수 있겠다. 실제로는 모든 산업군이 시장에 속해 있기 때문에 그 주식은 정도는 다르더라도 시장의 움직임을 따라갈 수밖에 없다. 즉, 1만큼 시장이 오를 때 0.1만큼 오르는지, 2만큼 오르는지의 차이일 뿐이지 같이 오른다는 것이다. 그런데 시장이 올라갈 때 가치가 내려가는 자산도 있다! 금이 대표적이다. 금은 대표적인 안전자산으로 취급을 받기 때문에, 시장이 좋지 않을수록 그 가치가 올라간다.

아무튼 베타란 시장과 비교한 상대적 변동성, 그리고 리스크를 나타낸다는 점을 알았다. 그런데 베타에도 크게 두 종류가 있다. 무차입베타계수(Unlevered Beta)와 차입베타계수(Levered Beta)다. 베타는 리스크를 나타내는데, 부채(차입)가 있고 없다는 것이 무슨 뜻일까? 말 그대로 기업의 자본구조, 즉 부채/주식의 비율을 고려하는지 아닌지의 차이다. 당연한 사실이지만 회사의 전략과 사업 특성에 따라 자산구조는 천차만별이다. 아예 부채가 없는 회사도 있고, 대부분의 자본이 부채를 통해 조달된 회사도 있다. 이럴 때, 우리는 직관적으로 부채가 더 많은, 즉 차입비율 혹은 레버리지가 더 높은 기업이 더 위험하다고 생각할 것이다. 그리고 이는 옳은 생각이다. 어느 정도의 레버리지는 기업의 수익률을 올려 주는 순기능을 하지만, 어느 정도를 넘어서서 기업이 부채를 감당할 수 없어지면 부채는 엄청난 리스크를 동반한다. 이렇게 부채비율에 따른 리스크의 차이를 고려하는지, 고려하지 않는지에 따라 무차입베타계수인지, 차입베타계수인지가 결정된다.

우리가 사용할 베타는 차입베타계수인데, CAPM의 식을 주식비용을 계산하기 위해 활용하고 있기 때문이다. 애초에 식에 사용되는 초과수익률이라는 개념이 '주식' 시장이 무위험 투자 상품보다 얼마나 더 높은 수익을 안겨 주는지 계산하는 것이었기 때문에 다른 투자자들의 영향력, 즉 부채로 인한 영향력을 제외해야 한다. 이 때문에 자본구조를 고려하지 않는 무차입베타계수가 아닌 자본구조를 고려하는 차입베타계수를 활용하는 것이다.

> 베타란 증권 상품의 시장 대비 변동성을 의미한다.
> 기업의 자산구조에서 부채의 영향을 고려하는 베타를 차입베타계수,
> 고려하지 않는 베타를 무차입베타계수라고 한다.
> CAPM에서는 차입베타계수를 활용한다.

이제 우리는 WACC를 계산하기 위한 모든 요소를 살펴봤다. 직접 계산을 하는 예를 보여 주기 전에, 베타를 적용하는 방법에 대해 짧게 설명하겠다. 실무에서는 다음과 같이 베타를 적용한다. 우선, 우리가 가치를 평가하고 있는 주식이나 회사와 비슷한 대상을 몇 가지 고른다. 이렇게 비교 대상이 되는 유사한 회사를 마치 친구 같다고 하여 영어로는 '피어(Peer)'라고 부른다. 이런 유사 회

사들을 설정했으면, 우선 그 회사들의 차입베타계수를 구한다. 그런데 이 차입베타계수는 말 그대로 자본구조를 고려한 것이라는 점을 기억하자. 아마 이 유사 회사들 사이에서도 자본구조가 조금씩 다를 것이고, 무엇보다 우리가 가치를 평가하려고 하는 자본구조에 맞게 계산해야 하기 때문에, 먼저 우리는 이 차입베타계수로부터 각 회사의 무차입베타계수를 계산한다. 계산 방법은 아래 식을 통해서 볼 수 있다.

$$무차입베타계수 = \frac{차입베타계수}{\left(1 + \dfrac{부채}{주식비율} \times (1 - 세율)\right)}$$

이렇게 무차입베타계수를 계산하고 나면, 이들의 평균치를 낸다. 이를 통해서 우리가 가치평가를 하는 회사와 비슷한 회사들이 (자본구조의 영향을 제외하고) 시장과 비교해 얼마나 민감하게 움직이는지를 알 수 있게 된다.

이 과정이 끝나면, 이 평균 무차입베타계수를 평가하고자 하는 회사에 적용시켜 차입베타계수를 구한다. 즉, 위의 식을 통해 평균 무차입베타계수에 우리 회사의 자본구조를 적용시켜 우리가 가치평가를 하는 회사에 알맞은 차입베타계수를 도출하는 것이다.

베타를 직접 계산하는 방법에 대해 궁금한 독자가 있을 수 있겠지만, 이 책에서는 베타를 계산하는 방법에 대해서는 구체적으로 다루지 않겠다. 군이 전문적인 수식을 가져올 필요가 없을 뿐더러, 실무에서도 베타를 직접 도출하는 경우도 거의 없기 때문

DCF에서 베타를 활용하는 방법	
1	비교 대상이 될 유사 회사를 선정한다
2	유사 회사들의 차입베타계수를 도출한다
3	각 차입베타계수에서 무차입베타계수를 계산하고 평균치를 낸다
4	가치평가 대상 회사의 자본구조에 따라 평균치를 차입베타계수로 변환한다

이다. 보통 블룸버그(Bloomberg)나 조금 더 전문적이게는 팩트셋 (FactSet), 캐피탈IQ(CapitalIQ) 등의 금융 정보 제공 서비스를 통해 서 베타 값을 구한다. 이 책에서는 베타가 앞서 이야기했듯 시장 대비 변동성을 보여 주는 지수라는 것만 알아도 충분하다.

WACC를 계산하기 위한 모든 요소들을 알아보았으니, 이제는 WACC를 계산해서 현금흐름을 할인하는 과정이 남았다. WACC 는 기회비용을 의미하고, 기회비용은 리스크가 더 큰 투자일수록 높으니, 보편적으로 더 변동성이 큰 산업의 경우 WACC가 높고, 변동성이 낮은 사업의 경우 WACC가 낮다는 것을 기억하자. 평 균적으로는 8~10%가 가장 많다.

> 실무에서는 유사한 회사들의 무차입베타계수를 구해 평균을 내고 가치평가를 하는 회사의 자본구조로 차입베타계수를 활용한다.

④ 4단계, 현금흐름의 할인을 통해 현재가치를 도출한다

DCF의 다음 단계로는 당연히 현금흐름의 할인이 있다. 이는 길게 설명하지 않아도 이미 독자 여러분이 이해할 것이라고 생각한다. 앞서 우리가 다루었던 현금흐름의 계산식(1)을 DCF에 맞게 조금 변형(2)하면 된다.

$$(1)\ 현재가치 = 미래가치 \times \frac{1}{(1 + 수익률)^{년수}}$$

$$(2)\ 미래\ 현금흐름의\ 현재가치 = 미래\ 현금흐름 \times \frac{1}{(1 + WACC)^{년수}}$$

DCF를 통해서 '미래 현금흐름의 현재가치의 합'을 구하고 있으므로, 앞서 예측한 매년의 현금흐름을 위의 식을 통해 할인해야 할 것이다. 5년치 현금흐름을 예측하기로 했으니, 1년 후의 현금흐름이라면 '년수'에 1이, 5년 후의 현금흐름이라면 '년수'에 5가 들어가는 식으로 말이다. 여기서 현재가치를 영어로 Present Value(PV)라고 하고, 현재가치의 합을 '순현재가치', 영어로는 Net Present Value(NPV)라고 한다.

아쉽게도 실무에서는 이렇게 깔끔하게 계산이 끝나지만은 않는다. 참고 삼아, 위의 식에 따라 현금흐름을 할인할 때 실무에서 고려하는 것 몇 가지를 살펴보고 넘어가자.

첫째로, 예측 기간 동안 자본구조가 크게 변화하는 경우가 있다. 예를 들어 회사가 주식을 발행할 예정이거나, 부채를 대량 발행해야 하는 상황임을 알게 되었다면, WACC를 매년 별도로 계산해서 적용시킬 수 있다. 미래에 회사의 자본구조가 변하면 WACC 역시 달라지기 때문이다. 물론 투자은행에서 다루는 기업의 거의 대부분은 어느 정도 성장한 우량 기업이어서 안정적인 자본구조를 가지고 있기 때문에 하나의 WACC로 계산하는 경우가 많다.

위에서 예를 든 것처럼 1, 2, 3, 4, 5년 등으로 할인하는 것이 아니라, 0.5, 1.5, 2.5 등으로 연도를 적용해서 할인하는 경우도 많다. 이렇게 계산하는 방식을 1년의 중간을 이용한다고 해 영어로는 Mid-Year Convention이라고 한다. 이렇게 1년의 중간을 사용해 할인을 하는 이유는, 현실적으로는 회사가 현금흐름을 만들어 낼 때 이 현금흐름이 재무/회계에 기록되듯 연말에 모두 들어오는 것이 아니기 때문이다. 1년 내내 아무런 돈을 받지 않다가 공시할 때 1년치를 한꺼번에 받는 회사가 어디 있겠는가! 그렇기 때문에 현금흐름이 1년 내내 들어온다는 점을 감안해야 한다는 것이 이 방식의 논리다. 이 개념은 상당히 중요한데, 어떤 현금흐름을 1년 뒤에 발생되는 것으로 취급할지, 아니면 3달 뒤에 발생되는 것으로 취급할지에 따라 그 현금흐름의 현재가치가 변하기 때문이다. 실질적으로 우리가 모든 현금흐름이 언제 들어오는지를 별도로 따져서 계산할 수는 없기 때문에 1년의 평균을 잡아 중간 지점에 들어온다고 전제하고 계산하는 것인데, 이렇게 계산할 경우 할인에 적용되는 연도가 적으므로, 즉 비교적으로 '덜 미래인' 현금흐름으로 계산되기 때문에 현금흐름의 현재가치가 더 높게 책정되게 된다. 회사의 가치가 높다고 설득하기에 도움이 되기 때문에 특히 회사를 판매하는 쪽, 즉 셀 사이드(Sell-side) 자문 시에 거의 필수로 활용된다.

또, 고려해야 하는 다른 요소로 가치평가를 하는 시점이 있다. 예를 들어, 평가하는 회사 A가 1년에 총 4번 공시를 한다고 하자. 3월, 6월, 9월, 12월, 즉 3개월마다 회사의 재무 상태와 사업 성과를 보고하는 것으로 가정해 보자. 그런데 가치평가를 11월에 하고 있다면, 이 회사는 이미 그해의 1월부터 11월까지의 현금흐름을 창출한 셈이다. 그렇다면 내년의 총 현금흐름은 현재부터 1년이 지난 것이 아니라 1년 1개월이 지난 것이 될 것이다. 이런 점을 고려해서 가치평가에 반영해야 하는데, 이를 Stub Period라고 한다. Stub은 영어로 '토막'이라는 뜻으로, 쓰고 남은 토막, 즉 쓰고 남은 부분을 의미한다. 완벽한 1년이 아닌, 1개월이라면 1개월, 2개월 반이라면 2개월 반, 남는 기간이 있기 때문에 이렇게 쓰는 것이다. 이 개념을 활용하면 DCF에 쓰이는 연도를 1, 2, 3이 아닌 1.666, 2.314 등으로 설정할 수 있다. 정확한 가치평가를 위해서는 꼭 고려해야 하는 부분이다.

현금흐름을 WACC으로 할인할 때, 시간에 따라 WACC을 다르게 설정하거나, 할인 년도를 절반 혹은 부분으로 설정해 가치평가를 더 정확하게 하기도 한다.

⑤ 5단계, 잔여가치를 계산한다

이제 DCF의 막바지에 다다르고 있다. 앞서 예측한 5년간의 현금
흐름에 대해서는 현재가치를 계산했다. 그런데, 처음에 이야기한
대로 회사는 이 5년을 넘어서도 존재하고 현금흐름을 계속해서
창출할 것이기 때문에 이 이후의 기간에 대해서도 가치를 계산해
야 한다. 이를 잔여가치(TV)라고 한다고 했는데, 이 TV는 어떻게
계산해야 할까?

일반적으로 TV를 계산하는 데에는 두 가지 방법이 있다. 첫 번
째는 고든성장모형(Gordon Growth Model)을 활용하는 것이다. 이는
아래의 식을 통해서 TV를 계산한다.

$$TV = 최종년도의\ 현금흐름 \times \frac{(1 + 말단성장률)}{(WACC - 말단성장률)^{년수}}$$

여기서 말단성장률이란, 우리가 예측한 기간 이후에도 회사가
매년 어느 정도로 무한하게 성장한다는 전제를 할 때 그 성장률을
의미한다. 애초에 우리가 위의 예에서 5년까지를 예측 기간으로
설정한 이유는 그 이후에 대해서는 구체적이고 자세한 예측이 불
가능하기 때문인데, 그래도 이 회사는 계속해서 존재할 것이니 보
수적인 전제를 바탕으로 이 회사가 어느 정도 무한히 성장할 것이
라고 설정하는 것이다.

상식적으로 봤을 때, 말단성장률은 그리 높을 수 없다. GDP 성
장률 이상으로 무한히 성장할 수 있는 회사란 이론적으로도 존

재하지 않기 때문이다. 그래서 보통 말단성장률은 1~2% 정도로 낮게(인플레이션 혹은 GDP 성장과 근접하게) 설정한다. 전체의 경제가 성장하는 만큼, 혹은 그 일부분 정도로 조금씩 커간다고 전제하는 것이다. 즉, 위의 고든성장모형은 이 말단성장률과 그 비용, 즉 WACC를 기반으로 TV를 계산하는 방법이다.

TV를 계산하는 두 번째 방법은 훨씬 간단한데, TV가 단순히 이 회사가 최종 년도에 내는 수익의 몇 배일지를 통해 계산하는 것이다.(이렇게 매출, 수익, 혹은 다른 수치의 배수(Multiple)로 가치를 계산하는 방법은 다음에 다룰 '시장가치비교법' 부분에서 자세히 설명하겠다.) 비슷한 회사들의 기업가치가 수익의 몇 배인지를 고려해 TV의 가치를 매기는 것이다.

여기서 일반적으로 EBITDA(Earnings Before Income, Tax, Depreciation and Amortization. '에비따'라고 읽는다.)를 사용해 수익을 보여 주는데, 이는 앞서 다룬 영업이익, 즉 EBIT에 감가상각인 D&A를 더한 값이다. 이 개념에 대해서도 후에 더 설명하도록 하겠다.

만약 비슷한 회사들의 기업가치, 즉 EV가 EBITDA의 6배라고 하자. 금융에서는 이를 6.0x라고 표기한다. 이런 경우 예상한 마지막 년도(여기서는 5년 차)의 EBITDA에 6배를 곱해 TV를 계산할 수 있다. 이 방법은 아무래도 상대적으로 고든성장모형을 통한 가치평가법보다는 덜 정확하고, 주관성이 많이 들어간다. 비슷한 회사들을 어떻게 설정할지에 따라서 적용할 배수가 크게 달라질 수 있기 때문이다. 그래서 고든성장모형을 통해서 계산을 하고, 이 값이 EBITDA의 몇 배인지를 보고 정확성을 측정하는 방법으로도 쓰인다. TV를 고든성장모형을 통해 계산했는데 EV/EBITDA 기준으로 비슷한 회사들의 배수와 너무 크게 차이가 나면 오류가 있다는 식으로 말이다.

> **TV는 말단성장률을 사용하는 고든성장모형을 통해,
> 그리고 배수를 활용하는 방법을 통해 계산할 수 있다.
> TV 역시 현재가치로 할인한다.**

⑥ 6단계, 주식가치를 도출한다

TV를 이렇게 계산하고 나서는, TV를 현재의 가치로 환산해 주어야 한다. TV는 예측 기간 이후 현금흐름의 가치이고, 따라서 이역시 하나의 미래가치이기 때문이다. 이를 위해서는 위와 같이 WACC을 통해 할인하는 식을 사용하면 된다. 이렇게 해서 예측한 미래 현금흐름과 TV의 현재가치를 모두 계산했으니, 이를 더해 주면 그 값이 바로 이 회사의 기업가치(EV)가 된다.

축하한다! 여러분은 회사의 정보를 바탕으로 기업의 내재가치를 측정하는 방법을 알게 되었다. 이제 남은 것은 이 회사의 가치를 주식가치로 환산하는 것이다. 이 방법은 이미 앞서 다루었다. 그저 식을 거꾸로 뒤집기만 하면 된다. 아래가 원래 식이다.

기업가치 = 주식가치 − 현금 + 부채 + 우선주 + NCI − EI + 유사부채

그리고 이 식을 다시 정리해서 주식가치를 보면 이렇게 된다.

주식가치 = 기업가치 + 현금 − 부채 − 우선주 − NCI + EI − 유사부채

이렇게 주식가치를 책정한 후 이를 총 주식 수로 나누면 주식 1
주당 내재가치가 나온다. 그런데 여기에 한 가지 함정이 있다. 시
중에서 유통되고 있는 주식뿐 아니라 주식이 '될 수 있는' 항목들
도 고려해서 총 주식 수를 책정해야 하기 때문이다.

일반적으로 이런 항목에는 세 가지가 있다. 스톡옵션(Stock
Options), 전환사채, 양도제한조건부주식(Restricted Stock Units, RSU)
이다. 이 셋을 고려하면 총 주식 수가 늘어나므로 주식당 가치가
희석되는데, 이 때문에 이렇게 계산된 총 주식 수를 '희석유통주
식수(Diluted Shares Outstanding)'라고 한다. 여기서는 각 항목이 무엇
인지, 그리고 어떻게 이들을 접근하는지 짧게 알아보도록 하자.
조금 심화적인 내용이므로 금융 분석을 할 때 이렇게 다양한 증권
상품들을 고려한다는 점만 이해하고 넘어가도 좋다.

첫 번째는 **스톡옵션**이다. 보통 회사에서 직원들에게 일종의 보
상으로 제공하는데, 보유자가 원하면 미리 명시된 가격에 그 주
식을 구입할 수 있는 권리다. 여기서 이 명시된 가격을 '행사가격
(Exercise/Strike Price)' 혹은 '집행가격'이라고 한다. 회사가 성장해서
주가가 오르면 이 스톡옵션의 보유자도 이득을 보므로, 열심히 일
할 인센티브를 주기 위해 많이 활용된다.

스톡옵션의 경우, 먼저 행사가격과 현재 주가를 비교해 과연 이

옵션이 집행될 것인지를 보아야 한다. 가령 스톡옵션의 행사가격이 18달러로 책정되었는데 현재 주식이 시장에서 16달러에 거래되고 있다면, 아무도 이 옵션의 권리를 행사해 주식으로 변환하지 않을 것이다. 당장 시장에서 더 낮은 가격에 구입할 수 있기 때문이다. 이렇게 행사가격이 시장가격보다 낮은 경우를 돈을 벌 수 있는 기회 밖에 있다 하여 "Out of The Money (OTM)"라고 한다. 반대로, 만약 집행가격이 18달러인데 시장가격이 20달러라면 옵션을 행사해서 주당 2달러의 이득을 챙길 수 있다. 이렇게 행사가격이 시장가격보다 높은 경우를 돈을 벌 수 있는 기회 안에 있다 하여 "In The Money (ITM)"라고 한다. ITM/OTM 구분은 어떤 옵션이 실제로 집행될지를 고려하기 위해 아주 중요하다. 총 주식 수가 얼마나 늘어나는지를 알기 위해서는 보통 회사가 ITM 옵션의 수익을 통해 주식을 시장가격에 재매수한다고 가정한다.

앞의 예대로 18달러의 행사가격을 가진 5장의 스톡옵션이 있다고 하자. 현재 이 회사의 주가가 20달러라고 하면 이 5장의 옵션은 모두 ITM이 된다. 만약 25달러의 행사가격을 가진 스톡옵션이 별도로 10장 있다고 해도 이들은 모두 OTM이니 무시한다. 이때, 5장의 ITM 옵션을 통해 90달러의 수익을 얻으면 20달러의 주식을 4.5주 구입할 수 있다. 그런데 5장의 ITM 옵션 중 4.5주를 재매수했으니 총 0.5주가 새로 생겨난 것이다. 만약 기존에 시장에서 100주가 거래되고 있었다면 여기에 0.5주를 추가하면 된다. 회사가 보유하고 있는 자신의 주식을 자기주식 (Treasury Stock)이라고 하는데, 여기에서 이름을 빌려 이 계산 방법을 Treasury Stock

Method(TSM)라고 부른다.

전환사채는 앞서 설명했듯 정해진 수의 주식으로 변환될 수 있는 부채상품이다. 전환사채의 경우 전환사채의 전환가격 (Conversion Price)을 바탕으로 총 주식 수에 미치는 영향을 계산한다. 예를 들어, 액면가가 100달러이고 10주로 변환이 가능한 전환사채가 있다고 하자. 이때 10이 이 전환사채의 전환율(Conversion Ratio)이고, 10달러가 이 전환사채의 전환가격이다. 만약 같은 100달러의 전환사채에서 전환율이 5라면 전환가격은 20달러가 되는 것이다. 이 전환가격은 사실상 전환사채에서 명시하는 주식의 가격이라고 할 수 있다. 따라서 위의 ITM/OTM 구분과 같이 전환가격이 현재 주가보다 낮으면 전환되지 않는다고 가정하고, 반대로 전환가격이 현재 주가보다 높으면 전환된다고 가정한다. 여기서 전환되는 전환사채를 통해 생겨나는 주식을 추가로 더해 희석유통주식수를 구한다.

마지막으로 **RSU**란, 일정 조건을 성립했을 때 주식을 부여받는 하나의 보상 형태다. 일반적으로 기업에서 핵심적인 경영 인력의 이탈을 막기 위해서 제공하는데, 특정 기간의 근무 조건을 성립하면 정해진 주식을 받는 식이다. 희석유통주식수를 구할 때는 일반적으로 RSU의 조건들이 모두 성립된다고 전제한다. RSU를 보유하고 있는 임원들이 누구인지, 그리고 그들이 얼마나 오래 그 회사에 남을 것인지에 대한 예측이 사실상 불가능하기 때문이다. 또 보통 금융분석과 회계에서는 명확하지 않는 부분이 있을 때 최대한 보수적으로 계산한다(Conservatism). 이 경우 주식 수가 많을수

희석유통주식수(Diluted shares outstanding)의 계산		
스톡옵션 (Stock options)	전환사채 (Convertible bonds, CB)	양도제한조건부주식 (Restricted stock units, RSU)
명시된 가격에 주식을 구매할 수 있는 권리	명시된 수의 주식으로 변환할 수 있는 부채상품	조건을 충족하면 명시된 수의 주식을 받을 수 있는 상품
회사가 ITM 스톡옵션 수익으로 주식을 재매수한다고 가정, ITM 옵션 수 (재매수한 주식 수)를 더함	전환가격과 주가를 비교해 전환되는 전환사채를 통해 생기는 주식을 더함	RSU를 통한 모든 조건부 주식을 더함

록 주당 가치가 떨어지게 되므로 RSU에 명시된 주식을 모두 더한
다. 예를 들어 7년간 근속 연수를 채우면 5주씩 제공하는 RSU가
10장 있다면 50주를 더하는 것이다.

이렇게 희석유통주식수를 계산하고 나면 우리가 DCF를 통해
계산한 주식가치를 희석유통주식수로 나누어 주식의 적정 가치
를 알 수 있다. 이 분석을 바탕으로 주식 리서치에서 애널리스트
들이 "이 주식은 1주당 50달러여야 하는데 지금 40달러에서 거래
가 되고 있으니 약 25%의 수익 가능성이 있다. 투자해라!"라고 말
을 할 수 있는 것이다.

(2) 배당할인법(DDM)

앞서 미래 현금흐름을 현재가치로 환산해 더하는 분석이 DCF인 반면, 주식의 미래 배당을 현재가치로 환산해 더하는 분석이 DDM이라고 했다. 이 책에서는 DDM의 모든 과정을 처음부터 다 설명하기보다는 DCF과의 차이점이 무엇인지 그리고 그 차이점이 왜 존재하는지를 다루는 정도로 하겠다.

DDM의 경우, 모든 투자자에게 해당하는 가치인 기업가치(EV)를 계산하는 DCF과는 달리, 주식 투자자에게 해당하는 가치인 주식가치(EqV)를 계산하는 분석이다. 물론, 바로 위의 식에서 보았듯이 주식가치에서 기업가치를 계산하거나, 기업가치에서 주식가치를 계산하는 것은 그다지 어렵지 않지만, 이 차이 때문에 분석 과정에서 몇 가지의 차이점이 있다.

첫째로, DDM의 경우 FCFF를 계산했던 DCF와 달리, FCFE를 계산하게 된다. 이 FCFE의 E가 Equity, 즉 주식인 것처럼, FCFE

⊙ **DCF과 DDM의 차이점**

현금흐름할인법(DCF)	배당할인법(DDM)
FCFF를 통해 현금흐름 계산	FCFE를 통해 현금흐름 계산
WACC으로 현금흐름 할인	주식비용(K_e)으로 현금흐름 할인

는 주식 투자자에게 해당하는 현금흐름을 의미한다. DDM은 주식가치를 측정하는 방식이니 이는 어쩌면 당연하다. FCFE의 계산의 경우, NOPAT부터 시작했던 FCFF의 식과 달리 당기순이익에서 시작한다.

FCFE = 당기순이익 + 감가상각 - 자본적 지출 - 운전자본의 증가량

부채의 영향을 빼야 하기 때문에, 다른 비용뿐만 아니라 이자지출 역시 계산하고 난 후의 숫자인 당기순이익을 사용하는 것이다. 그리고 나서는 이 FCFE의 계산을 통해 매년 얼마만큼의 배당금이 지급될 것인지를 예상한다. 많은 경우 '주식 투자자들에게 해당하는 잉여 현금'인 FCFE의 전액이 배당금으로 지급된다고 전제하지만, 이는 경우에 따라서 다를 수 있다.

둘째로, DDM의 경우 WACC을 통해 현금흐름을 할인했던 DCF와 달리 주식비용을 통해 배당금을 할인해서 계산한다. 이 역시 앞의 논리와 같이 주식 부분에 해당하는 계산을 하는 만큼 주식비용을 이용하는 것이다. WACC은 부채, 주식의 비율과 각 비용을 고려하여 책정되는 하나의 가중평균이라는 점을 기억하자.

이렇게 두 가지의 차이를 두고 계산하면 DDM을 통해 주식가치를 책정할 수 있는데, 1주당의 가치를 계산하고 싶다면 여기서 총 주식의 수로 나누면 되고, 만약 기업의 총 가치를 계산하고 싶다면 위의 식을 이용해 기업가치를 산출하면 된다.

DDM은 주식가치를 계산하므로 FCFF대신 FCFE를 사용하고, WACC대신 주식비용으로 할인한다는 차이가 있다.

(3) 시장가치비교법(Multiples)

위의 내용을 잘 이해하고 넘어왔다면 여러분은 이 책에서 다루는 내용 중 제일 복잡하고 어려운 부분을 잘 소화한 것이다. DCF, DDM 분석은 아무래도 전문지식을 끌어들이지 않고서는 깊이 있게 다루기가 어렵기 때문에 몇 개의 수식을 사용해서 설명할 수밖에 없었다.

이번에는 시장에 있는 정보에 의존해서 가치평가를 하는 두 가지 방법에 대해 알아보도록 하자. 이는 이해하기 훨씬 쉬울 것이다. 위의 제목을 보면 '시장가치비교법'이라는 이름 옆에 Multiples 라는 영어 표현이 있다. Multiples란 영어로 무언가의 배수를 의미한다. 시장가치비교법이 대체 배수와 무슨 연관이 있는 걸까? 이에 대한 답을 찾기 위해서 우리가 애용했던 아파트 매매의 예로 돌아가 보도록 하자.

앞에서 30평대의 아파트를 구매하고 싶다면 시장에 나와 있는 30평대의 아파트와 비교해서 어느 정도의 가치를 측정할 수 있다고 했다. 아니면 시장에서 최근에 거래된 30평대 아파트의 실거래가를 보면 된다고도 했다. 그런데 조금 더 자세히 생각해 보면 이 방법들에는 현실적인 한계가 있다. 아파트의 경우도 같은 단지, 같은 동, 같은 층의 맞은편이라고 하더라도 남향인지 북향인지에 따라 가격이 갈리는데, 기업을 비교하려고 할 때 이렇게 완벽히 맞아떨어지는 비교 대상이 몇이나 있겠는가?

모든 기업은 그 규모뿐만 아니라 사업 방식, 국가, 고객 분포 등에 따라 다르게 분류될 수 있다. 따라서 "이 회사와 비슷한 회사가 500억 원이니 이 회사도 500억 원쯤 하겠다."라고 이야기하기가 어렵다. 비슷한 회사는 있어도 완전히 똑같은 회사는 절대 존재하지 않는다. 여러분은 이런 상황을 어떻게 해결하겠는가?

부동산 업계에서는 이 문제를 이렇게 해결한다. 아파트와 아파트의 가격을 직접 비교하는 것이 아니라, 평당 가격이나 토지의 값과 아파트의 값의 비율을 이용하는 것이다. 이는 사실 꽤나 현명한 방법이다. 평당 가격을 계산하면, 아파트의 크기가 얼마든 어느 정도 가격을 가늠할 수 있기 때문이다. 만약 한 지역에 있는 아파트가 평균적으로 평당 2,000만 원씩 한다면 꼭 완벽하게 같은 평수의 아파트가 없어도 이 지역에서 "30평 아파트는 대략 6억 정도 하겠다."라고 예상할 수 있지 않겠는가? 또 토지의 값과 아파트의 값의 비율을 계산하면, 공시되어 있는 토지의 가격, 즉 공시지가를 바탕으로 아파트의 가격을 대입해 어느 정도 가치를 계산할 수 있을 것이다. 시장가치비교법은 이렇게 배수를 이용해 거래되고 있는 유사 매물과의 비교를 통해 기업의 가치를 측정하는 방식이다.

> 시장가치비교법은 기업가치가 특정 재무 수치의 몇 배인지를 유사한 회사들과 비교하여 가치를 측정하는 평가법이다.

• EBITDA란?

앞서 TV를 계산할 때에 EBITDA라는 수치의 몇 배로 계산하는 방법이 있다고 했다. 시장가치비교법도 이와 매우 유사한 개념이다. 먼저 이 EBITDA라는 수치가 무엇인지, 그리고 대체 왜 이를 하나의 표준 수치로 사용해 기업가치를 측정하는지 알아보도록 하자.

EBITDA란 앞에서 말한 대로 영업이익인 EBIT에 감가상각인 D&A를 더한 수치다. EBITDA의 EB는 'Earnings before'인데, 이는 EB 뒤의 I, T, D, A가 계산되기 전의 수치라는 뜻이다. I는 Interest, 이자다. 이자수익과 이자지출 모두를 포함한다. T는 Tax, 세금이다. 그리고 이제는 익숙한 개념이겠지만 D와 A는 각각 유형자산과 무형자산의 감가와 상각이다.

◉ **EBITDA에 포함되지 않는 네 가지 요소**

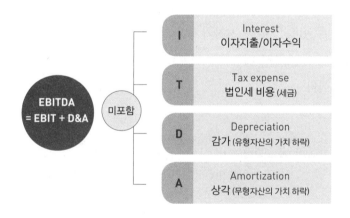

그렇다면 왜 이 모든 항목을 제외한 수치를 사용할까? 정답은 우리가 빼는 I, T, D, A가 사업 환경, 자금 구조, 사업 종류 등 그 회사의 특징에 따라 영향을 받기 때문이다. 한 회사의 특징에 따라 영향을 받는 항목이라면 이를 다른 회사와 비교할 때에 사용할 수 없지 않겠는가? 우리는 하나의 표준 단위를 찾으려고 하는 것이니까 말이다.

먼저 I인 이자를 살펴보자. 당연하지만 이자는 부채가 높을수록 높다. 회사마다 부채비율이 다르고 자본구조가 다르다는 것은 이제 더 다루지 않아도 충분히 이해를 했을 것이다.

T는 어떤가? "세금이야 뭐 다들 똑같이 내는 거 아니야?"라고 할 수 있겠지만, 글로벌 기업의 경우에는 그렇지도 않다. 회사가 어디에 위치해 있는지, 자회사 중에서 다른 국가에 있는 회사가 있는지 등에 따라 세율이 달라지고 따라서 세금의 금액이 달라진다. 세금을 거의 안 내거나 아예 내지 않아도 되는 지역도 있기 때문에 이런 점을 고려하면 세율과 세금의 영향도 빼는 것이 마땅해 보인다.

D와 A의 경우, 회사가 가지고 있는 유형자산과 무형자산의 규모에 따라 달라진다. 단순히 회사가 다 다르다는 점을 넘어, 유형자산에 크게 의존하는 사업과 그렇지 않은 사업이 있기 때문에 D&A를 포함하고 생각해 버리면 이런 기업들 사이의 격차가 벌어진다.

바로 이런 이유들 때문에 EBITDA라는 수치를 활용하게 되는 것이다. EBITDA는 순수하게 회사가 가동되는 데에 들어가는 현금비용을 보여 주기도 하기 때문에 일종의 유사현금흐름(Cash Flow Proxy)으로 평가를 받는다.

물론 EBITDA를 언제나 활용하는 것은 아니다. 예를 들어 두 정유 회사를 비교한다고 생각해 보자. 이런 산업은 유형자산에 크게 의존하는 산업이다. 공장이나 적재 창고, 중장비 등이 필요하기 때문에 D&A가 대체적으로 큰 산업인데, 이 D&A를 제외하고 두 회사를 교하면 크게 의미가 없을 것이다. 따라서 이런 경우에는 EBITDA가 아닌 EBIT을 활용한다. 반대로, R&D 의존도가 크고 유형자산 의존도가 낮은 회사의 경우 D&A가 큰 비중을 차지하지 않으므로 이런 사업에서는 대체적으로 EBITDA를 선호한다. 당기순이익의 경우 위에서 다룬 모든 요소의 영향을 받기 때문에 회사의 비교에서는 거의 사용하지 않는다.

• 트레이딩 멀티플과 트랜잭션 멀티플

이제 이 개념들을 이용해 시장가치비교법을 사용해 보자. 먼저 생각해야 할 것은 비교 대상을 어떤 범주 내에서 설정할지다. 일반적으로 비교 대상을 설정할 때 사용하는 기준들은 아래와 같다.

- 동종업계의 회사 (사업 모델이 비슷한 회사)
- 규모가 비슷한 회사
- 같거나 비슷한 지역에서 사업을 하는 회사

물론 여기에도 정답은 없다. 동종업계에 있는 비슷한 규모의 회사로 설정했는데 별로 비교 대상이 없을 경우 유사업종으로 확장해야 할 수도 있고, 반대로 비교 대상이 너무 많고 그 안에서 가치가 천차만별이라서 비교에 활용하기가 어려울 때에는 조건을 더 좁혀야 한다. 동종업계의 범위를 더 좁혀 '중공업'이 아니라 '철강산업'으로 잡아야 할 때도 있고, 더 넓혀 '제조업 및 중공업'으로 잡아야 할 때도 있다. 지역 기준에서도 '영국'에서 '유럽'으로 넓힐 수도, '아시아'에서 '한국'으로 좁힐 수도 있다.

이렇게 어떤 회사를 비교 대상으로 설정할지가 정해지면, 각 회사의 정보를 모아야 한다. 보통의 경우 수집하는 정보는 기업가치, 주식가치, 순부채(Net Debt), 매출, EBIT, EBITDA 등이다. 이런 정보들로 아래 수치들을 계산할 수 있다.

- EV / Sales (EV를 매출로 나눈 것)
- EV / EBIT (EV를 EBIT으로 나눈 것)
- EV / EBITDA (EV를 EBITDA로 나눈 것)
- P / E (Price/Earnings, 주식 가격을 EPS로 나눈 것(=PER))
- Net Debt / EBITDA (순부채를 EBITDA로 나눈 것)
- EBIT, EBITDA 마진 (Margin, 각 항목을 매출로 나눈 것)

이런 것들을 바탕으로 비슷한 회사들(Peers)이 어떤 수준의 기업가치에 머물고 있는지 확인하고, 이를 바탕으로 회사의 성과를 비교할 수 있다. 예를 들어, 5개의 회사가 각각 7.5x, 6.7x, 8.1x, 7.0x,

7.2x의 EV/EBITDA를 가지고 있다면, 이의 평균인 7.3x를 우리 회사의 가치평가에 사용할 수 있게 된다. 만약 EBITDA가 1,000억이라면 이의 7.3배인 7조 3,000억이 회사의 EV가 되는 것이다.

앞서 우리가 깊이 있게 다룬 DCF, DDM에 비하면 너무 허무하게 느껴질지도 모르겠다. 하지만 기억하자! 시장가치비교법 하나만으로 기업의 가치를 측정하는 경우는 절대로 없다. 이 방법은 어떤 회사들을 비교 대상으로 설정하는지에 따라 값이 많이 달라진다. 만약 위의 예에서 EV/EBITDA가 8.0x가 넘는 다섯 회사를 비교 대상으로 선정했다면 같은 회사지만 EV가 거의 1조가 차이가 난다! 따라서 시장가치비교법은 이렇게 가치의 범위를 설정하는 정도로만 쓰인다. 실제로 분석을 할 때도 위처럼 "7조 3,000억원이 회사의 가치다!"라고 결정짓는 것이 아니라, "이 회사의 가치는 7조 원에서 8조 1,000억 원 사이로 생각하는 것이 맞겠다."라고 결론을 낸다. 7조 원과 8조 1,000억 원은 각각 제일 낮은 EV/EBITDA와 제일 높은 EV/EBITDA를 활용해 계산한 가치다.

> **배수를 활용할 때에는 주관성이 많이 관여하기 때문에 결과를 절대적으로 받아들이기보다는 하나의 범위로 생각한다.**

위의 목록 중에서 P/E는 조금 더 설명이 필요하겠다. P/E는 현재 주식의 가격을 EPS라는 수치로 나눈 배수인데, EPS에 대한 설명은 뒤에 나올 M&A 분석에서 더 자세하게 할 테니 여기서는 일단 넘어가자. P/E 배수는 1만큼의 미래 수익에 대해서 투자자가 내려고 하는 금액을 의미한다. 즉, 미래의 수익률에 대한 기대치를 나타내는 수치이다. 예를 들어, 앞서 다룬 인터넷 버블 때 인터넷 기업의 P/E가 100배가 훌쩍 넘어갔는데, 이는 회사의 1원의 수익에 대해서 투자자가 100원을 지불할 용의가 있다는 점을 보여주는데, 얼마나 미래에 대한 기대치가 긍정적이었는지를 볼 수 있다. 회사가 성장하지 않는다는 전제하에 100년이 지나야 투자금과 수익이 일치하게 되니 말이다. 후술하겠지만 EPS는 순이익을 주식 수로 나눈 수치인데, 이 점을 고려해 식을 재정립하면 P/E는 회사의 주식가치를 순이익으로 나눈 수치이기도 하다는 것을 알 수 있다. (주식을 주식 수로 곱하면 주식가치이고, 순이익/주식 수를 주식 수로 곱하면 순이익이다.)

$$P/E = \frac{\text{주식가격}}{\text{EPS}} = \frac{\dfrac{\overset{\text{시가총액 (주식가치)}}{\text{주식수}}}{\dfrac{\text{당기순이익}}{\text{주식수}}}}{} = \frac{\text{시가총액}}{\text{당기순이익}}$$

이 때문에, P/E를 통해 회사의 순이익을 가지고 주식가치를 도출하고, 앞서 다룬 대로 이런저런 항목을 더하고 빼서 기업가치를 도출할 수도 있다.

이렇게 현재 시장에서 거래되고 있는 회사들의 가치와 배수, 즉 Multiple을 활용해 가치평가를 하는 방법을 '트레이딩 멀티플

(Trading Multiple)'이라고 한다. 말 그대로 거래 중인 회사의 배수를 활용한다는 의미다.

이와 반대로, 거래 중인 회사의 가치가 아니라 M&A를 통해 매각되었을 때의 실거래가를 이용해서 가치평가를 하는 방법이 있다. 이는 '거래'를 의미하는 영단어인 Transaction을 사용해 '트랜잭션 멀티플(Transaction Multiple)'이라고 부른다.

이 경우도 분석 방법 자체는 앞과 크게 다르지 않다. 다만, 시장에서 거래 중인 정보를 바탕으로 주식가치를 알아내고 거기에 이것저것 더하고 빼서 기업가치를 계산하는 것이 아니라, 얼마에 매각이 되었는지를 바탕으로 기업가치를 설정하고 반대로 계산하는 것이다. 그리고 이 회사가 매각되었을 때의 매출, EBIT, EBITDA 등을 통해 배수를 계산한다. 당연히 EV를 기업의 매각 가치를 바탕으로 선정했으니 그 때의 수치들을 사용해야 할 것이다. 예를 들어, 회사 A가 2018년에 1조 원에 매각되었는데, 이때의 EBITDA가 1,000억 원이었다고 하면 EV/EBITDA는 10.0x로 계산되는 것이다.

이 방법을 활용할 때 주의해야 할 점은 실거래가를 바탕으로 가치를 평가하면 '프리미엄(Premium)'이 포함되어 가치가 더 높게 나타난다는 점이다. 일반적으로 회사가 매각될 때 그 회사를 인수하는 쪽에서는 그 회사의 내재가치보다 더 높은 가격을 내고 매수한다. M&A가 될 때, 경매의 방식을 통해서 가격 경쟁이 붙어서 그렇게 되는 경우도 있고, 매각되는 회사의 경영진에게 회사를 매각할 만한 인센티브를 주기 위해서 '웃돈'을 얹어 주는 경우도 있다. 프리미엄을 무시할 수 없는 이유는 낮게는 10%대에서 높게는 50%

이상까지 붙기 때문이다. 이런 프리미엄이 있기 때문에 M&A가 성사되고 나서 매각되는 회사의 주가가 급상승한다. 예를 들어, 당장의 주가가 50달러인데 인수를 주당 60달러에 하면 하루아침에 가치가 20% 올라가는 것이다. 물론, M&A가 성사되어 회사의 가치가 성장할 것이라는 믿음도 주식 가격 상승의 이유가 된다.

아무튼, 이런 이유 때문에 실거래가를 바탕으로 가치평가를 하는 트랜잭션 멀티플에서는 프리미엄이 얼마나 붙었는지를 고려해야 한다. 프리미엄 때문에 보통 트랜잭션 멀티플이 앞서 다룬 DCF과 트레이딩 멀티플을 통한 가치평가 방식보다 더 높은 결과가 나온다. 가치평가를 할 때 한 가지의 방법만 사용하는 경우는 매우 드물다고 했다. 실무에서는 각 방법의 결과를 하나의 차트로 요약해서 보여 주는 경우가 많은데, 이 결과를 보여 주는 차트가 마치 축구 경기장 같다고 하여 '풋볼 필드(Football Field)' 차트라고 하기도 한다. 아래는 풋볼 필드 차트의 예다.

⊙ 간단한 풋볼 필드 차트

단위: 백만 달러

DCF (WACC: 6-8%)	318	395
트레이딩 멀티플	275	421
트랜잭션 멀티플	298	471

이 차트를 보면, DCF의 경우도 기업가치를 단 하나의 숫자로 나타내는 것이 아니라, WACC이 6%일 때와 8%일 때로, 즉 하나의 범위로 설정했음을 알 수 있다. 이 경우에는 WACC에 변화를 주어 범위를 설정했지만, 가끔은 WACC와 말단성장률을 모두 조절해 최저값(가장 높은 WACC와 가장 낮은 성장률)과 최고값(가장 낮은 WACC와 가장 높은 성장률)을 사용하는 경우도 있다. 여기서는 간단하게 표현하기 위해 서술하지는 않았지만, 트레이딩 멀티플과 트랜잭션 멀티플의 경우 EV/EBITDA, EV/EBIT, EV/Sales, P/E 등 다양한 배수를 이용해 가치가 어떻게 다르게 나오는지를 각각 따로 표현할 수도 있다. 멀티플의 경우 최저값(275와 298)과 최고값(421과 471)은 선정한 유사 회사 중 가장 낮은 멀티플을 가진 회사와 가장 높은 멀티플을 가진 회사를 이용해 가치평가를 한 값이다.

시장에서 거래되는 회사들과 비교하는 방식을 트레이딩 멀티플, M&A딜을 통해 비교하는 방식을 트랜잭션 멀티플이라고 한다. 일반적으로 프리미엄 때문에 후자의 결과가 더 높다.

이렇게 핵심적으로 쓰이는 세 가지의 가치평가 방법을 모두 다루어 보았다. 이 책의 목적은 여러분을 금융 전문가로 만드는 것이 아니라 여러분이 투자은행에서 하는 업무에 대해 조금이라도 더 이해할 수 있게 하는 것이므로, 모든 부분과 절차를 완벽하게 이해하지 못했어도 전혀 문제가 없다. 단지, 기업의 가치를 평가

할 때 그 회사의 정보를 바탕으로 하는 방법과 주식 시장에서 거래되는 혹은 매각된 유사 회사의 정보를 바탕으로 비교하는 방법이 있다는 것, 그리고 보통 이 세 가지 방법을 동시에 활용해 가치의 범주를 측정한다는 점만 알면 충분하다.

(4) 부분합계평가법(SOTP)

이 가치평가 방법 역시 이름만 읽어도 어떤 방법인지 감이 올 것이다. 다시 삼성 같은 대기업을 예로 들어 보자. 삼성은 본질적으로 전자기기를 만드는 회사이지만, 그 자회사들을 보면 꼭 그렇지만은 않다. 문화사업, 중공업 등의 산업에서도 활발히 움직이고 있다. 이런 경우에는 과연 앞서 말한 시장비교법을 사용할 수 있을까? 물론 사용하지 못할 것은 없다. 당장 생각해 보아도 애플, 화웨이 등 우리가 생각하기에 경쟁자라고 할 수 있는 기업들이 있기는 하니까 말이다. 하지만 조금 더 정확하게, 그리고 정밀하게 가치평가를 하고자 한다면 부분합계평가법을 통해 이 문제에 접근할 수 있다.

부분합계평가법(Sum-Of-The Parts, SOTP)이란 말 그대로 회사의 각 부분 혹은 사업부서를 나누어 각각의 기업인 것처럼 가치평가를 하고 그 가치를 더해서 총 가치를 구하는 평가 방법이다. 이 과정에서 DCF가 적합한 사업부서, 즉 현금흐름을 예측하기 쉽고 상대적으로 안정적인 부서들은 DCF로 가치평가를 하고 그렇게 하기 어려운 부서들은 시장가치비교법을 활용해서 가치평가를 한다. 이런 접근 방법의 장점은 단순히 기업의 총 가치를 구하는 데 그치지 않고 각 사업부가 기업의 총 가치에 얼마만큼 기여하는지를 구체적으로 알 수 있다는 것이다. "이 회사는 500억 원의 가치가 있다."가 아니라, "이 회사의 A사업은 150억 원, B사업은 50

억 원, 그리고 C사업은 300억 원의 가치가 있다."로 나누어 생각할 수 있다. 이 방법은 특히 회사의 일부만을 인수·매각하는 경우에 요긴하게 사용된다.

물론 부분합계평가법의 단점도 명확하게 존재한다. 큰 기업이라도 각 부서별 재무·회계 정보를 완전히 공개하지 않는 경우가 많기 때문이다. 물론 이런 경우에는 DCF을 사용하지 않고 시장가치비교법을 사용하면 되겠지만 시장가치비교법을 통해 너무 많은 부서를 평가하면 가치평가의 정확도가 떨어질 수밖에 없다. 따라서 DD를 통해 회사의 각 사업부에 대한 정보를 많이 얻거나, 회사가 자세하게 공시를 하지 않는 이상 부분합계평가법은 쉽게 적용하기 힘들다.

각 사업부를 구체적으로 나누어 공시하는 경우가 많고 사업부 사이에서도 특징이 확연하게 다른 정유 회사 같은 경우엔 이런 SOTP 방식을 많이 사용하기도 한다.

특징이 상이한 부서들로 이루어진 대기업의 경우 각 부서를 하나의 회사로 생각해 별도로 가치평가를 해서 더할 수도 있다.

투자은행의 눈으로 보는
M&A와 LBO

이 장에서는 투자은행의 꽃이라 불리는 M&A에 대한 분석과, M&A 중에서도 대량의 부채를 통해 회사를 인수하는 특수한 경우인 LBO에 대해서 알아보려 한다.

앞서 M&A 팀에 대해 설명하면서 M&A가 무엇인지, 그리고 어떤 과정을 통해서 진행되는지에 대해서 어느 정도 다루었으니 이 장에서는 M&A 분석에 조금 더 초점을 맞추겠다. 또, LBO와 사모펀드에 대한 이야기도 해 보겠다. 사모펀드의 경우 투자은행과 뗄 수 없는 관계인데, 펀드의 사업 모델 자체가 자산을 인수하고 가치를 키우는 데 집중되어 있기 때문이다.

이 장을 읽고 여러분이 뉴스에서 A회사가 B회사를 인수했다는 뉴스, 혹은 국내의 어떤 회사가 사모펀드에 매각되었다는 뉴스를 볼 때 전과는 다른 시각으로 뉴스를 바라볼 수 있다면 더 큰 보람이 없겠다.

(1) M&A에서 EPS가 중요한 이유

사실 우리가 바로 전 장에서 다룬 다양한 가치평가 방법들도 M&A에 쓰이는 분석들이다. 회사를 사거나 팔기 위해서는 그 회사가 얼마의 가치가 있는지를 판단해야 하고, 이를 위해서 위의 가치평가 분석을 하는 것이니 말이다. 다른 식으로 말하자면, 한 회사가 다른 회사를 인수해야 하는지 아닌지를 알아 볼 때 DCF와 시장가치비교법 등을 통한다.

물론 "이 회사가 지금 저평가되어 있는 것 같다."는 이유만으로 회사를 인수하는 경우는 없다. 인수했을 때 우리 회사와 어떻게 잘 어울려 가치를 창출할 수 있는지, 인수함으로써 우리가 기존에 가지고 있던 사업의 문제점을 얼마나 보완할 수 있는지를 보는 등 전략적인 점도 고려한다. 숫자만으로 성사되는 딜은 없다.

한편으로, 회사의 가치 외에도 우리가 고려해야 하는 요소가 있다. 바로 M&A 딜이 회사의 소유주인 주식 투자자들에게 이득을 안겨 줄 수 있는가에 대한 분석이다. 주식은 곧 소유권을 의미하고, 따라서 한 회사의 경영진은 그 회사를 소유하고 있는 주주의 이익을 위해서 움직일 필요가 있다. 실제로 M&A가 성사되고 나서 회사에서 공시하는 자료를 보면 "이 M&A를 통해 우리 투자자들에게 더 높은 가치(Shareholder Value)를 전달할 수 있을 것으로 보인다."는 식의 설명이 빠지지 않는다. M&A 딜에서 주식 투자자들의 이익은 절대 무시할 수 없는 요소라는 뜻이다.

> 경영진은 주주들의 이익을 위해 회사를 경영해야 하므로
> 주주들의 이익은 M&A 딜에서 핵심적인 요인이다.

• M&A와 주주 이익

그렇다면 여기서 주식 투자자들의 이익이란 무엇을 의미할까? 크게 두 가지를 생각할 수 있겠다.

첫 번째는 주가 상승이다. 내가 주식 1주를 가지고 있었는데 만약 이 가치가 50달러에서 60달러로 증가한다면 그것은 나의 이익임이 분명하다. 반대로, 가치가 50달러에서 40달러로 하락한다면 손해다. 이렇게 가치가 희석되면, 즉 한 주식이 가지는 가치가 떨어지면 안 되기 때문에 회사들이 주식 발행보다는 부채 발행을 더 선호한다고 앞서 이야기한 바 있다.

두 번째는 배당의 상승이다. 배당이란 특정 기간 동안 회사가 사업을 통해 순이익을 남겼을 때, 그 순이익의 일부를 투자자에게 돌려주는 것이다. 요즈음 유튜브, 페이스북 등을 통해 투자와 관련된 정보가 더 흔해지고 많아지면서 '배당주 투자'를 권하는 사람들이 많이 생겼다. 여기서 배당주 투자를 권하는 이유는 주가와는 별도로 투자자가 받을 수 있는 배당금이라는 현금 이익이 있기 때문이다. 회사에 따라서 배당금을 주는 빈도는 차이가 있는데, 대부분의 회사는 1년에 4번(Quarterly) 지급하지만 경우에 따라 1년에 2번(Biannual/Semiannual) 지급하는 회사도 있다. 이렇게 주식

투자자들이 받는 배당금을 고려해서 주식의 가치를 책정하는 방식이 바로 우리가 앞서 다룬 DDM이다. 사업이 성장해 더 높은 수익을 내고, 따라서 배당이 오른다면 그것은 주식 투자자에게도 좋은 소식일 것이다.

물론, 이 두 가지 이득을 완전히 분리해서 생각하기는 힘들다. 상식적으로 생각했을 때, 회사가 더 좋은 실적을 내면 주가도 상승하고 배당금도 오르지 않겠는가? 주식의 경우, 우리가 앞서 정리한 개념을 적용해서 설명하자면 기업가치는 회사가 미래에 창출할 현금가치들의 현재가치 합인데, 기업이 좋은 성과를 내면 당연히 미래에 창출할 현금흐름에 대한 기대치가 높아지고, 이는 더 높은 기업가치와 주식가치로 치환된다.

그런데 주식의 경우 얼마나 상승할지를 정확히 예측할 수 있는 사람은 아무도 없다. 설령 어떤 전지전능한 투자자가 나타나서 이 회사의 실적을 20년 후까지 정확하게 예측할 수 있다 하더라도, 이 회사의 주가가 정확히 어떻게 변동할지는 예측할 수 없다. 이는 주가가 내재가치가 아닌 시장가치이기 때문이다. 아무리 좋은 실적을 내도 외부적인 요인 때문에 주가가 그만큼 오르지 않을 수도 있고, 정부의 지원 정책이 생기거나 하는 이유 등으로 당장의 실적은 차이가 없는데 미래 실적에 대한 기대치가 올라가서 주가가 올라갈 수도 있다. 또, 어떤 헤지펀드가 대량의 주식을 매각해서 주가가 갑자기 하락할 수도 있다. 아쉽지만 주가에 대한 정확한 예측은 불가능하고, 따라서 이를 바탕으로 주식 투자자들에게 얼마나 많은 이득이 돌아갈지를 계산하는 것은 불가능하다. "이 회사를 인수함으로써 우리의 기업 내재가치가 이 정도 올라갈 겁니다."라는 예측은 가능해도 "이 회사를 인수하면 우리 회사의 주가가 여기까지 올라갈 겁니다."라는 예측은 할 수 없다는 것이다.

하지만 배당의 경우 이야기가 달라진다. 만약 앞서 말한 이 투자자가 20년 후까지의 실적을 정확하게 알고 있다면, 꽤나 높은 확률로 배당금을 예측할 수 있다. '꽤나 높은 확률'이라고 한 이유는 수익이 난다고 모든 수익을 배당금으로 주는 건 아니기 때문인데, 배당을 주는 회사의 절대다수는 '기분이 내킬 때' 배당금을 주는 것이 아니라 배당금 설정에 대한 기준인 배당금 정책(Dividend Policy)이 정해져 있어, 이 정책에 따라 배당금을 준다. 이렇게 어떤 구조가 확립되어 있기 때문에 배당금에 대한 예측은 어느 정도 가능하다.

바로 이 이유 때문에 M&A 분석에서 배당금 혹은 '주당 이익'에 초점을 맞춘다. '얼마만큼의 배당금이 나올 것인가'에 대한 전반적인 예측을 해서 'M&A 딜이 성사되기 전보다 성사되고 나서 배당금이 더 높아질 것'이라는 결론, 다르게 말하면 '주식 투자자들이 가져가는 이익이 증가할 것'이라는 결론을 도출하려는 것이다. 이때 배당금의 예측 금액을 나타내기 위한 개념이 있는데, 바로 주당순이익(Earnings Per Share, EPS)이다. EPS는 다음과 같이 계산된다.

$$주당순이익\,(\text{EPS}) = 순이익 \,/\, 총\,주식\,수$$

이 식에 대해서는 별도의 설명이 필요 없어 보인다. 말 그대로

> 한 주에 해당되는 기업의 순이익을 보여 주는 EPS를 통해
> 배당금, 그리고 주주들의 이익을 예측해 볼 수 있다.

기업이 낸 순이익을 주식의 수로 나누는 것이다. 이 수치는 한 주를 가지고 있는 투자자가 회사의 수익에 대해 얼마만큼의 지분을 가지고 있는지를 보여 준다. 동시에 이를 통해 배당금을 예측할 수도 있다. EPS가 상승하는 것을 영어로 Accretion(가치증가)이라고 하고, 하락하는 것을 Dilution(가치희석)이라고 하는데, 이 때문에 M&A 분석을 Accretion/Dilution 분석이라고 부르기도 한다.

• **EPS를 활용하는 이유**

본격적으로 M&A 분석을 하는 방법을 알아보기 전에 이 EPS라는 수치의 장점과 단점을 알아보도록 하자.

가장 큰 장점은 아무래도 계산하기가 매우 쉽다는 점이다. 위의 식을 보면 알겠지만, 총 주식 수와 당기순이익만 알면 바로 계산할 수 있는 매우 쉬운 식이다.

또 다른 장점은 EPS라는 수치 하나가 M&A 딜의 모든 영향을 고려해서 책정된다는 것이다. 한번 생각해 보자. 앞서 정리했지만 회사를 인수할 때 그 값을 지불하는 방법에는 크게 현금과 주식이 있다. 회사가 이미 가지고 있는 현금으로 지불할 수도 있지만 부채로 현금을 조달할 수도 있기 때문에, 이를 조금 더 나누면 현금,

부채 그리고 주식이라고 할 수 있다. 각 방식으로 자금을 조달하는 데에는 확실한 장단점이 있다.

먼저 현금을 보자. 가장 큰 장점은 기회비용이 적다는 것이다. 현금을 가지고 있지 않고 은행에 예금을 했다고 했을 때 받는 이자율이 매우 미미하기 때문에, 현금으로 지불했다고 해서 '잃는 것'이 크지는 않다. 굳이 있다고 한다면 이자를 통해 얻을 수 있었을 수익 (Foregone Interest)이다. 또 현금은 당장 가지고 있는 것이기 때문에 시간을 들여 조달하지 않아도 된다는 장점이 있기도 하다. 하지만 현금이 있다고 모든 현금을 다 쓸 수는 없다. 현금이 금융에서 사업의 핵심 자산이 아닌 것으로 분류되기는 하지만, 회사의 안정성과 사업의 진행을 위해서는 어느 정도 최소한의 현금을 비축해 둬야 한다.

다음은 부채를 보자. 부채의 장점은 다양한 선택지가 있다는 점이다. 당장 채권으로 발행할 수도 있고, 대출을 통해서 마련할 수도 있다. 그게 아니라면 전환사채도 있다. 또 만기를 3년으로 잡을지, 7년으로 잡을지, 아니면 30년으로 잡을지도 본인이 정할 수 있다. 물론 이에 따라 이자율은 달라지겠지만 말이다. 그리고 보통은 주식보다 저렴하다. 여기서 '저렴하다'는 것은 우리가 앞서 다루었던 주식비용보다 부채비용이 더 적다는 뜻이다. 하지만 아무래도 이자를 내야 한다는 단점이 있다. 부채를 통해 자본 조달을 할 때 실질적인 비용은 이자이니까 말이다.

마지막으로 주식을 보자. 주식을 통해 값을 지불하는 것은 인수보다는 합병에서 많이 일어난다고 했다. 구매자와 판매자의 규모가 비슷하면 현금과 부채를 통해서 그 값을 지불할 수 없는 경우

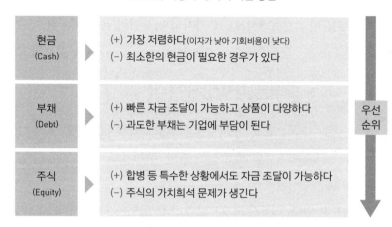

⊙ **M&A 인수비용의 세 가지 지불 방법**

현금 (Cash)	(+) 가장 저렴하다(이자가 낮아 기회비용이 낮다) (−) 최소한의 현금이 필요한 경우가 있다
부채 (Debt)	(+) 빠른 자금 조달이 가능하고 상품이 다양하다 (−) 과도한 부채는 기업에 부담이 된다
주식 (Equity)	(+) 합병 등 특수한 상황에서도 자금 조달이 가능하다 (−) 주식의 가치희석 문제가 생긴다

우선
순위

가 많다. 이런 특수한 상황에서도 M&A를 가능하게 한다는 점이 주식을 통한 지불의 큰 장점이다. 앞에서 부채가 주식보다 저렴하다고 했는데, 그래서 주식은 부채보다 더 큰 비용이 든다는 단점이 있다. 다만 현재 주가가 높아(P/E가 높아) 주식을 적게 발행하고도 많은 자금을 조달할 수 있다면 가치희석이 덜 일어나므로 때로는 부채보다 주식이 저렴할 수도 있다. 또 다른 단점은 주식을 특정 비율로 교환하는 방식으로 값을 지불하면 인수·합병이 끝나고 나서 주가 움직임의 영향을 고스란히 받는다는 점이다.

일반적으로 위의 이유들 때문에 회사를 인수할 때 지불 수단의 선호도는 현금-부채-주식의 순서가 된다. 물론 이는 위에 다룬 가치희석의 차이 등에 따라 달라질 수 있겠지만, 보편적으로는 현금이 가장 저렴한, 따라서 제일 우선시되는 수단이고 주식이 가장 비싼, 따라서 제일 마지막으로 고려되는 수단이 된다.

EPS를 이야기하면서 이 세 가지의 지불 방법을 이야기한 데에

> 기업을 인수할 때 비용을 지불하는 방법으로는
> 현금, 부채, 그리고 주식이 있다. 각각의 방법은 장단점이 명확하며,
> 일반적으로는 현금-부채-주식의 순으로 지불하기를 선호한다.

는 이유가 있다. EPS가 M&A 딜의 모든 영향을 다 고려하는 수치라고 이야기한 것을 기억하는가? 일단 EPS의 분자와 분모를 살펴보도록 하자. 분자는 순이익이다. 순이익은 매출부터 시작해 모든이익과 지출을 계산하고 난 숫자다. 여기에는 이자도 포함된다. 따라서 순이익을 계산하게 되면 여기서 현금의 변동, 그리고 부채의 변동으로 인한 이자 이익·지출의 차이를 고려하게 된다. 이번에는 분모를 보자. 분모는 주식의 수다. 만약 주식으로 M&A의 값을 지불하게 되면 이 회사의 주식 수가 늘어나게 된다. 이 늘어나는 주식 수를 고려해서 계산하는 것이 EPS다. 그러니 EPS는 현금, 부채, 주식의 모든 지불 방식의 영향을 고려하는 셈이다.

바로 이 이유 때문에 EPS라는 수치가 M&A 분석 때 적극적으로 활용되는 것이다. 물론 EPS의 단점도 확실히 존재한다. 우선, 구매자가 상장 기업이 아니어서 주식이 거래되고 있지 않다면 EPS라는 개념은 큰 의미가 없다. '주식 투자자들'이라는 전제가 성립되지 않기 때문이다. 또 상장 기업이라고 하더라도 애초에 수익을 내

지 못하고 있는, 즉 순이익이 음수인 상태라면 EPS가 의미 없다. EPS는 어디까지나 순이익에 기반한 수치인만큼 EPS가 상승한다고 해서 무조건 현금흐름이 증가하지는 않는다는 단점도 있다.

EPS란 무엇인지, 그리고 그 한계는 무엇인지에 대해서도 다루

EPS는 계산하기 쉽고 모든 비용 지불 방법의 영향을 고려한다는 장점이 있지만 비상장 기업이나 순손실 기업에는 사용할 수 없고, 현금흐름의 상승이나 하락과는 무관하다는 단점이 있다.

어 보았으니, 이제 M&A 분석을 어떻게 하는지 본격적으로 살펴보도록 하자. M&A 분석은 앞서 설명한 DCF처럼 복잡한 개념이 필요하지도 않고, 그렇게 단계가 많지도 않으니 너무 걱정하지 않아도 좋다.

(2) 투자은행의 눈으로 보는 M&A

이제 투자은행이 하는 M&A 분석을 각 업무 프로세스를 따라 살펴보자. 중간중간 헷갈릴 때 길잡이가 될 수 있도록 M&A 분석의 큰 흐름을 5단계로 나누어서 요약한 표를 만들었으니, DCF에서처럼 각 부분을 읽으면서 헷갈리는 때가 온다면 이 목록으로 다시 돌아와 흐름을 되짚어 보길 바란다.

M&A 분석 순서
▼
1   구매자와 판매자의 재무 정보를 마련한다
▼
2   인수하는 가격과 지불 방식을 결정한다
▼
3   구매자와 판매자의 재무 정보를 결합하고 조정한다
▼
4   통합 순이익을 계산한다
▼
5   EPS의 상승/하락을 계산한다

- **1단계, 양측의 재무 정보를 취합한다**

요리를 하기 위해 식재료가 필요하듯, M&A 분석을 위해서는 구매자와 판매자의 재무 정보가 필요하다. 여기서 재무 정보란 DCF

에서 다뤘던 매출, 영업이익, 자본적 지출, 운전자본 등과 더불어 자산, 부채 등의 정보도 포함한다. 상대적으로 더 넓은 폭의 정보가 필요한 이유는 우리가 후에 이 두 회사의 재무 정보를 결합하고 조정할 때 더 자세한 정보가 필요하기 때문이다. 가령 매출에 대한 정보만을 가지고 정리한다면 새로운 부채를 통해 생기는 이자는 반영하기 어렵지 않겠는가? 따라서 이 과정에서는 판매자와 구매자에 대해 얻을 수 있는 모든 정보를 최대한 상세하게 정리하는 게 중요하다. 특히, 구매자의 순이익 계산은 매우 중요하다. 이 순이익을 바탕으로 EPS를 계산해 M&A 딜 전의 EPS를 정리해 놓아야 한다.

• 2단계, 가격과 지불 방식을 결정한다

이렇게 재무 정보를 정리하고 나서는, 이 M&A 딜에 대한 정보를 입력해야 한다. 당연히 이 회사를 얼마에 매각하는지도 알아야 하고, 이에 대한 값을 어떻게 지불하는지도 알아야 할 것이다. 여기서 '어떻게 지불하는지'란 앞서 다룬 현금, 부채, 주식의 비율이 어떻게 되며, 조건(이자율, 주식 교환 비율 등)이 어떤지를 의미한다.

이 정보를 정리하기 위해 일반적으로는 '출처/용도(Sources & Uses)' 표를 만드는데, 좌측에는 자금의 출처를 정리하고, 우측에는 그 자금의 용도를 표기하는 식의 정리 방법이다. 당연히 자금의 출처와 자금의 용도는 일치해야 한다. 예를 들어 100억 원의 현금, 200억 원의 부채, 그리고 50억 원의 주식을 통해 자금을 마련한다면, 이 딜에서 총 비용이 350억 원으로 맞춰져야 한다는 것이다.

이 회사를 얼마에 인수할지는 앞서 다룬 가치평가법들로 결정할 수 있는데, 다른 방법으로는 프리미엄을 몇 % 적용할지 알고 있는 경우 현재 주가에 이 프리미엄을 적용할 수도 있다.

> 출처/용도 표를 통해 M&A 자금이 어디에서 오고,
> 어디에 쓰이는지 한눈에 볼 수 있게 정리할 수 있다.

• 3단계, 양측의 재무 정보를 합친다

이렇게 출처/용도 표로 M&A 딜의 내용을 정리하고 나면, 두 회사의 재무 정보를 합친다. 여기서 '합친다'는 것은 말 그대로 더하는 것을 의미한다. 회사가 매각되어 하나의 회사가 되니까 말이다.

그런데 주의할 점이 있다. 출처/용도 표에 정리한 지불 방식에 따른 변동 사항을 고려해야 한다는 점이다. 가령 1,000억 원의 현금을 들였다면 그만큼의 현금이 줄어듦으로 인해서 줄어드는 이자수익을 고려해야 하고, 만약 1,000억 원의 부채를 발행했다면 관련된 이자율만큼 이자지출이 늘어나는 것을 고려해야 한다. 또 주식을 발행해 지불했다면 늘어난 주식 수를 반영해야 한다. 한 가지 방법으로 지불한 것이 아니라면 이런 차이를 모두 고려해야 할 것이다.

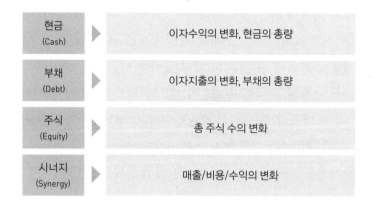

⊙ M&A 분석에서 재무 정보를 합칠 때 고려할 요소들

현금 (Cash)	▶	이자수익의 변화, 현금의 총량
부채 (Debt)	▶	이자지출의 변화, 부채의 총량
주식 (Equity)	▶	총 주식 수의 변화
시너지 (Synergy)	▶	매출/비용/수익의 변화

이렇게 지불 방식으로 인한 차이를 감안해서 재무사항을 합치고 나면, 한 가지 계산을 더 해야 한다. 바로 두 회사가 인수되면서 생기는 시너지다. M&A 분석을 한다는 것 자체가 이 두 회사가 하나가 되는 시나리오를 전제로 하는 것이기 때문에, 회사가 합쳐지면 어떤 시너지가 생길지를 고려해 이 점 역시 반영한다. 예를 들어 "300억 원의 비용을 들여 2021년부터 매년 1,000억 원의 추가 매출을 낸다."는 시너지를 가정하면 합쳐진 재무 정보에 이를 반영해서 2020년에는 300억 원의 비용을 더하고 2021년부터는 1,000억 원의 추가 매출을 기록하는 것이다.

> 재무 정보를 합칠 때는 현금, 부채, 주식의 변동으로 인한 이자의 변화, 그리고 주식 수의 변화를 고려한다. 또, 시너지를 예측하고 있다면 이 역시 고려한다.

• 4단계, 통합 후 순수익을 계산한다

이렇게 되면 우리는 이제 하나가 된 회사의 재무 정보를 가지게 된다. 이제는 이 합쳐진 회사의 재무 정보를 바탕으로 새로운 순이익을 계산해야 하는데, 이 과정은 아주 단순하다. 순이익이란 세금을 포함한 수치이기 때문에, 각 회사의 세전순이익(Pre-Tax Income)을 디힌 후 '구매자의 세율'을 적용해 당기순이익을 산출한다. 만약 구매자가 영국 회사고 판매자가 중국 회사면 이들의 세전순이익을 더해 영국의 세율을 적용해야 한다는 것이다.

• 5단계, EPS의 상승(하락)을 계산한다

이렇게 순이익이 나오면 새로 발행된 주식을 고려해 책정된 주식의 수로 나누어 주면 된다. 이렇게 계산된 M&A 후의 EPS를 M&A 전의 EPS와 비교하면 이 M&A 딜이 EPS 상승을 불러오는지, 하락을 불러오는지 알 수 있다. 물론 EPS가 하락한다고 무조건 딜이 성사되지 않을 거라고 단정지을 수는 없다. 하지만 회사의 경영진 입장에서 생각해 보면, 사실상 그들을 고용한 주주들에게 '여러분이 손해를 보게 되는 결정을 하는 것을 허락해 달라'고 부탁하는 것이 되니 쉽게 성사되지 않을 거라고 짐작할 수 있다. 반대로, EPS가 크게 상승한다고 결과가 나오면 경영진은 이 점을 이용해 주주들을 설득할 수 있겠다.

여기까지 M&A 분석에 대해 살펴보았다. 분석의 과정이 DCF나 DDM 만큼 복잡하지 않아 실망한 독자가 있을지도 모르겠다.

EPS를 계산하기 위해 두 회사의 세전순이익을 합치고,
구매자의 세율을 적용해 당기순이익을 산출한다.
M&A 딜 이후의 총 주식 수를 계산하여 당기순이익을 나누어 준다.

하지만 M&A 분석 역시 그 자체만으로 쓰이지는 않고 다른 가치
평가법과 더불어 쓰인다. 혹여나 이 장을 읽고 "이렇게 간단한 분
석만으로 회사를 사고판단 말이야?" 하고 오해하는 일은 없길 바
란다. 실제로 진행되고 있는 M&A 딜을 맡아 일을 해 보면, 이
M&A 분석을 여러 번 수정하면서 몇 달, 가끔은 1년을 넘게 일하
기도 한다. 우리가 간단하게 짚고 넘어갔던 시너지, 그리고 딜의
비용 지불 방법 등과 관련해 구매자와 투자은행 간에 계속되는 논
의가 있기 때문에 이와 관련해서 시간이 많이 걸리는 점도 물론
있다.

M&A에 대해 알아보았으니 이제는 이 M&A 중, 부채를 대량
활용하는 M&A인 LBO, 그리고 LBO의 중심에 있는 사모펀드에
대해서 알아보도록 하자.

(3) LBO란 무엇인가

LBO란 Leveraged Buy-Out의 약자로, 부채를 대량 활용한 공격적인 M&A를 의미한다. 회사를 인수할 때 부채를 대량으로 쓰는 이유는 크게 두 가지가 있다. 첫째는 현금은 많이 없는데, 주식 발행을 하기는 힘든 경우다. 앞서 보았듯이 M&A에서의 인수비용 조달 방식은 현금-부채-주식 순이다. 당장 현금이 없으면 부채나 주식을 활용해야 하는데, 주식을 통해서 돈을 끌어올 수 없다면 부채밖에는 답이 없다.

두 번째 이유는 투자 수익을 극대화하기 위해서이다.

레버리지(Leverage)라는 표현은 앞에서도 몇 차례 나왔지만, 여기서 조금 더 자세히 살펴보기로 하자. 레버리지는 영어로 '지렛대'라는 뜻을 가지고 있는데, 한쪽에 부담을 추가해 들어 올리는 효과, 즉 이익을 극대화하는 것을 의미한다. 일상적으로는 "네가 가진 재능을 최대한 레버리지 해 봐.", "일단은 레버리지 할 게 없으니 너무 협상에 나서려고 하지 마라." 같은 식으로 쓰인다.

금융에서 레버리지란 차입 비중, 즉 부채의 비중을 의미한다. 부채를 활용해 투자를 하면 부채를 활용하지 않고 투자한 경우에 비해 수익률이 극대화된다. 부동산 투자에서도 현금으로 제 값을 다 주고 집을 사는 경우는 매우 소수이지 않은가? 이는 대부분의 사람들이 집을 살 정도로 현금이 없어서이기도 하지만, 어느 정도 현금이 있다고 하더라도 부채를 활용하면 더 좋은 집을 살 수 있기 때문이기도 하다. 10억 원의 현금이 있는 사람이 굳이 5억 원을 대출받아 15억 원의 집을 사는 데는 다 이유가 있다. 예를 들어 설명해 보자. A는 3억 원의 현금으로 3억 원짜리 집을 사고, B는 3억 원의 현금과 1억 5,000만 원의 대출로 4억 5,000만 원의 집을 샀다고 해 보자. 집값이 3년 후 20% 정도 상승했다고 가정하면, A의 3억 원짜리 집은 3억 6,000만 원이, B의 4억 5,000만 원짜리 집은 5억 4,000만 원이 된다. A는 6,000만 원이 늘어난 반면, B는 9,000만 원이 늘어났다. 대출에 대한 이자를 지불하고 나서도 B의 이득이 더 클 것이다. 이렇게 레버리지를 활용하면 수익률을 극대화할 수 있다.

물론 수익률이 극대화되기만 하는 것은 아니다. 레버리지는 부채고, 부채란 곧 남의 돈을 빌리는 것이다. 레버리지는 수익을 극대화할 수도 있지만 손해를 극대화할 수도 있다. 만약 위의 예에서 가치가 20% 하락했다고 생각해 보자. A의 경우 6,000만 원의 손해를 보지만 B는 9,000만 원의 손해를 본다. 게다가 대출에 대한 부담도 고스란히 남는다. 이런 이유 때문에 레버리지를 활용한 투자는 리스크가 크다. 가끔 인터넷에서 레버리지를 통한 고수익 투자를 홍보하는 배너광고를 보는데, 자세히 살펴보면 정말 웬만한 수준의 투자자가 아닌 이상 손을 대면 안 되는 고위험의 투자인 경우가 많다. 그런데도 초보 투자자들이 본인의 능력 이상의 레버리지를 이용하는 경우가 많아 안타깝다.

리스크와 리워드, 즉 위험과 보상은 늘 비례한다는 점을 기억하자. 위험성이 없거나 적은 고수익 투자는 없다! 본인의 자산과 지식을 고려해 어느 정도까지의 리스크를 질 수 있는지 잘 생각해서 투자하길 바란다.

> 레버리지(부채)를 활용해서 투자하면 수익률을 극대화할 수 있다.
> 그러나 손실이 날 경우 손실도 극대화된다.

앞서 우리가 부채비용을 계산할 때 (1-세율)을 곱했던 것을 기억하는가? 기업이 흑자를 낼 경우, 부채 활용을 통해 절세 혜택을 누릴 수 있다는 점도 레버리지를 활용하는 이유 중 한 가지로 작용한다. 마치 잘나가는 회사의 임원들이 절세 혜택을 위해서 비싼 차를 리스로 비용 처리해 타고 다니는 것처럼, 현금으로 쓸 수 있는 것을 부채를 빌려서 쓰는 것을 통해 절세 효과를 노리기도 한다.

이처럼 장점이 많은 부채를 통해, 즉 레버리지를 최대한 활용해서 회사를 인수하는 전략을 LBO라고 한다. 이 LBO를 이해하기 위해서는 사모펀드에 대해서 잘 알아야 한다. 사모펀드의 특성상 사모펀드가 주체가 되어 LBO를 하는 경우가 대부분이기 때문이다.

(4) 사모펀드는 어떻게 굴러가는가

사모펀드 혹은 'PE'란 공개적으로 투자자를 모집해 '열린 투자'를 하는 공모펀드(Public Fund)와는 다르게 소수의 선택된 투자자들을 모아 선택된 자산에 투자하는 펀드를 의미한다. 여기서 선택된 자산은 주식일 수도 있고, 하이일드 채권일 수도 있고, 부동산일 수도 있다.

이 책에서는 가장 핵심적인 사모펀드 모델인 주식과 회사에 투자하는 경우에 집중해서 이야기하도록 하겠다. 사모펀드의 사업 모델에 대해 이해를 하고 나면 왜 이들이 LBO를 통해 수익을 올리는지 알 수 있을 것이다.

• 사모펀드의 구조

사모펀드는 일반적으로 회사의 주식을 구매해 짧게는 3년, 길게는 7년 정도 동안 보유하다가 되파는 식으로 이익을 본다. 여기까지 보면 그냥 기간을 장기로 두고 투자하는 것처럼 보이겠지만, 이 투자에 쓰이는 자금이 선택된 투자자들에게서 온다는 점에서 차이가 있다.

여기서 이 투자자들을 Limited Partners, 약자로는 LP라고 부른다. Limited, 즉 '유한'이라는 단어를 쓰는 이유는 만약 투자가 잘못되어서 큰 손실이 났을 때 이들은 본인이 투자한 금액 이상의 책임은 지지 않기 때문이다. "어떻게 투자 금액 이상으로 손실이 나지?"라고 생각할 수도 있겠지만, 사모펀드는 부채를 적극 활용한 공격적인 투자 방식을 사용하기 때문에, 단순히 주식을 매수하는 데 쓰이는 금액을 넘어 손실이 날 가능성이 충분하다.

투자자들을 LP라고 한다면, 사모펀드는 General Partner, 줄여서 GP라고 한다. 여기서 GP는 LP로부터 투자금을 모으고 관리하는 역할을 하는데, LP가 투자를 하는 방식이 조금 독특하다. 예를 들어, 한 사모펀드가 100억 원 규모의 펀드를 조성하는 데 성공했다고 하면 우리는 "아, 이 사모펀드의 계좌에 이제 투자금 100억 원이 있겠구나." 혹은 "곧 계좌에 100억 원이 들어오겠구나."라고 생각하기 쉽다. 하지만 사실 그렇지 않다. LP의 투자금은 "내가 나중에 필요에 따라 이만큼(투자금액)까지 투자하겠다."라는 하나의 법적 서약 (Commitment)의 형태로 전달된다. 즉 100억 원 규모의 펀드가 조성되었다고 한다면, 말 그대로 100억 원이 GP의 계좌에 있는 것이 아니라, 사모펀드가 투자의 용도를 위해 자본을 100억 원까지 끌어올 수 있게 되었다는 뜻이다.

> 사모펀드는 자산을 구매해 특정 기간 동안 보유하다가
> 판매해 수익을 올린다.
> 이때 투자자들인 LP로부터 투자금을 서약의 형태로 받는다.

여기서 이 100억 원은 투자에 모두 쓰일 수도 있고, 그렇지 않

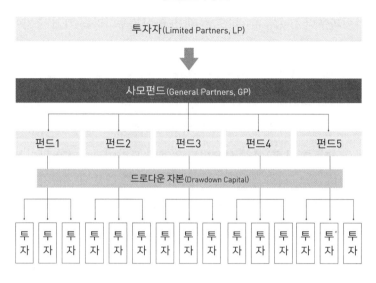

⊙ 사모펀드의 구조

투자자(Limited Partners, LP)

사모펀드(General Partners, GP)

| 펀드1 | 펀드2 | 펀드3 | 펀드4 | 펀드5 |

드로다운 자본(Drawdown Capital)

투자 투자 투자 투자 투자 투자 투자 투자 투자 투자 투자 투자 투자 투자 투자

을 수도 있다. 예를 들어, 이 100억 원 규모의 펀드 A가 있다고 하자. 펀드 A의 첫 투자를 위해 사모펀드가 인수하기 좋은 회사를 찾았고, 이 회사의 적정 가격은 20억 원 정도로 예상될 때, 사모펀드는 각 LP에게 연락을 취해 총 20억 원의 투자금을 요청한다. 이렇게 쓰인 20억 원을 사용된 투자금이라는 의미로 '드로다운 자본(Drawdown Capital)'이라고 한다. 여기서 Drawdown이란 우리가 카드를 뽑아서 사용하듯, '사용을 위해 선택된' 자금을 의미한다. 드로다운이 일어나면 펀드의 총 예산에서 일부가 사용된다고 보면 된다. 이 드로다운을 '돈을 불러 모은다'라는 뜻으로 '캐피털 콜(Capital Call)'이라고 부르기도 한다.

20억 원이 쓰였으니 80억 원이 남았는데, 이 남은 80억 원을 '드라이파우더(Dry Powder)'라고 한다. 드라이파우더라는 과거 총기에 쓰이던 화약에서부터 비롯된 단어인데, 말 그대로 아직 사용되지 않은 '마른 화약'을 의미한다. 화약이 젖으면 사용이 불가능하기 때문에 군대에서는 이 화약을 늘 마른 가루의 형태로 잘 보관해야만 했는데, 여기에서 단어의 뜻이 비롯되었다고 한다. 영어로 된 금융 뉴스를 보면 '아직 사모펀드 업계에 드라이파우더가 많이 남아 있다' 하는 식의 표현을 종종 볼 수 있는데, 규모에 비해 투자가 충분히 이루어 지지 않았다는 것을 의미하기 때문에, 앞으로 투자가 많이 이루어질 것이라는 긍정적인 전망을 보여 주는 말로 해석하면 된다.

> 펀드에 서약된 금액 중 실제로 사용된 금액을 드로다운 자본,
> 아직 사용되지 않고 남아 있는 금액을 드라이파우더라고 한다.

• 사모펀드가 수익을 올리는 방법

사모펀드가 투자금을 어떻게 모으는지 알아보았으니, 이제 사모펀드가 어떻게 수익을 올리는지에 대해서도 살펴보도록 하자.

사모펀드도 결국 펀드인 만큼 수익구조는 일반 펀드와 다르지 않다. 사모펀드 역시 관리보수와 운용보수로 수익을 올린다. 다시 설명하자면 관리보수는 펀드의 규모에 따라 그 펀드를 계속해서

관리하고 운용하는 데에 대한 수고비고, 운용보수는 펀드의 투자금으로 올리는 수익금의 일부를 가져가는 인센티브다. 관리보수는 일반적으로 펀드 규모의 2% 정도인데, 대형 사모펀드의 경우 몇 천억, 몇 조 원 단위의 펀드를 굴리기도 하기 때문에 절대 무시할 수 없는 수치다.

운용보수는 훨씬 상상을 초월한다. 일반적으로 사모펀드가 투자로 수익을 내면, 그 수익의 80% 정도를 투자자들, 즉 LP에게 나누어 주고 나머지 20%를 사모펀드가 가져간다. 이 20%의 사모펀드 수익을 '캐리(Carry)'라고 하는데, 사모펀드 수익의 대부분은 운용보수의 일종인 이 캐리에서 나온다고 봐도 무방하다. 이 캐리를 가져가기 위해서는 사모펀드가 펀드 창설 시 목표로 했던 수익률을 달성해야 하는데, 보통 이 수익률을 내부수익률(Internal rate of return, IRR)이라는 단어로 설명한다. 가령 8%의 IRR를 목표치로 설정해서 펀드를 결성했다면, 수익을 냈다고 하더라도 이 8% 이상을 넘기지 못했으면 20%가량의 캐리를 가져가지 못 한다. 따라서 사모펀드들은 이 IRR 목표치를 맞추는 것뿐만 아니라 이를 훨씬 뛰어넘는 수익을 올리고자 노력한다.

사모펀드도 일반 펀드와 같이 관리보수와 운용보수로 수익을 낸다.
운용보수를 캐리라고 하는데,
펀드가 특정 IRR을 넘겨야 받을 수 있다.

높은 수익률을 얻기 위해 좋은 투자 건을 찾으면 사모펀드에서는 내부적으로 투자심의회(Investment Committee, IC)를 열어 이 회사가 투자할 만한 가치가 있는지를 판단한다. 마치 투자은행에서 크레딧페이퍼를 작성하듯, 사모펀드도 내부적으로 투자심의회의 허락을 맡아야만 투자를 할 수 있다. 이 과정에서 매물에 대해 자세히 분석해야 하므로 이 정보를 얻기 위해 투자은행을 고용하고 회사와의 질의응답을 하는 경우가 많다. 역사가 있는 사모펀드의 경우 수많은 투자 경험을 통해 각 산업에서 회사를 볼 때 어떤 요소들을 핵심적으로 고려해야 하는지에 대한 노하우를 바탕으로 좋은 회사를 고른다. 비슷한 회사들의 배수, 즉 EV/EBITDA, EV/EBIT, P/E 등과 비교해 고평가되어 있는지, 저평가되어 있는지를 보기도 한다. 또 단순히 회사의 재무 사항뿐 아니라, 이 회사가 가지고 있는 브랜드, 특허 등의 미래가치, 그리고 현재 진행 중인 법적 공방 등 다양한 요소에 대해 DD를 진행한다. 어떤 회사가 LBO에 적합한지에 대해서는 바로 다음 장에서 더 구체적으로 다루도록 하겠다.

만약 투자심의회에서 투자가 승인되면 본격적으로 LBO가 진행된다. 이는 일반 M&A의 과정과 조금 다르다. 사람들이 대부분 잘못 알고 있는 것이 있는데, 사모펀드는 직접 회사를 인수하지 않는다. 사모펀드의 자회사가 회사를 인수하는 것이다. 이 자회사는 보통 '~1호', '~인베스트먼트' 등의 이름을 가진 경우가 많은데, 자산이 없는 '페이퍼컴퍼니'다. 투자라는 특수 목적을 위해 설립된 자회사이므로 Special Purpose Vehicle(SPV)이라고 불리기도 한다. 이 SPV가 회사를 인수하게 되는데, 이 과정에서 SPV는 자산도 없고 주식가치도 거의 없기 때문에, 현금 혹은 주식 발행을 통해서 인수비용을 마련할 수가 없다. 그래서 사모펀드는 회사를 인수할 때 그 회사를 담보로 대량의 부채를 발행한다.

여기서 흥미로운 점은 사모펀드가 회사를 인수할 때 발행한 이 부채를 매각된 회사가 창출하는 현금흐름으로 갚는다는 점이다. 이상하지 않은가? 부채는 사모펀드가 회사를 사기 위해 발행했는데, 왜 매각된 회사가 그 부채를 갚는지 말이다. 어떻게 보면 사모펀드가 대량의 빚을 부과해 놓고 정작 그 빚을 갚는 건 매각된 회사이니 비윤리적으로 보이기까지 한다. 실제로 많은 사람들이 이 이유 때문에 사모펀드에 반감을 가진다. 하지만 법적으로는 이제 이 회사가 사모펀드에, 정확히는 사모펀드가 소유하는 SPV에 인수되었기 때문에, 이 회사의 현금흐름을 어떻게 활용할지는 사모펀드에 달려 있다. 이렇게 회사를 인수하고 나서, 그 회사가 창출하는 현금흐름을 이용해 이자를 지불하고, 또 원금도 갚아 나간다.

3~7년의 투자 기간이 지나고 나면 일반적으로 두 가지의 변화가 생긴다. 첫째는 위의 이유 때문에 부채가 상당수 줄어들고, 둘째는 사모펀드가 직접 혹은 간접적으로 경영에 참여하면서 회사를 성장시켜 회사의 수익률이 늘어난다. 여기서 수익률이란 더 높은 매출, EBITDA, FCFF, FCFE 등을 의미한다. 이렇게 되면 당연히 창출하는 수익이 높아졌으니 회사의 가치도 높아진다. 부채가 줄어드니 이자로 지출하는 양 역시 줄어들게 된다. 너무 단순하게

설명된 것인지 모르겠지만, 이것이 '회사를 성장시킨다'라는 내용의 핵심이다.

사모펀드는 회사를 인수할 때 자회사인 SPV를 설립한다. SPV가 회사를 인수할 때 회사에 부채를 발행해 투자금을 최소화한다. 그리고 인수가 완료되면 부채를 인수된 회사의 현금흐름으로 되갚는다.

사모펀드가 '싸게 사서 비싸게 팔' 수 있는 이유에 대해 더 알아보자. 우선, 앞서 말했듯 사모펀드는 산업에 대한 해박한 지식이 있기 때문에 자산의 실질가치를 계산하는 데에 탁월한 능력을 지니고 있다. 이는 단순히 투자은행 출신의 애널리스트들을 고용해서가 아니라 산업 내의 네트워크를 통해 회사에 대한 정보를 더 많이 입수할 수 있기 때문이다.(매물이 되는 회사의 임원진을 이미 알고 있는 경우도 있다.)

또, 입찰 경쟁이 심하지 않아 시장에서 우위를 점하기도 한다. 예를 들어 재정위기를 겪고 있는(Distressed) 회사나 회사의 한 부서가 매물로 나와 있는 경우, 이런 매물을 인수해서 좋은 시너지를 낼 수 있는 경우가 적기 때문에 수요가 낮다. 하지만 사모펀드는 이런 회사를 잘못 인수하면 다른 부서에 악영향을 미칠 수 있는 대기업들과 달리 부담 없이 입찰에 임할 수 있다.

또한 사모펀드의 구조 자체가 무언가를 인수해서 키우는 것 중심이므로, M&A 시장에서의 좋은 입지를 바탕으로 더 많은 기회를 얻을 수 있다. 이미 M&A 경험이 일반 회사와는 비교하기 어려울 정도로 많다 보니 어떤 좋은 매물이 나오면 투자은행들이 너도나도 이 회사를 인수하라고, 또 자신들을 고용하라고 제안한다.

이런 식으로 저렴하게 회사를 인수한 사모펀드는 이후 여러 가지 방법으로 회사를 성장시킨다.

먼저, 자산과 부채의 구조를 최적화시키는 방법(Balance Sheet Optimization)이 있다. 앞서 부채가 주식보다 저렴하다는 점을 계속해서 강조했는데, 따라서 부채를 더 키워 공격적인 전략을 택해 WACC를 낮추는 것이다. WACC가 낮아지면 할인율도 낮아지므로 기업가치가 올라가게 된다. 이렇게 공격적인 부채 전략은 사모펀드이기에 가능한데, 부채를 제공하는 다양한 기관과의 좋은 관계를 바탕으로 낮은 이자율의 혜택을 받을 수 있기 때문이다. 또한 LP를 통해 추가적인 자본을 쉽게 조달할 수 있기도 하다. 대형기업의 경우에는 기업의 구조상 여러 이해관계자들이 있기 때문에 쉽고 빠르게 의사결정을 하기가 어려운데, 사모펀드의 경우 필요하면 바로 부채를 끌어오고, 필요하면 바로 그 부채를 활용해 투자를 할 수 있으니 부채의 활용성 측면에서도 더 우수하다고 할 수 있다. 앞서 이야기했듯 부채를 적극적으로 활용하면 이자가 더 높게 책정되고, 이는 현금흐름의 측면에서 높은 세금 혜택을 의미하기도 한다.

이렇게 자산과 부채의 구조를 최적화하는 방법 외에도 경영에 직접 참여하여 성장을 이끌기도 한다. 회사의 CEO를 교체하기도 하고, 만약 시중에 괜찮은 회사가 있다면 이 회사로 하여금 인수하게 하는 M&A를 통해 회사를 성장시키기도 한다. 또, 제품의 생산 과정을 단순화하거나(Supply Chain Optimization) 임원들의 임금을 줄이는 등 파격적인 변화를 꾀하기도 한다. 경우에 따라서는 사모펀드가 LBO 딜을 할 때 인수하는 회사의 경영진들에게 인센티브를 제공한다. 합병된 회사의 주식의 일부를 나누어 주는 것이다. 이렇게 되면 회사가 성장할 때 직접적인 수익을 경영진과 나눌 수 있게 되므로 이해관계자 사이의 불협화음을 최소화(Interest Alignment)할 수 있게 된다.

사모펀드의 목적은 어디까지나 투자 기간 중의 수익률에 있으므로 아주 단기적인 변화만 좇거나, 비인간적인 경영을 한다는 비판도 있다. 사모펀드 매니저들은 사모펀드가 경영에 참여할 경우 깊은 노하우와 회사의 성장이라는 확고한 목적을 통해 임직원들도 이득을 본다고 반박하고는 한다. 물론 사모펀드의 방식이 기존의 경영 방식보다 덜 '이타적'일 수 있다. 하지만 회사의 규모가 커지고 수익률이 높아지면 그 이득도 무시할 수 없다. 실제로 사모펀드에 인수되고 나서 크게 성장한 회사도 있고, 매각 이후에 내리막길을 걸은 회사도 있다. 이 주제에 대한 도의적 판단은 독자 여러분에게 맡기겠다.

> **사모펀드는 정보, 지식, 그리고 네트워크를 통해
> 회사를 저렴하게 인수해 성장시켜 비싸게 되팔 수 있다.**

• 사모펀드의 엑시트 전략

회사를 성공적으로 성장시켰다면, 이제 수익을 내야 할 것이다. 사모펀드가 투자한 회사를 통해 수익을 올리는 방법에는 크게 세 가지가 있는데, M&A를 통한 매각, IPO 그리고 배당이 있다. 이 세 가지 방법을 투자 상태에서 '나간다'라는 의미로 '엑시트(Exit)' 라고 한다.

⊙ 사모펀드의 세 가지 핵심 엑시트 전략

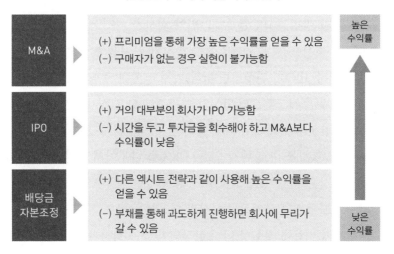

첫 번째인 M&A의 경우 많은 설명이 필요하진 않을 것이다. 회사가 전보다 더 높은 가치를 가지게 되었으니 다른 대형 회사나 다른 PE에 회사를 매각하면 된다. M&A는 가장 깔끔한 엑시트 방법이다. 회사의 가치만큼 바로 돌려받을 수 있기 때문이다. 또,

다른 두 방법과 비교해 가장 높은 IRR을 얻을 수 있는 방법이기도 하다. 일반적으로 M&A를 통해 엑시트를 할 때 사모펀드들은 20%에서 25% 정도의 IRR을 목표로 한다. 하지만 당연히도 인수할 사람이 나타나지 않으면 M&A가 불가능하다는 결정적인 단점이 있다. 만약 회사의 규모가 너무 커서 이 회사를 인수할 회사나 펀드가 한정적이거나 현재 업게 전망이 좋지 않다거나 하면 회사가 얼마나 현금흐름을 잘 창출하는지와 별개로 M&A가 성립하지 않을 수 있다.

두 번째 방법인 IPO를 보자. 만약 회사가 아직 상장회사가 아닌 경우 회사를 새로 거래소에 상장시켜 주식을 팔아 수익을 올릴 수 있다. IPO가 진행되면 당장 가지고 있던 주식을 모두 팔기보다는, 우선 사모펀드의 SPV가 대주주로 남은 상태에서 추후에 주식을 천천히 판매해 수익을 올리는 경우가 많다. 일반적으로는 20~30% 정도를 바로 매각하고, 나머지를 나누어서 판다. IPO 방식의 장점은 어느 정도 규모 이상의 회사는 모두 가능하다는 점이다. 사모펀드가 투자하는 회사의 대부분은 어느 정도 규모가 있는 회사기 때문에 사실상 이미 상장되어 있는 회사가 아니라면 웬만해서는 IPO가 가능할 것이다. 물론 이 회사가 개발도상국에 있다거나 법적 제제를 받는 회사(담배 등)라거나 하면, 경우에 따라 IPO가 불가능할 수도 있다. IPO의 주된 단점으로는 한 번에 돈을 모두 회수하는 게 아니라 천천히 시간을 두고 부분적으로 회수해야 한다는 것이다. 물론, 한 번에 모든 주식을 팔 수도 있겠지만 이렇게 대량의 주식을 한 번에 매도하면 가격이 떨어질 가능성이 높다. 또 애초에 기존 대주주(오너)인 사모펀드가 "이 회사는 좋은 회사입니다. 주식을 사세요!" 하며 IPO를 진행하는데 정작 자신은 지분 모두를 청산한다면 과연 이 회사에 그 누가 관심을 보일까? 포트폴리오에 있던 기업의 주식을 폭락시킨 선례가 생기면 회사들이 이 사모펀드에 절대 매각되지 않으려고 할 것이다. 또, M&A를 통해 매각될 때는 시너지를 고려하여 더 높은 가격에 매각되는 반면 IPO의 경우 이런 고려가 없기 때문에 M&A의 경우보다 수익률이 더 낮을 수밖에 없다는 단점도 있다. 이런 특성 때문에 IPO를 통한 엑시트는 M&A보다 IRR이 낮다. 이론적으로는 IPO를 하고 나서 주가가 엄청나게 급상승하면 IRR가 더 높을 수 있으나, 이런 경우는 매우 드물다.

마지막 방법으로 배당을 통한 엑시트가 있다. 이를 '배당금 자본조정(Dividend Recap)'이라고 한다. 배당금 자본조정이란 인수한 회사의 현금흐름을 활용해 모회사인 SPV에 배당금을 지급해서 수익을 올리는 방법이다. 투자회사가 다른 회사를 인수해 그 회사의 돈으로 배당금을 자신에게 지급하다니 이상하게 느껴질지도 모르겠다. 하지만 배당금은 결국 주식 투자자에게 보유한 주식에 비례하여 회사의 수익을 나누어 주는 것이므로, 회사의 최대주주인 사모펀드의 SPV가 이 배당금을 가져가는 것에는 아무런 문제가 없다. 다만, 비금융적 측면에서 보았을 때 '거대자본이 회사를 인수해 그 회사를 짜낸 돈으로 자기들의 배를 채운다'고 보일 수도 있을 것이다. 이 배당금 자본조정을 빚을 내서 진행하는 경우(Leveraged Dividend Recap)도 있고, 부채 없이 회사의 현금흐름만으로 진행하는 경우(Unlevered Dividend Recap)도 있다. 대개 이 방식은 IPO보다도 수익률, 즉 IRR이 낮은 방식이기 때문에 이 배당금 자본조정만으로 엑시트를 하는 경우는 드물다. 배당금 자본조정은 회사를 보유하면서도 할 수 있는 것이기 때문에, 보통 M&A, IPO와 더불어 동시에 사용하여 IRR을 좀 더 높이는 방식으로 활용된다. 이 방식은 사모펀드 업계가 진화하면서 더욱 흔하게 사용되는 엑시트 방식이기도 하다.

> 사모펀드가 차익 실현을 하는 것을 엑시트라고 한다.
> 엑시트의 방법에는 크게 M&A, IPO, 그리고 배당금 자본조정이 있다.

• 알아 두어야 할 대형 사모펀드들

이렇게 회사의 성장을 통해 차익을 실현하면 사모펀드는 몇 백, 몇 천 억 원 단위의 수익을 올리게 된다. 한국에서는 해외 대형 사모펀드인 론스타가 외환은행을 헐값에 인수해 되판 사례가 유명한데, 론스타는 이 과정에서 4조 6,000억 원의 수익을 올렸다. 대형 사모펀드의 경우 여러 펀드를 동시에 운영하며, 각 펀드 당 여러 건의 투자를 하는 경우가 많으니 이들이 얼마나 많은 돈을 버는지는 각자 짐작해 보길 바란다. 알아 두면 좋은 대형 사모펀드들의 이름은 다음과 같다.

- 블랙스톤 (Blackstone)

- 칼라일 (Carlyle)

- KKR (Kohlberg Kravis Roberts)

- 헬먼 앤 프리드먼 (Hellman & Friedman)

- 아폴로 (Apollo)

- CVC 캐피탈 파트너스 (CVC Capital Partners)

- 베인 캐피탈 (Bain Capital)

- TPG 캐피탈 (TPG Capital)

정리하자면 LBO는 투자금액의 대부분을 부채를 통해 마련하는 M&A를 의미하며, 사모펀드들이 주로 이 LBO를 주도한다. 가끔 회사의 임원들이 스스로 대량 부채를 발행해 회사를 자신들이 매입해 사유화(Privatization)하는 경우가 있는데, 이를 임원(Management)이 진행한 LBO라 하여 MBO(Management Buy-Out)라고 한다. 역사에 기록될 정도로 큰 LBO였던 RJR 나비스코의 인수전을 다룬 책인《문 앞의 야만인들(Barbarians at the Gate)》에서 이 과정을 굉장히 잘 보여 준다. LBO와 사모펀드에 관심이 생겼다면 꼭 읽어보기를 권한다.

사모펀드 업계는 계속해서 거대해지고 있고, 드라이파우더의 양도 줄어들지 않고 있는 추세기 때문에 M&A 시장에서 사모펀드가 가지는 중요성은 앞으로 더 커질 것이다. 칼라일, 블랙스톤 등 대형 사모펀드들은 자산관리와 더불어 다양한 금융사업으로 확장하고 있다.

(5) 어떤 회사가 LBO에 적합한가

LBO가 무엇인지, 그리고 그 중심이 되는 사모펀드란 무엇인지 알아보았으니 이제는 LBO에 적합한 회사의 특징에 대해, 즉 사모 펀드들이 눈독을 들이는 회사의 조건은 무엇인지에 대해 알아보 도록 하자.

당연히 좋은 회사의 조건, 좋은 M&A 대상의 조건은 좋은 LBO 대상의 조건과 일맥상통하는 점이 있겠지만, 여기에서는 구체적 으로 LBO의 상황에서 사모펀드가 중요하게 생각하는 요소들이 무엇인지에 집중하겠다.

사모펀드는 말 그대로 펀드이기 때문에 높고 안정적인 수익률 을 목표로 한다. 따라서 좋은 LBO 대상이란 투자자들에게 꾸준하 게 평균 이상의 수익을 줄 수 있는 회사일 것이다. '안전성'과 '꾸 준함'이 키워드라고 할 수 있다. 구체적인 조건을 하나하나 알아 보도록 하자.

> 매력적인 LBO를 위해서는 안전성과 꾸준함이 핵심이다.

첫 번째는 시장에서의 입지다. 당연히 시장에서 좋은 입지를 차 지하고 있는 회사는 그 자체로 좋은 회사이므로 당연히 인수하 면 좋겠지만, 사모펀드는 수익률의 관점으로 M&A를 보기 때문에 큰 경제적 위기가 와도 이를 버텨낼 수 있는 회사를 특히 선호한다. 회사 자체가 아무리 괜찮다고 하더라도 갑자기 금융 위기가 와서 휘청거린다면 바로 투자금과 수익에 대한 리스크로 직결되기 때문이다. 따라서 사모펀드들은 높은 수익 마진, 빠른 성장 속도, 높은 브랜드 가치, 높은 진입 장벽, 그리고 높은 고객 충성도 등에 가치를 둔다. 이런 회사들이 경제 환경에 쉽게 휩쓸리지 않고 계속해서 수익을 내기 때문이다. 오히려 경제 위기가 닥치거나 했을 때 투자자들은 상대적으로 더 안전한 자산에 투자하기를 원하므로 시장에서 입지가 좋은 회사라면 오히려 시장이 좋지 않을 때 투자자들이 몰릴 수 있다.

두 번째는 예측 가능한 현금흐름이다. LBO가 진행되면 회사는 이 회사를 구입하는 데 쓰인 부채를 떠안고 갚아야 하는 상황에 처한다. 높은 이자를 지불해야 하는 것뿐만 아니라 원금도 서서히 줄여 나가야 하기 때문에 창출되는 현금흐름이 굉장히 중요하다. 구체적으로는 '꾸준한' 현금흐름이 중요하다. 만약 이 회사가 투자 기간인 5~7년 사이에 들쑥날쑥한 수익률을 보여 한 해에는 현금흐름이 300억 원인데 다른 해에는 50억 원이라면 이 회사는 좋은 LBO 타깃이라고 할 수 없을 것이다. 사모펀드에서 투자심의회를 열어 내부적으로 회사를 분석할 때, 마땅한 이유 없이 과거의 현금흐름에 큰 변화가 있었다면 이 회사에 대한 투자는 승인받지 못할 확률이 매우 높다. 물론 주식에 투자하는 것 자체가 큰 리스크를 의미하지만 사모펀드에 투자하는 LP는 이런 추가적인 변동성에 대한 리스크를 지고 싶지 않아 할 것이다.

세 번째는 발전 가능성이다. 사모펀드의 사업 모델을 쉽게 생각하자면 골동품을 구매해 이를 잘 관리하고 보존해 더 높은 가격에 되파는 것이다. 당연히 회사를 인수할 때 이 회사의 어떤 점을 고치고 어떻게 발전시킬지에 대한 생각을 할 수밖에 없다. 예를 들어 모든 조건이 괜찮은데 현재의 경영진이 무능하고 계속해서 잘못된 선택을 해 회사의 성장을 막고 있다면, 이 회사를 인수해서 대주주로서 새로운 CEO를 임명하면 될 것이다. 또 판매하는 가격이 잘못 책정되어 이도저도 아닌 시장을 겨냥하고 있다거나, 불필요한 인력이 너무 많아서 임금으로 너무 많이 지출하고 있다거나, 손실을 올리는 자산이나 부서가 있다거나 한다면 각각에 맞는 해결책을 찾을 수 있다. 사모펀드는 이렇게 명백한 문제점이 있는 회사를 선호한다. "그런 문제점이 있고 쉽게 해결이 가능하다면 회사에서 자체적으로 고쳤겠지."라고 생각할 수도 있겠다. 하지만 실제로 회사 경영이 그렇게 단순하지가 않다. 대표적으로 가족이 운영하는 사업의 경우, 수익과 손실을 떠나서 '우리 가족이 대대로 이 사업을 키웠으니 이 사업의 한 부분도 양보할 수 없다'는 마인드 때문에 손실을 보면서도 특정 사업부를 유지하는 경우가 꽤 있다. 또 대기업의 경우에도 구조적인 이유 때문에 회사가 가지고 있는 여러 가지의 문제점 중 일부만 관심을 받고 나머지는 방치되고 있는 경우가 많다. 사모펀드는 수익률에 집중하는 방식으로 회사를 경영할 수 있고, 대주주로서 주도권을 가지면 발 빠르게 행동할 수 있기 때문에 이런 문제를 더 잘 해결할 수 있다.

네 번째는 좋은 인수 환경이다. 예를 들어, 회사의 경영진과 주주들이 회사를 적극적으로 매각하고 싶어 한다거나, 이 회사에 관심이 있는 구매자가 굉장히 제한적이거나 하는 경우다. 해당 사모펀드가 이 업계와 관련해 경험이 굉장히 많거나 매각을 원하는 회사가 구체적으로 이 사모펀드를 지목하는 경우도 포함된다. 이런 식으로 인수 환경이 조성되면 사모펀드는 더 저렴한 가격에 회사를 인수할 수 있을 뿐만 아니라 인수 후 경영 과정에서도 의견 충돌을 덜 겪게 될 가능성이 높다. PE의 입장에서는 본인들의 입맛대로 회사의 가치 증진을 위해서 여러 가지 결정을 내려야 하는데, 회사를 억지스럽게 인수해서 경영진이나 주주들과 마찰을 빚으며 경영하기보다는 순조롭게 인수해 경영하는 것을 원할 것이다. 결국 M&A도 하나의 시장이고, 구매자와 판매자는 수요와 공급에 따른 줄다리기를 하는 것이기 때문에 사모펀드에 유리한 인수 환경이 조성된다는 것은 굉장히 중요한 요소다.

마지막으로 능력 있는 경영진이다. 앞서 회사의 핵심적인 문제가 경영진에 있다면 대주주가 되어 경영진을 교체하면 된다고 했는데, 이것이 그렇게 간단하지 않다. 물론 PE가 대주주가 되어 경영에 참여한다면 어떤 이유로건 경영진을 교체할 수 있겠지만, 일반적으로 능력이 없음에도 경영을 하고 있었다면 다 이유가 있기 마련이다. 회사의 이사들과 합이 잘 맞았을 수도 있고, CEO로 임명이 된지 얼마 되지 않아서 능력을 아직 제대로 보여 주지 못했을 수도 있다. 아무래도 외부 투자자의 관점에서 보면 회사의 경영진이 교체된다는 것은 기존의 회사가 무언가 변화를 필요로 했다는 점을 드러내는 것이기 때문에 CEO 등의 교체는 아주 조심스러운 사안이다. 또, 만약 기존의 주주들이 경영진에 큰 문제를 두지 않았는데 PE가 회사를 인수하고 나서 갑자기 경영진을 통째로 새로 임명해 버리면 이것도 좋지 않게 보일 수 있다. PE에서 CEO 등을 새로 임명한다는 것은 펀드에서 회사의 경영에 정말 깊게 참여하겠다는 의도인데, 이는 사모펀드의 입장에서도 굉장한 에너지를 소모하는 일이다. 따라서 이상적이게는 업계에서 오랜 경력을 쌓아 왔고, 주주들의 신임을 받는 경영진이 있는 회사가 LBO에 가장 적합하다.

> 사모펀드가 인수하기 좋은 회사의 조건으로는
> 좋은 시장의 입지, 예측하기 쉬운 현금흐름, 발전 가능성,
> 좋은 인수 환경, 그리고 능력 있는 경영진 등이 있다.

(6) 투자은행의 눈으로 보는 LBO

마지막으로 투자은행에서 LBO를 어떻게 분석하는지에 대해서 설명하려고 한다. 앞서 다룬 M&A 분석 방법과 겹치는 부분이 많지만, LBO 분석과 M&A 분석은 본질적으로 차이가 있다. M&A의 경우 회사를 인수하고 나서 인수하기 전과 비교해 EPS가 증가했는지 혹은 감소했는지에 분석의 초점이 맞추어져 있는 반면, LBO의 경우 부채를 얼마나 성공적으로 상환하는지 그리고 PE가 엑시트를 할 때 얼마만큼의 수익을 올릴 수 있는지에 초점이 맞추어져 있다.

투자은행은 크게 두 가지의 경우에 LBO 분석을 한다. 첫 번째는 좋은 매물이 있을 때 이 매물을 사모펀드에 추천하기 위해서고, 두 번째는 특정 회사에 사모펀드에 매각을 고려해 보라고 설득하기 위해서다. 첫 번째의 경우 "이 회사를 이 가격에 인수하고, 이렇게 경영한 뒤 이 가격에 팔면 OO%의 IRR를 올릴 수 있습니다."라고 제안할 수 있고, 두 번째의 경우 "OO%의 IRR을 목표로 하는 사모펀드가 있는데, 이 정도 가격에 회사를 내놓으면 매각될 수 있다."고 자문할 수 있다. M&A 분석은 주주들에게 얼마나 많은 이득이 돌아가는지를 중요하게 보는 데 반해, LBO 분석은 사모펀드의 투자 수익률에 중점을 둔다는 차이가 있다.

M&A 분석 때와 마찬가지로, LBO 분석의 각 단계를 먼저 나열해 보겠다. 아래 흐름을 보면 알겠지만 LBO 분석의 경우도 굉장

> LBO 분석은 수익률에 중점이 맞추어져 있다. 목표 수익률을
> 바탕으로 회사를 얼마에 인수·매각해야 하는지 계산할 수 있다.

히 직관적이다. 먼저 회사가 어떻게 인수될 것인지에 대한 전제를 하고, 이를 바탕으로 회사의 재무 정보를 예측하고, 투자 기간이 지나면 어떻게 엑시트를 할 것인지, 그리고 어떤 가격에 할 것인지를 고려해 수익률을 계산하는 것이다. 각 절차를 조금 더 자세하게 들여다보자.

LBO 분석 순서
1   인수하는 가격과 지불 방식을 결정한다
2   부채를 고려해 회사의 재무 정보와 현금흐름을 예측한다
3   엑시트 방식과 디테일을 결정한다
4   수익률을 계산한다

- **1단계, LBO 조건을 결정한다**

LBO 분석은 먼저 LBO가 어떤 조건에서 진행되는지를 전제하는 데에서 시작된다. 구매자와 판매자의 재무 정보가 둘 다 필요한 M&A 분석과는 달리, LBO의 경우에는 회사를 인수하는 주체

가 사모펀드의 SPV고, 이 SPV는 아무런 자산이 없는 '유령회사'
기 때문에 판매자의 재무 정보만 알면 된다. 이 재무 정보를 예측
할 때 얼마만큼의 부채가 쓰이는지, 이자율은 얼마인지 등을 고려
해야 하므로, LBO의 조건을 먼저 본다.

이 조건을 생각할 때 M&A의 경우와 같이 출처/용도 표를 사용
하면 좋다. 왼쪽에는 돈이 어디서 오는지, 오른쪽에는 돈이 어디
에 쓰이는지를 정리한다. LBO의 경우는 표 왼쪽의 대부분이 부채
로 채워진다는 것이 차이라고 할 수 있겠다. 일반적으로 한 종류
의 부채가 아니라 여러 종류의 부채, 즉 대출과 채권을 모두 사용
해서 자금을 마련하는 경우가 많기 때문에 각 종류의 부채를 얼마
만큼 사용하는지, 그리고 얼마의 이자율을 적용받는지 모두 자세
하게 정리해야 한다. 또, 이 돈을 언제까지 되갚아야 하는지, 그리
고 채권의 경우 혹시 원금을 일찍 상환할 때의 콜 프리미엄이 있
는지 등도 같이 고려한다. 부채를 제외한 '출처' 칸의 나머지는 LP
의 투자금이 될 것이다. 반대로 '용도' 칸에는 LBO를 할 회사를
얼마에 인수하는지가 들어간다. 이를 회사의 EBITDA의 배수로
계산해도 되고(EV/EBITDA), 현재 상장되어 있는 회사라면 주가에
몇 %의 프리미엄을 적용해 계산해도 된다.

> M&A 분석처럼 출처/용도 표를 작성한다.
> 부채의 종류에 초점을 둔다.

• 2단계, 재무 정보를 정리하고 현금흐름을 예측한다

이렇게 LBO의 조건을 정하고 나면 본격적으로 매각이 될 회사의 재무 정보를 정리한다. 일반적으로 LBO 분석에서는 예측 기간을 5년에서 7년 정도로 설정한다. 사모펀드에서는 투자 기간 밖의 성과에는 관심이 없기 때문이다. 예를 들어 2020년에 회사를 인수하고 투자 기간이 7년이라면, 2027년에는 엑시트를 할 것이니 2030년의 현금흐름이나 수익률에는 크게 관심이 없다.

이렇게 투자 기간으로 예측 기간을 설정하고 나면, 두 가지를 해야 한다. 첫째는 새로 생긴 부채를 고려해서 이자지출을 예측하는 것이다. 얼마만큼의 부채가 새로 생겼는지, 그리고 매년 얼마의 원금이 남았는지를 보기 위해 부채의 잔여량을 따로 정리한다. 그리고 위에서 설정한 이자율을 적용하여 매년 얼마만큼의 이자를 지불하는지 계산한다. 둘째, 이렇게 이자를 포함해 모든 지출을 하고 나서 매년 원금을 상환하는 데 쓸 수 있는 잉여현금흐름을 계산한다.

여기서 한 가지 문제. 이 잉여현금흐름(FCF)은 FCFF로 계산해야 할까, 아니면 FCFE로 계산해야 할까? 다시 정리해 보자면 FCFF는 모든 투자자에게 해당하는 현금흐름이고, FCFE는 주식 투자자에게 해당하는 현금흐름이다. 정답은 FCFE이다! 여기서 우리는 '이자를 지출하고 나서' 원금 상환에 쓸 수 있는 현금흐름을 계산하기 때문에, 이자지출을 포함하지 않는 EBIT에서 시작하는 FCFF가 아니라 이자지출을 포함하는 당기순이익에서 시작하는 FCFE를 써야 한다. 관련 식을 다시 한 번 정리하면 아래와 같다.

FCFE = 당기순이익 + 감가상각 − 자본적 지출 − 운전자본의 증가량

매년 부채의 상환에 사용될 수 있는 현금흐름인 FCFE를 계산한다.

이렇게 계산을 끝내면, 매년 부채가 얼마나 줄어드는지 계산할
수 있다. 부채를 계산할 때 두 가지를 고려해야 하는데, 첫째는 최
소한의 현금 보유량이다. 앞서 우리가 다루었듯 비록 현금은 핵심
사업 요소는 아니지만 회사가 정상적으로 운영되기 위해서는 최
소한의 운용 자금이 필요하다. 그래서 부채를 매년 최대한 되갚
는다고 하더라도 특정 금액만큼의 현금은 남겨 놓아야 한다. 예를
들어 이 최소 금액이 100억 원이라고 하자. 만약 해당년도의 부
채가 1,000억 원이 남았고 보유 현금은 200억 원, 창출되는 FCFE
는 250억 원이라고 할 때, 450억 원을 되갚으면 현금이 남지 않으
므로, 350억 원만큼만 되갚는 것으로 계산하는 것이다. 두 번째로
고려해야 하는 것은 부채 간 우선권이다. 앞에서도 잠깐 다루었던
개념인데, 이미 가지고 있던 부채와 새로 생긴 부채에서 어떤 부
채가 우선시되는지를 보아야 한다. 당연히 가장 우선시되는 부채
부터 갚아야 하는데, 이 계산이 중요한 이유는 보통 가장 덜 우선
시되는 부채가 이자율이 제일 높기 때문이다. 이 우선권을 무시하
고 '부채'로 묶어 생각한다면 이자 계산을 잘못하게 된다. 따라서
가장 먼저 갚아야 하는 부채부터 차근차근 갚아 나가는 것으로 계
산한다.

이렇게 계산하면 이제 우리는 이 회사가 매년 얼마만큼의 수익과 현금흐름을 내는지, 그리고 부채가 매년 얼마만큼 줄어드는지를 볼 수 있다. 만약 이 회사가 좋은 LBO 타깃이라면 잉여현금흐름을 부채 상환에 사용한다는 전제하에 투자 기간 동안 부채는 상당수 줄어들었을 것이다. 투자은행에서는 이를 더 명확하게 보기 위해 부채-현금인 순부채, 즉 Net Debt를 EBITDA로 나눈 Net Debt/EBITDA를 활용하기도 한다. 예를 들어 매각 시기인 2020년에는 이 비율이 5.0x였는데 7년의 투자 기간이 끝난 2027년에 이 비율이 2.1x가 되었다면 성공적이라고 할 수 있겠다. 원금이 상환되어 분자인 순부채가 줄어들고, 수익이 늘어 분모인 EBITDA가 늘어난 결과이기 때문이다. 반대로, 잉여현금흐름으로 부채를 가능한 만큼 되갚았음에도 불구하고 5.0x였던 비율이 7년 후에도 4.5x나 4.0x에 머물고 있다면 이는 이 회사가 부채를 잘 상환하지 못하고, 이자를 내는 것만으로도 벅차다는 뜻이다. 다시 말하지만 매년 창출되는 잉여현금흐름으로 얼마나 이자와 원금을 잘 갚아 나가는지는 LBO의 핵심이라고 할 수 있다.

> 부채의 증감을 계산할 때는 최소 현금 보유액과
> 부채 사이의 우선권을 반드시 고려해야 한다.
> 부채를 Net Debt/EBITDA로 표현하기도 한다.

• 3단계, 엑시트 방식을 결정한다

이렇게 부채를 포함해 투자 기간 동안의 재무 정보를 완성하고 나면, 엑시트 방법을 결정해야 한다. 만약 M&A를 생각한다면, 우선 회사를 얼마에 매각할 것인지 예상해야 한다. 보통 이런 분석을 할 때 리서치 팀에 조언을 구하거나, 팀의 MD가 가격대에 대해 어느 정도 미리 생각을 해 놓은 경우가 많다. 또, 만약 IPO를 고려하고 있다면 1주당 얼마의 가격에 IPO를 할지, 그리고 회사의 지분을 언제 얼마나 매각할지에 대해 전제를 해야 한다. 배당금 자본조정을 생각하고 있다면 언제 이를 시행할 것인지, 부채를 발행해서 할 것인지, 발행한다면 부채를 얼마나 쓸 것이며 어떤 이자율을 적용받는지도 고려해야 한다.

이 책에서는 이런 요소에 대해 더 구체적으로 다루지는 않겠다. 단, 엑시트 방법에 따라 사모펀드가 정확하게 얼마만큼의 투자금을 회수할 수 있는지 계산해야 하는데, 이 과정에서 회사의 남은 부채를 갚는 것도 포함된다는 것만은 알아 두자. 회사를 매각하는 상황이니 그 회사의 기업가치에 포함되는 부채에 대해서도 값을 지불 받는 것이다. 따라서 회사의 총 가치에서 남은 부채를 상환하는 비용, 그리고 혹시 경영진에게 프리미엄을 주었다면 이에 대한 보상을 지불하는 등 관련된 모든 지출을 포함해서 사모펀드가 최종적으로 얻게 되는 이익을 계산해야 한다.

• 4단계, 최종 수익을 계산한다

이렇게 최종적으로 얻게 되는 이익을 계산하면, 두 가지 방식으로 수익률을 계산할 수 있다. 첫 번째는 우리가 앞에서 다루었던 IRR이다. IRR은 1년 단위로 표현되는 수익률이므로, 투자 기간이 얼마나 길었는지를 고려해야 한다. 만약 100원이 200원이 되었는데, A는 200원을 만드는 데에 5년이 걸린 반면 B는 10년이 걸렸다면 A의 IRR이 B의 IRR보다 훨씬 높을 것이다. 실무에서는 엑셀 함수를 통해 IRR을 계산한다. IRR은 하나의 수익률이기 때문에 우리에게 익숙한 '할인율'의 개념으로도 생각해 볼 수 있다. 앞서 우리가 미래 현금흐름의 현재가치를 PV, 이 현재가치들의 합을 NPV라고 했던 것을 기억하는가? IRR을 다르게 표현하자면, 'NPV를 0으로 만드는 할인율'이라고 표현할 수 있다. IRR은 미래의 현금흐름을 바탕으로 계산한 연간수익률이다. 이 연간수익률이 DCF나 DDM에서 기회비용, 즉 할인율의 역할을 하므로 IRR은 모든 현재가치의 합이 0이 되게 하는 할인율이 된다.

두 번째 수익률 지표는 MoM(Money-on-Money)이라고 하는데, '머니멀티플'이라고 불리기도 한다. 이는 IRR과는 다르게 투자 기간을 고려하지 않는 수익률 지표로, 단순히 '나온 돈'을 '들어간 돈'으로 나누어서 계산한다. 투자 기간이 5년인지 10년인지와 별개로, 만약 사모펀드가 100억 원 투자해서 결과적으로 500억 원을 돌려받았다면 MoM은 5.0x가 되는 것이다. 이는 투자 기간을 고려하지 않는 지표기 때문에 IRR과는 다른 결과를 낸다. 가령 3년간 투자금을 2배로 불렸을 때 MoM은 2.0x, IRR는 약 25%다.

⊙ IRR과 MoM의 비교

내부수익률(IRR)		머니멀티플(MoM)
투자 기간을 고려함 (NPV가 0이 되는 할인율)	⇔	투자 기간을 고려하지 않음
투자 기간이 길 때 주로 활용		투자 기간이 짧을 때 주로 활용

그런데 4년간 투자금을 2배로 불렸을 때 MoM은 여전히 2.0x인 반면 IRR은 약 20%가 된다. 투자 기간이 길어졌기 때문에 IRR은 떨어지지만 MoM은 그대로인 것이다. 이 때문에 상대적으로 투자 기간이 짧은 경우 MoM을 선호하고, 투자 기간이 길수록 IRR을 선호한다.

> IRR은 투자 기간을 고려해 산출하는 수익률인 반면,
> MoM은 투자 기간을 고려하지 않고 산출하는 수익률이다.

이렇게 IRR과 MoM을 통해 수익률을 계산하면 이제는 이 LBO 분석을 활용할 수 있다. 앞서 말했듯, "이렇게 투자하면 이 수익률이 나옵니다."라고 설득할 수 있지만, 반대로 IRR과 MoM을 특정 수치로 고정해 놓고 이 값을 내기 위해서는 회사를 얼마에 사야 하는지, 얼마에 팔아야 하는지, 혹은 얼마나 잘 키워야 하는지를 계산할 수 있다. LBO 시장이 점점 커지고 이제는 연금

이나 국가기관 등의 큰손들도 사모펀드를 통한 투자를 확대하고 있는 추세인 만큼, 투자은행에서 이 LBO의 분석은 점점 더 중요해지고 있다.

에
필
로
그
___
•

투자은행의 눈으로 보라

여기까지 함께해 준 독자 여러분에게 먼저 감사 인사를 드린다. 중간중간 설명이 불충분한 곳이 있었다면 양해 바란다. 하지만 우리의 목표가 투자은행이 하는 일을 그대로 따라 해 보는 것이 아니라, 투자은행이 어떤 일을 하는지 엿봄으로써 각자가 시장을 바라보는 시야를 넓히는 것에 있었다는 점을 상기한다면, 이 정도로 충분하리라 본다.

　나 역시 그간 막연하게 생각해 온 내용들을 책으로 정리하면서 공부가 많이 되었다. 그 과정에서 투자은행과 기업 금융에 대한 공부를 통해 독자들이 얻을 수 있는 것이 무엇인지 더 생각해 볼 수 있었는데, 이를 간략히 소개하고 책을 마무리하겠다.

첫째, 투자은행처럼 생각하라

첫 번째 교훈은 '투자은행처럼 생각하라'는 것이다. 경제 뉴스를 단순히 좋은 소식과 나쁜 소식으로 구분해서 읽지 말고, 이 상황이 투자은행에, 더 나아가서는 투자은행의 고객인 기업에 어떤 영향을 미칠지 생각해 보자는 것이다.

경제의 핵심은 기업이다. 경제가 원만하게 잘 돌아가려면 사람들이 소비생활을 잘 해야 하는데, 그 소비를 뒷받침할 소득을 기업이 제공하기 때문이다. 경제학자들이 실업률이라는 통계를 자주 인용하는 것도 같은 맥락이다.

그런데 경제의 핵심인 이 기업 뒤에는 은행, 더 구체적으로는 투자은행이 있다. 우리는 이 책을 통해 그 사실을 반복적으로 확인했다. 기업의 운영과 투자를 위한 자본을 중개·조달하고, M&A나 자본구조 조정 등 중요한 결정을 할 때 자문하는 곳이 바로 투자은행이다. 이런 투자은행의 시각에서 경제를 바라보면 기존에는 보지 못했던 것들을 볼 수 있게 된다.

한 가지 예를 들어서 설명해 보겠다. 2020년 5월 현재, 세계 경제는 굉장히 불안정한 상태에 있다. 코로나 바이러스(COVID-19)의 세계적 창궐과 함께 3월경 시장의 변동성과 공포감을 보여 주는 지수인 VIX는 역사상 최고점인 82점까지 올라갔으며, S&P, DOW, KOSPI 등 주요 주가 지수들이 전고점으로부터 최소 20~30% 이상 하락했다. 비록 그 이후 바이러스의 감염자 및 사망자 수의 증가량이 줄어들면서 낙관적인 전망과 함께 주가가 회복하고 있다지만, 많은 경제학자들이 아직은 안심하기 이르다고 주장한다.

그런데 대부분의 사람들은 이 상황이 코로나 바이러스가 해결되면 완전히 진전될 것이라고 생각한다. 즉, 바이러스에 대항하는 백신이 개발되고 상용화되거나, 감염자가 더 이상 생기지 않는 상황이 되면 경제가 바로 다시 안정될 것이라고 믿고 있는 것이다. 물론 코로나 바이러스가 이번 경제 타격의 주범인 것은 그 누구라도 동의하는 사실이지만, 많은 전문가들은 현재의 경제 위기가 어느 정도 예상되어 왔으며, 바이러스는 단순히 촉매 역할을 했을 뿐이라고 이야기한다. 바이러스로 인해 실물경제에 타격이 온 것은 사실이지만, 실질적인 경제적 위협은 그 너머 본질적인 영역에 있다는 것이다.

나도 이 관점에 적극적으로 동의한다. 경제 기사를 조금 더 관심 있게 보는 이라면 전문가들이 두 가지 주제에 대해 중점을 두고 이야기한다는 것을 눈치챘을 것이다. 바로 금리와 기업 부채다. 앞서 다룬 투자은행과 관련된 개념들을 이 두 가지 주제와 함께 살펴보면 상황을 훨씬 입체적으로 파악할 수 있다.

먼저 금리를 보자. 주가 폭락이 일어난 이후 미국 연준을 비롯해 한국은행 역시 금리를 0%에 가깝게 인하했다. 이는 일반적으로 금리를 인하하는 통화 정책을 펴면 경제가 되살아나기 때문인데, 이 개념을 앞서 다룬 DCF를 통해 설명할 수 있다. DCF 가치 평가법에서 WACC로 현금흐름을 할인했던 것을 기억하는가? 이 WACC는 기업의 자본구조를 고려한 기대수익률이자 기회비용인데, 기준금리가 떨어지면 이 WACC도 떨어진다. WACC가 떨어진다는 것은 현금흐름의 할인율이 낮아진다는 뜻이므로 기업의 가치가 올라가게 된다. 그래서 일반적으로는 이렇게 금리인하를 통해 경제를 바로잡을 수 있어야 한다.

그런데 이번에는 금리인하가 현재 사태의 심각성을 부각하는 것으로 작용하여 주가가 오히려 하락했다. 게다가 금리가 이미 0에 근접하여 더 이상의 금리인하를 통한 접근이 힘들기 때문에 불안감이 커져만 가고 있다. 또, 코로나 바이러스로 인해 기업들의 미래 기대 현금흐름이 줄어들어 기업가치가 더 낮게 평가되고 있다. 많은 국가에서 생필품 구매나 제한적인 운동 등의 이유를 제외하고는 집 밖에 나가지 못하도록 하는 락다운(Lockdown) 조치를 취하면서, 경제 자체가 얼어붙어 버리니 회사들의 미래 현금흐름이 타격을 입은 것이다. 실제로 많은 세계적인 대기업들이 이런 타격으로 인해 '불필요' 사업에 대한 인력을 축소하거나 자본투자를 줄이거나 아니면 배당금을 취소하거나 줄인다고 공개했는데, 이는 당연하게도 주가의 하락으로 이어졌다. 세계 각국 정부들도 이제는 단순히 금리 완화만으로 해결할 수 있는 문제가 아니라는 점을 인지하고, 이에 그치지 않고 적극적으로 구조 조정에 참여하고 '돈을 푸는' 재정 정책을 내세웠다. 이런 정책이 얼마나 효과가 있을지, 장기적으로 어떤 타격을 불러올지 아직은 모르는 일이지만 말이다.

기업 부채에 대해서도 이야기해 보자. 2020년 주가 폭락 이전, 기업 부채는 역대 최고치를 계속해서 경신하고 있었다. 이는 금융 위기가 있었던 2008년 때와는 비교 자체가 불가능한 정도다. 이렇게 부채가 많이 쌓여 있는 이유는 앞서 이야기한 저금리 환경 때문인데, 낮은 이자의 부채로 자금을 쉽게 조달할 수 있으니 기업들이 너도나도 부채를 발행한 결과라고 볼 수 있다. 실제로 투자은행의 DCM 팀은 지난 몇 년간 이런 저금리 환경을 바탕으로 많은 고객들에게 부채를 통한 자본 조달을 권유했다. 이렇게 쌓인 부채는 이론적으로는 아무 문제가 없었다. 투자은행들도 내부적으로 리스크 분석을 했고, 기업들이 현재와 큰 차이 없는 성과를 낸다면 충분히 감당할 수 있는 이자였기 때문이다. 그런데 코로나 바이러스로 인해 소비심리가 심각하게 위축되고, 상품의 생산 및 유통 과정도 영향을 받으면서 매출과 수익이 크게 줄게 되었다. 이렇게 되면 부채를 더 이상 감당할 수 없는 회사들이 파산하는 경우가 생겨나고, 직접 대출을 해 주었거나 채권의 언더라이팅에 참여한 투자은행들은 큰 손실을 입게 된다. 또, 기업 가치가 0에 수렴하게 되니 주식과 채권 가격이 모두 폭락해 개인 투자자들도 큰 경제적 타격을 받는다. 코로나 바이러스로 인해 파산하는 회사뿐 아니라 다른 회사들도 인력을 축소하니 실업률 역시 상승하고, 이는 소비 위축이라는 악순환을 낳는다. 실제로 소비심리 위축으로 인해 기업들이 실적에 영향을 받게 되고 부채 및 이자의 상환에 문제가 생기는 '유동성 함정(Liquidity Trap)'에 빠지게 되자 실업률이 증가하고 있는 추세다.

실제로 많은 회사에서 이 유동성 문제를 해결하기 위해 회전신용편의(Revolving Credit Facility, RCF)를 활용하기 시작했다. RCF란 기업의 신용카드 같은 개념으로, 투자은행에서 미리 어느 정도까지 돈을 빌릴 수 있는지를 정해 놓고 일정 시간 동안 이 범위 내에서 계속해서 빌릴 수 있게 하는 상품이다. 투자은행의 입장에서는 RCF가 있으면 만약을 대비해 한도만큼의 현금을 가지고 있어야 하기 때문에 현재 빌려준 금액과 한도 금액 사이의 차액 만큼에 대해 수수료를 청구한다. 아직 RCF를 가지고 있지 않은 회사들의 입장에서는 현재 같은 상황을 대비하기 위해 RCF를 마련해야 한다는 의견도 나오고 있는 상황이다.

위에서 금리와 부채라는 두 가지 테마를 가지고 경제 위기를 조금 더 입체적으로 바라보았는데, 실제로는 이보다도 훨씬 더 복잡하게 수많은 주제들이 얽히고설켜 있다. 따라서 경제를 볼 때 단순히 바이러스같이 이해하기 쉬운 한 가지 잣대로 보는 것이 아니라 더 넓은 맥락을 고려해야 한다.

이렇게 경제의 배경을 이해하는 것과 '아, 바이러스 때문에 경

제가 안 좋구나.' 하고 넘어가는 것은 큰 차이가 있다. 이렇게 투자
은행의 관점에서 경제를 공부한다면 개인의 입장이 아니라 기업
의 입장에서 경제를 보게 되므로 더 빠르게 실력을 쌓을 수 있다.
나는 개인적으로 경제 기사를 읽을 때 "이렇게 되면 투자은행과
기업이 어떤 영향을 받게 될까?"라고 습관적으로 되묻는다. 이 방
식을 통해 많은 것을 배웠고, 또 배우고 있기에 독자 여러분에게
강력하게 추천하는 바이다.

둘째, 투자은행처럼 리스크를 관리하라

두 번째 교훈은 '투자은행처럼 리스크를 관리하라'는 것이다.
다시 말해 투자 위험성에 따라 리스크에 대한 노출을 조절하라는
것이다.

아마 많은 독자들이 이미 투자를 하고 있거나, 투자에 관심이
있을 것이다. 나는 거창하게 "여기에 투자하라!"는 식의 조언을
하고 싶지는 않다. EPS에 대해 설명할 때 말했지만, 회사의 배당
금이라면 모를까, 주가의 상승과 하락은 그 누구라도 정확하게 예
측할 수 없기 때문이다. 하지만 시장에 대해 압도적인 이해도를
가지고 사업을 하는 기관인 투자은행의 투자에 대한 접근 방법을
빌리면 장기적으로는 손실을 줄이고 이익을 늘릴 수 있을 거라고
생각한다.

리스크 팀의 업무 방식에 대해 언급했듯, 투자은행은 고객에 대

한 심도 깊은 분석과 검토를 바탕으로 사업 한도를 정하고, 정말 이례적인 경우가 아닌 이상 그 한도 내에서만 사업을 진행한다. 이렇게 리스크를 조절하는 것은 단순히 분산투자를 하는 것과는 다르다. 각 투자 상품과 종목의 변동성을 고려해 비중을 조절하고, 그 비중을 어느 정도 유지하면서 투자하는 것이다.

'돈을 딸 수 있을 것 같다'는 생각이 드는 상품이나 종목이 있으면 기존에 보유하고 있던 종목들을 모두 매도하고 갑자기 소수의 몇 가지 종목에 '올인'하는 이들이 있다. 이는 보통 어떤 정보가 있어 공격적인 투자가 정당화될 때 더더욱 흔하게 일어난다. "사촌에게 들었는데 이 회사가 곧 혁신적인 상품을 론칭한다더라." 같은 식이다. 물론 이런 심리를 이해하지 못하는 것은 아니다. 확실하게 수익을 얻을 수 있는 기회가 있는데 기대수익이 낮은 다른 상품에 돈을 묶어 두자니 손해를 보는 것 같다는 생각이 들 것이다. 나의 경우에도 여러 자산에 투자를 해 놓았는데 투자한 종목 중 하나가 유독 높은 수익을 내면 "아, 그냥 이것저것 사지 말고 여기에 다 넣을걸….” 하며 그 한 종목에 모든 돈을 투자했다면 얻었을 수익을 머릿속으로 계산하고는 한다. 하지만 이는 아주 잘못된 방식이다. 물론 운이 좋아 이런 식으로 한두 번 수익을 낼 수도 있겠지만, 우리가 카지노에서 돈을 딴 사람이 있다고 도박을 하는 것이 좋은 선택이라고 말하지 않듯, 이렇게 위험한 투자 방식은 결코 권장되지 않는다. 특히 일반 투자자의 경우 제한된 정보를 가지고 거래해야 하기 때문에 더욱 위험하다.

투자은행의 접근 방식을 이용하면 투자 상품별 위험성을 고려해 포트폴리오를 분배하는 시스템을 짤 수 있다. 여기에서 중요한 점은 리스크 팀에서 좋은 사업 기회가 들어왔다고 갑자기 고객에 대한 사업 한도를 늘리지 않듯, 위험성에 따른 포트폴리오 분배를 크게 변화시키지 않는다는 것이다. 물론 경우에 따라 더 공격적인 투자를 해야겠다고 생각이 들면 어느 정도의 비중 조절은 가능하겠지만, 이 비중을 통째로 갈아엎지 않는 것이 좋다는 말이다. 실제로, 유수 자산운용사의 펀드 구성을 보면, 정말 큰 전략적 변화가 있지 않는 이상 기존의 투자 철학을 계속해서 가져가고 구성을 크게 변화시키지 않는다. 이를 교훈 삼아, 예를 들어 상대적으로 안전한 우량주에는 30%를, 바이오나 IT 등 변동성이 높은 주식에는 15%를 분배하고, 20%는 현금, 20%는 국채, 그리고 15%는 금에 투자하는 식으로 본인의 시스템을 짤 수 있다. 이렇게 돈을 분배해 놓고 추가로 투자를 하게 될 일이 있으면 이 비율에 맞추어 투자금을 넣으면 되는 것이다. 여기에 더 숙련된 투자자라면 옵션, 선물 등 파생상품을 이용해 더욱 적극적으로 리스크를 최소화할 수도 있다. 나는 개인적으로 이렇게 하나의 시스템을 구축해서 투자하는 것을 적극 추천한다. 시스템을 만들고 투자하면 사람이라면 누구나 겪는 충동과 감정의 기복을 어느 정도 제어할 수 있기 때문이다.

셋째, 투자은행식 가치투자를 하라

투자은행과 기업 금융에 대한 공부를 통해 얻을 수 있는 세 번째 교훈은 '투자은행식 가치투자를 하라'는 것이다. 즉, 언제나 투자를 할 때 자산의 내재가치에 대해 생각하자는 것이다. 이 역시 너무나도 당연한 이야기일 수 있다. 그러나 과거의 필자를 포함해 많은 투자자들이 내재가치, 즉 적정 가치에 대한 고찰 없이 '오를 것 같으면 사고 떨어질 것 같으면 파는' 1차원적인 접근 방식으로 거래를 하는 것이 현실이다. "왜 오를 것 같아?" 혹은 "그럼 네가 생각하는 적정 가격은 뭔데?"라고 물으면 대답을 못하거나 답을 하더라도 별다른 근거가 없는 경우가 많다. "글쎄… 대충 여기서 15% 정도 더 오를 것 같은데?"라는 식이다.

우리는 앞서 운석의 예를 통해 내재가치와 시장가치의 차이점에 대해 알아봤다. 시장가치가 반드시 내재가치를 나타내지는 않지만, 내재가치에 대한 예상으로 형성되는 것이 시장가치라는 점을 기억하자. 비록 단기적으로는 시장의 여러 요소에 따라 가격이 변할 수 있지만, 시장에서 거래되는 모든 자산은 장기적으로는 어느 정도 내재가치의 방향성을 따라가게 된다. "주식 시장은 길게 보면 우상향한다."라는 말처럼 말이다. 당장은 상승과 하락을 반복하지만 길게 보면 우리 경제가 발전하고 팽창하지 않는가? 따라서 어떤 자산에 투자할 때에는 꼭 이 자산의 내재가치(적정 가치)가 어느 정도인지, 그리고 만약 내재가치와 시장가치의 간극이 크다면 어떤 요소 때문에 그런지, 또 이 요소에 곧 변화가 있을지 알아보아야 한다. 투자란 '가치 상승을 위해 값을 지불'하는 행위인데 가치에 대해 고려하지 않고 돈을 지불하는 것은 그야말로 도박과 같다.

투자은행에서는 내재가치와 시장가치의 간극에 대해 하나라도 이해하지 못하는 부분이 있다면 그 고객과는 사업을 하지 않는다. 물론 투자은행과 개인이 가질 수 있는 정보의 양과 질에는 큰 차이가 있어 개인이 정확하게 가치 분석을 하기에는 어려움이 있다. 하지만 적어도 적정 가치를 고려하는 방식으로 투자를 바라보면 별다른 이유 없이 '감'에 따라 투자를 하는 것을 방지할 수 있다.

최근 시장이 폭락하기 전, 투자의 귀재인 워런 버핏(Warren Buffet)이 한 인터뷰에서 "좋은 회사는 많이 있는데 너무 비싸서 사지 않고 있다."라는 말을 했다. 이 말은 워런 버핏이 생각하는 기업의 적정 가치보다 시장가치가 너무 높게 형성되어 있어 시기를 기다린다는 뜻이다. 독자 여러분도 이런 관점으로 투자를 바라보기 바란다. 앞서 다룬 가치평가법을 직접 사용하기는 어려움이 있겠지만, 관련 자료를 검색해 읽고 전문가들이 그 자산의 가치에 대해 어떤 견해를 보이는지 참고하면 큰 도움이 될 것이다.

이 세 가지 교훈은 내가 투자은행에 대해, 또 투자은행을 통해 공부하면서 개인적으로 꼽아본 내용일 뿐, 이 책을 통해 알게 된 내용을 어떻게 활용할지는 결국 전적으로 독자 여러분에게 달려 있다. 이 책을 읽으며 유독 흥미로웠던 상품에 대해 더 공부할 수도 있을 것이다. 기업 금융과 자본 시장에 관심이 생겼다면 '더 벨 (The Bell)' 같은 미디어의 자료를 읽어 보아도 좋다.

나는 실무자로서 금융 업계가 참 흥미롭다고 생각한다. 매일같이 환경이 변화할 뿐만 아니라 분야 자체가 워낙 넓기 때문이다. 각각의 분야가 투자를 통해 수익을 창출할 수 있는 기회라고 생각하면 가슴이 뛰기도 한다. 이 책을 통해 이런 금융의 세계, 그중에서도 가장 중심에 있는 투자은행의 세계에 대해서 여러분에게 이야기할 수 있어서 영광이었다. 앞으로 한국에서도 투자은행이라는 업계가 더 많은 관심을 받고 정보도 더 많이 공유되었으면 하는 마음이다. 이 책을 쓰는 데 큰 도움이 되어 주셨던 부모님, 업계 선배님들, 그리고 원더박스 관계자들께 감사드리며 글을 마친다.

프롤로그에서도 밝혔지만, 필자 역시 투자은행이나 금융계에 대해 아는 것
이 거의 없었다. 영국에서 만난 우수한 인재들이 투자은행 취업을 희망하는
것을 보고, 뒤늦게 관심을 갖고 준비하기 시작했다.

　영국, 넓게는 유럽의 경우 학생들이 고등학생 때부터, 빠르면 중학생 때부
터 취업을 생각하고 준비한다. 미국의 경우도 마찬가지다. 그렇게 이른 나이
부터 취업 준비를 시작하는 외국 학생들 틈에서 대학에 와서 뒤늦게 투자은
행이라는 업계에 관심을 가지게 된 나는 몇 배로 많은 노력을 해야 했다. 애
초에 투자은행이라는 개념 자체가 익숙하지 않으니 구글에 검색해 나오는
글들을 몽땅 읽고, 과외로 벌었던 용돈의 대부분을 관련된 인터넷 강의와 자
료를 구입하는 데 썼다. 지금 돌이켜 생각해 보면 그리 질이 좋지 않은 '사기'
급 자료도 많았지만, 이 당시에는 아는 게 없었으니 그런 걸 따질 여건이 아
니었다. 이력서도 영문으로는 어떻게 작성하는 게 가장 보편적인지 몰라서
'이력서 검토 서비스'에 쓸데없이 수십만 원을 쓰기도 했다. 일면식이 전혀
없는 외국인 선배들에게 마구잡이로 연락해 내 이력서를 평가해 줄 수 있냐
고도 물었다. 이렇게 대학 생활의 첫 1년을 보내고 나니 그제야 대강 내가 무
엇을 준비하고 있는지, 그리고 취업에 성공하기 위해서는 무엇을 해야 하는
지 감이 오기 시작했다.

　우선은 인턴십 경험이 중요하다는 생각에 방학 때마다 영국과 한국에서
관련된 인턴십을 구했고, 2학년 여름방학에 영국 런던에서 투자은행 인턴
십을 하는 것을 목표로 설정했다. 이 목표를 이루기 위해서 2학년 때 옥스퍼
드의 경영대학원에서 주로 석사 학생들을 대상으로 진행하는 '파이낸스랩

(Finance Lab)' 프로그램에 지원했다. 투자은행, 기업 금융, 가치평가 모델링 등을 가르쳐 주는 과정이었다. 학부 전공 수업과 프로그램을 병행하면서 진행하던 중, 투자은행들에서 진행하는 케이스 발표 대회에 참가하게 되었는데, 석사들과의 경쟁이기도 해서 큰 기대를 하지 않았는데 좋은 평가를 받아 유명 엘리트 부티크인 센터뷰 파트너스(Centerview Partners) 주관의 M&A 대회 결승까지 진출하게 된 것이다. 약 일주일 간 밤낮으로 심혈을 기울여 왜 삼성전자가 치아 임플란트 회사인 오스템임플란트(Osstem Implants)를 인수해야 하는지, 또 어느 가격에 인수해야 하는지에 대해 자료를 만들었다. 발표 당일, 나는 20~30년의 경력을 가진 시니어 뱅커들 앞에서 차근차근 내 의견과 논리를 설명했고, 내가 보여 준 전략적인 사고를 높이 산 회사는 나를 최종 우승자로 선정했다. 쟁쟁한 석사 학생들 사이에서 우승을 한 것 만으로도 꿈만 같았는데, 생각지도 못하게 부상으로 센터뷰 파트너스에서 여름 인턴으로 근무할 수 있는 기회가 주어졌고, 이 인턴십을 통해 나는 투자은행에서 직접 근무해 볼 수 있는 값진 경험을 하게 되었다. 이후에도 다방면으로 치열한 노력을 했고, 쉽지 않은 과정이었지만 이런 과정을 거쳐 투자은행에 취업할 수 있었다.

이 책에는 이런 일련의 과정들을 통해, 그리고 내가 취업에 성공하고 나서 알게 된 투자은행에' 대한 내용을 많이 담았다. 도전 과정에서 누구도 알려 주지 않던 정보들을 하나하나 모으고, 실전에서 도전하고 실패하면서 재정리한 자료들을 모두 쓸어 담아 작성했다.

오늘도 투자은행의 뱅커가 되는 꿈을 꾸고 있을 누군가에게 내가 경험한

좌충우돌을 최대한 덜 경험하게 하고 싶다는 게 애초에 집필을 시작한 한 동기였다. 본문에서는 일반 독자들이 투자은행을 통해 기업과 금융의 세계를 이해하는 데 초점을 맞춰 서술하다 보니 투자은행 취업준비생을 위해 전하고 싶은 이야기를 충분히 하지 못한 것 같아 이렇게 부록을 따로 마련했다.

커리어 관련 SNS인 링크드인(linkedin)을 통해 하루에도 여러 명의 학생들에게 질문을 받는데, 대부분은 내가 취업 준비를 하면서 가졌던 질문이기도 하다. 부록을 통해 투자은행 취업을 준비하는 독자가 가질 수 있는 질문에 대해 최대한 정확하게 답변하려고 했다. 수많은 면접을 진행해 본 경험을 바탕으로 조언할 수 있는 부분에 대해서도 가능한 한 도움을 주려고 했다.

다만, 수차례 강조했듯 투자은행 내에도 수많은 부서가 존재하고 각 팀마다 요구되는 구체적인 능력에 조금씩 차이가 있다. 여기서는 필자의 경력을 고려해, 투자은행 내에서도 가장 지원자가 많은 핵심 부서인 'IBD'에 한정해 이야기함을 이해 바란다. 부디 이 부록이 여러분의 투자은행 취업 도전에 많은 도움이 되길 바란다.

투자은행의 보편적인 직급 체계는 아래와 같다. 단, 은행에 따라 승진을 위해 필요한 근속 연수는 조금씩 차이가 있을 수 있다. 예를 들어, 골드만삭스와 모건스탠리 등의 투자은행에서는 애널리스트로 2년을 근무하면 어쏘시에이트로 승진을 시켜 주기도 한다.

⊙ **투자은행의 직급 체계**

직급	영문	경력	타 업계와 비교
애널리스트	Analyst	1~3년	사원
어쏘시에이트	Associate	4~6년	대리
바이스 프레지던트	Vice President(VP)	7~10년	과장
디렉터	Director	10+년	파트장
매니징 디렉터	Managing Director(MD)	15+년	본부장

일반적으로 애널리스트와 어쏘시어트를 '주니어' 인력, VP급 이상의 인력을 '시니어' 인력이라고 한다. 시니어 인력은 M&A, IPO 등의 '딜'을 끌어오는 것이 주 업무인 반면, 주니어 인력은 그 딜을 실행시키는 것이 주 업무라고 생각하면 되겠다.

애널리스트는 이름에 걸맞게 가치평가 분석, 재무제표 분석 등의 분석 업무와 함께 회사에 대한 자료 조사와 발표 자료 제작 등을 담당한다.

어쏘시어트는 애널리스트와 매우 가깝게 일하며, 애널리스트가 분석한 내용을 검토하고 시니어 인력에게 이를 보고하는 역할을 한다. 제출한 분석에 오류가 있을 경우 자료를 충분히 검토하지 않은 어쏘시어트가 책임을 지는 경우가 많기 때문에 스트레스를 많이 받기도 한다. 이렇게 어쏘시어트로 2~3년을 근무하다 보면, 딜을 끌어오는 것에 간접적으로 참여하는 VP로의 승진을 준비하기 위해 시니어들과 같이 클라이언트 미팅에 자주 참석하게 된다.

VP는 주니어와 시니어 인력 사이의 다리 역할을 한다. 어쏘시어트와 함께 애널리스트의 분석을 검토하기도 하고, 디렉터나 MD와 함께 회의에 참석해 의견을 내기도 한다.

VP 중 영업 능력과 시장의 흐름을 읽는 능력이 탁월한 소수만이 디렉터로 승진하게 된다. 디렉터부터는 업무의 특성이 확연히 달라지므로, 영업 능력이 부족한 내성적인 성격의 VP는 대부분 여기에서 승진의 벽에 부딪히게 된다. 클라이언트와 지속적으로 연락을 취하면서 사업 기회가 있는지 체크하고, 호의적인 관계를 유지해야 하기 때문이다. 또, 딜을 끌어 왔다면 이 딜을 성사시키기 위한 책임을 다해야 하기 때문에, 딜의 진행 상태를 체크하고 클라이언트에게 요구 사항을 받아 주니어 인력에게 지시한다. 디렉터가 되고 나서는 회의가 업무의 대부분을 차지하게 된다.

이런 디렉터 중 꾸준히 실적을 올리고 좋은 네트워크를 갖추어 회사에 지속적인 수익을 가져다줄 수 있다고 판단되는 극소수만이 MD로 승진한다. MD로의 승진 조건은 정해져 있지 않기 때문에, 디렉터 중에서는 10년 넘게 승진하지 못하는 경우도 있다. 반대로, 디렉터 중 워낙 탁월해 잠재력이 돋보이면 30대에 MD가 되는 경우도 있다. MD가 되기 위한 승진 경쟁에는 여러 가지 요인이 작용하기 때문에, 현재의 은행에서 MD로의 승진이 불가능하다고 판단되는 경우 다른 은행으로 이직해 승진을 꾀하기도 한다. 이렇게 MD가 된 소수는 계속해서 자신만의 고객 네트워크를 구축해 나가고, 산업 분야에 대한 탁월한 이해를 바탕으로 딜을 끌어오는 역할을 계속한다. 투자은행의 사업 모델 특성상 투자은행의 능력은 곧 회사가 보유한 MD들의 능력이므로, MD들은 보통 본인이 내는 성과에 비례해 보상을 받는다. 물론, 실적이 계속해서 부진하거나 잘못된 판단으로 회사의 신뢰도를 낮춘 MD는 가차 없이 해고된다.

일반 직장에서와 같이, 투자은행 역시 '기본급'과 '인센티브(보너스)'를 제공한다. 다만, IBD 팀의 보너스는 기본급의 50~100%+α로 굉장히 높고, 성과에 따라 천차만별이다. 아래 표에서는 투자은행 종사자를 대상으로 한 설문조사들을 바탕으로 인센티브를 포함한 세전 연봉을 정리해 보았다. 정확한 금액은 지역·국가, 시장 환경 등에 따라 차이가 있으므로 대략적인 금액임을 감안하기 바란다. 예를 들어, 뉴욕 지부는 런던 지부나 홍콩 지부보다 높은 연봉을 받지만 생활비, 월세 등이 더 비싸므로 어느 정도 상쇄되기도 한다. 또한 직급이 올라갈수록 개인의 성과에 따라 연봉이 천차만별이다. 좋은 성과를 낸 디렉터가 성과를 거의 내지 못한 MD보다 돈을 많이 벌 수도 있다.

⊙ 글로벌 투자은행의 대략적인 연봉

직급	영문	연봉
애널리스트	Analyst	1억 ~ 2억 원
어쏘시어트	Associate	2억 ~ 3억 5,000만 원
바이스 프레지던트	Vice President(VP)	3억 5,000만 ~ 5억 원
디렉터	Director	5억+ 원 (보너스 비중 높음)
매니징 디렉터	Managing Director(MD)	10억+ 원 (보너스 비중 높음)

Q4.   투자은행에 가려면 어떤 역량을 갖추어야 하나? ──◯

투자은행 취업에 성공하기 위해 반드시 갖추어야 할 핵심 역량에는 크게 네 가지가 있다. 첫째는 영어, 둘째는 기업 금융과 회계 지식, 셋째는 마이크로 소프트 오피스, 넷째는 소통 능력이다.

첫째로, 기업 금융과 경제 등 전문적인 주제에 대해 영어로 외국인과 자유롭게 대화를 나누고, 보고서와 이메일을 작성할 수 있는 능력을 갖추어야 한다. 전화, 이메일, 회의 등에서 거의 대부분 영어를 사용하기 때문이다. 애초에 투자은행들은 한글이 아닌 영어로 작성된 이력서를 요구한다. 이런 영어 실력은 토익이나 토플 점수를 취득하기 위한 공부로 준비할 수 있는 것이 아니다. 영어를 공부하는 노하우는 사람마다 다르겠지만, 문법과 어휘 암기 위주로 공부하기 보다는 최대한 많이 말하고 쓰는 과정을 거쳐 영어를 학습하기를 추천한다. 이는 단기적으로 이루기에는 어려우므로 꾸준히 실력을 쌓는 것이 중요하다.

둘째, 기업 금융과 회계에 대해 전반적인 이해도를 갖추어야 한다. 앞서 다루었던 주제인 다양한 가치평가법 등 기업 금융의 기본적인 개념들을 모르고서는 절대 면접을 통과할 수 없다. 또, 금융 분석을 하기 위해서는 한·영 재무제표를 읽을 수 있어야 한다. 여기서 '재무제표를 읽는다'는 건 재무제표를 보고 어디서 어떤 정보를 찾을 수 있는지, 각 항목이 무엇을 의미하는지, 그리고 '3대 재무제표'라고 불리는 손익계산서(Income Statement), 재무상태표(Balance Sheet), 현금흐름표(Cash Flow Statement) 사이의 상관관계를 이해하는 것을 의미한다. 경영학과 학생이라면 학과 과정에서 어느 정도 배울 수 있는 내용이지만, 개인적으로 〈Breaking Into Wall Street(BIWS)〉나 〈Wall

Street Prep(WSP)〉 등의 해외 자료를 적극 추천한다. 앞서 말했듯 투자은행 취업을 준비하기 위해서는 이 개념들을 영어로 알아야 하므로 이 자료들로 공부하는 것이 가장 효율적이라고 생각한다. 이 책을 끝까지 읽은 독자라면 위의 자료들을 더 쉽게 이해할 수 있을 것이다.

셋째는 마이크로소프트 오피스다. 여기서 오피스란 아웃룩(Outlook), 워드(Word), 파워포인트(Powerpoint), 엑셀(Excel)을 의미한다. 투자은행에서의 거의 모든 업무는 이 소프트웨어들을 통해 이루어지기 때문에, 각 툴의 핵심적인 기능들을 모두 알고 있어야 한다. 특히 엑셀의 경우에는 효율적이고 정확한 금융 분석을 위해 단축키를 사용하는 데 익숙해야 하고, VLOOKUP, INDEX, MATCH 등 중급 함수를 자유자재로 사용할 수 있어야 한다. 투자은행의 핵심 부서에 근무하는 대부분의 직원은 마우스를 거의 사용하지 않고 엑셀을 다룬다. 앞서 말한 BIWS, WSP 등의 해외 사이트에 파워포인트와 엑셀에 대한 학습 자료도 있으므로 이를 통해 공부하는 것도 좋은 방법이다. 단순히 방법을 아는 것이 아니라 반복적으로 실행하면서 배우는 것이 훨씬 효율적이다.

마지막은 소통 능력이다. 여기서 소통 능력이란 흔히 말하는 단순 '사회성'을 넘어 이메일, 문자, 전화 등을 통한 정보 전달과 보고 능력까지 포함한다. 투자은행의 업무 특성상 회사에서 대부분의 시간을 동료들과 보내게 되기 때문에 소통 능력은 그야말로 핵심이다. 업계에서는 '맥주 테스트(Beer test)'라는 표현을 쓰는데 '과연 이 사람이 퇴근 후에 가볍게 맥주 한잔 같이 마시고 싶은 사람인가?'를 보는 것이다. 인원이 많지 않은 팀에서 한 명의 인원을 잘못 뽑으면 팀 분위기 자체가 망가질 수 있기 때문에 밝고 긍정적인 모습, 적극적으로 소통하는 모습을 보여 주는 게 중요하다. 면접에서 이를 직접적으로 보여 주기는 힘들겠지만, 질문에 대한 답을 할 때 무미건조하게 이야기하기보다는 제스처나 톤 등을 통해 이 일에 정말로 열정이 있다는 것을 최대한 보여 주면 좋겠다. 이런 '센스'라고 할 수 있는 감각은 대부분 실무에서 배우게 되기 때문에 인턴십을 자주 하고, 또 그에 앞서 네트워킹을 통해 투자은행 업계에 있는 선배나 지인 들이 어떻게 말하고 행동하는지 유심하게 관찰하면서 본보기로 삼는 것도 좋겠다.

투자은행에 취업하려면
학벌이 많이 중요한가?

중요하다. 클라이언트에게 서비스를 제공해야 하는 투자은행의 업무 특성 상, 뛰어난 인재로 구성된 팀임을 어필해야 하기 때문이다. 학벌이 실제로 그 사람의 업무 능력을 보여 주는지와 별개로, 학벌은 클라이언트의 입장에 서 당장 확인할 수 있는 몇 안 되는 정보다. 당신이 회사의 CEO고 M&A를 준 비하고 있다면 이왕이면 유수 대학의 졸업자들에게 업무를 맡기고 싶지 않 겠는가? 또 투자은행은 수천, 많게는 수만 장의 지원서를 받기 때문에, 쉽게 지원자를 골라 낼 수 있는 기준인 학벌은 중요할 수밖에 없다.

국내의 경우, 이른바 'SKY' 대학 졸업자들로 대부분의 인력이 채워져 있 다. SKY 외의 대학에서도 취업할 수 있지만, 인턴십 경험이 유독 더 풍부하 거나 금융 관련 지식을 보여 줄 수 있는 스펙이 있거나 회사 내에 특별한 네 트워크가 있는 등 그 지원자를 돋보이게 해 주는 다른 요소가 있어야 한다. 중위권 대학 출신들도 투자은행의 요직에 많다고 반박할 수 있겠지만, 금융 위기 이후로 취업난이 심해지고, 투자은행, 컨설팅 회사 등의 전문직에 대한 수요도 높아지고 정보도 많아지면서 요즈음은 기준점이 많이 높아졌다. 많 은 투자은행은 채용 공고를 이른바 '명문대'의 진로 사이트를 통해서만 올린 다. 만약 본인이 이에 해당하는 대학에 다니고 있지 않다면 그 대학에 다니 는 지인을 통해서라도 인턴십이나 취업 관련 정보를 얻어야 한다.

Q6. 한국에서 대학을 졸업해도
투자은행 해외 취업이 가능한가? ───────○

투자은행의 해외지사 취업을 꿈꾼다면, 한국의 대학교를 졸업한 것만으로
는 어느 정도 한계가 있다. 안타깝게도 한국 최고의 대학이라고 불리는 서
울대학교라고 하더라도 해외에서는 인지도가 부족하다. 홍콩이나 싱가포르
등 어느 정도 접점이 많은 아시아권에서는 취업에 성공하기도 하지만, 뉴욕
이나 런던 등 서구권에서는 쉽지 않다. 이런 경우 학력을 '업그레이드' 하는
전략이 필요하다.

첫 번째 방법은 3~5년의 업무 경력을 쌓고, 미국이나 영국, 프랑스 등의
유수 대학에서 MBA 프로그램을 밟는 것이다. 우리에게도 잘 알려진 하버
드, 스탠퍼드, 와튼 등의 미국 MBA와 LBS, LSE, INSEAD 등의 유럽 MBA
프로그램들은 세계적으로 인정받으므로, 이런 곳에서 MBA를 수료하면 해
외 취업의 가능성이 열리게 된다. 대형 투자은행들은 MBA 학생을 대상으로
애널리스트가 아닌 어쏘시어트 직급 채용을 진행하기도 하기 때문에, 준비
를 철저히 하면 어쏘시어트로 취업에 성공할 수도 있다. 다만, 관련 업무 경
력이 없는 MBA 출신 어쏘시어트가 2~3년의 경력이 있는 애널리스트를 지
휘·관리하는 체제가 모순적이라는 지적이 많아 MBA-어쏘시어트 취업 경
로는 좁아지는 추세다.

또 다른 방법은 앞서 말한 해외 유수 대학에서 경제나 금융 분야의 석사
과정(Masters in Finance)을 밟는 것이다. 해외에서 석사 과정을 밟으며 대학
의 네트워크와 지리적 이점을 이용해 해외에 거주하며 지원서를 넣는 것이
다. MBA와 달리 이 방법은 업무 경력이 없어도 된다는 장점이 있다. 영국,
프랑스 등 유럽의 경우 보통 학부 과정만 수료하고 취업하기 보다는 1년의

석사 과정까지 완료하고 취업을 하는 경우가 대부분이기 때문에 석사 학생에게도 기회가 많다. 석사 과정의 경우 학부를 어디서 졸업했는지는 잘 보지 않으므로(특히 한국 대학의 경우 각 대학 간 어느 정도 차이가 있는지 잘 알지 못한다) 좋은 학점(GPA)과 어학 능력(GMAT/GRE) 등을 갖추고 있다면 도전할 만하다.

물론 여기서 말하는 두 방법은 값비싼 학비를 감당해야 하므로 쉽게 내릴 결정은 아니다. 다만, 꼭 해외에서 투자은행에 취업하고 싶다는 의지가 확고하다면 좋은 선택일 수 있다. 해외 대학의 경우 합격장만 있다면 학비의 대부분을 학자금 대출로 마련할 수 있으며, MBA나 금융 석사 과정 중 과외 등을 통해 생활비를 마련할 수도 있다. 대부분의 학자금 대출은 취업에 성공하기 전까지는 원금 및 이자를 상환하지 않아도 되기 때문에 취업에 전념할 수도 있다. 만약 투자은행 취업에 성공했다면 빌린 학자금을 갚기가 그렇게 어렵지만은 않으니 생각해 볼 만하다.

다만 알아야 두어야 할 것은, 학벌만으로 취업이 가능한 것은 절대 아니라는 것이다. 좋은 대학교를 나오는 것은 투자은행 취업에 도전하기 위한 첫 단추일 뿐이다. 지원자 대다수가 이런 대학교 출신이기 때문에, 그중에서도 차별성을 보이고, 앞서 이야기한 역량을 모두 갖추어야 한다. 투자은행의 지원자 대부분은 유수 대학 출신이라는 점을 꼭 기억하자.

한국의 경우 경제·경영 전공자가 대다수인 편이다. 투자은행 취업을 위해 공부해야 하는 기업 금융이나 재무 등의 주제를 직접 다루는 전공이기 때문일 것이다. 하지만 경제·경영 전공이 아니라 인문계 혹은 이공계 전공자라도 기업 금융과 경제 관련 내용을 충분히 숙지해 면접에서 좋은 모습을 보여주면 충분히 취업 가능성이 있다.

해외의 경우에도 경제·경영 전공자의 비중이 상당하지만, 상대적으로 훨씬 다양한 전공의 지원자들이 지원하고 또 합격하는 추세다. 구성원의 배경이 다양해야 회사에 도움이 된다고 생각하기 때문에, 대형 투자은행들도 철학과, 영문과, 화학과, 수학과 등 전공에 큰 제한을 두지 않고 선별한다.

만약 이 글을 보는 독자가 금융과 무관한 전공을 가지고 있다면, 무리하게 전과나 편입을 고려하기보다는 현재 전공 과목 내에서 좋은 학점을 받는 데에 집중하며, 앞서 이야기한 자료들을 통해 기업 금융에 대한 내용을 별도로 숙지하는 것을 추천한다. 관련 과목을 전공하지 않았다고 면접에서 질문을 더 쉽게 하거나, 기대치를 낮추는 경우는 절대 없으므로 성실히 준비해야만 한다. 기대치에 맞는 능력을 보이면 오히려 일반적이지 않은 전공을 공부했다는 점이 긍정적인 요소로 작용할 수도 있으니 전공이 다르다고 너무 낙담하지 말자.

투자은행 취업을 위해 ─────────────○
인턴을 꼭 해야 하는가?

인턴 경력은 매우 중요하다. 국내의 경우 투자은행에 취업하기 위해 2~3회의 인턴십을 하는 것이 일반적이고, 많은 학생이 이 때문에 휴학을 한다. 투자은행 업계에서는 정규직(Full-time)을 바로 선발하기보다는 인턴을 선발하고 그중에서 우수한 인턴을 정규직으로 전환하는 모델을 주로 활용한다.

한국의 경우 업계가 굉장히 좁기 때문에, 정규직은 물론이고 인턴 선발도 그렇게 흔치가 않다. 따라서 인턴십을 반복하며 경력을 쌓아 어느 순간 추천을 받아 정규직으로 취업하거나 인턴에서 전환되는 식으로 취직을 노려야 한다.

해외의 경우는 취업 모델이 조금 다른데(바로 다음 질문에 대한 답에서 설명하겠다), 인턴 경력은 지원자가 투자은행 사업에 대해 이해하고 있고, 또 실무 능력을 어느 정도 갖추고 있음을 보여 줄 수 있는 가장 확실한 스펙이므로 거의 무조건 필요하다고 보면 된다. 어학 연수, 봉사 경험 등을 중요시하는 일반 기업의 취업 문화와 다르게, 투자은행에서는 거의 인턴 경력을 위주로 본다고 생각하면 된다.

구체적인 절차는 국가에 따라, 또 회사에 따라 천차만별이기 때문에 일괄적으로 모아 설명하기는 어려운 점이 있다. 여기에서는 일단 한국, 미국·홍콩·싱가포르 등, 영국 이렇게 셋으로 나누어 설명하겠다. 요약된 채용 과정은 아래 그림을 참고하기 바란다.

⊚ **각국의 투자은행 채용 과정**

	1학년	2학년	3학년	4학년
한국	인턴십(1~3학년) / 정규직(4학년~)			
미국·홍콩·싱가포르 등			여름 인턴십	정규직 프로그램
영국	봄 인턴십	여름 인턴십	정규직 프로그램	

★ 한국

채용 과정이 정형화되어 있지 않다. 다만 투자은행의 규모가 워낙 작고 업무 특성상 동료들과의 합이 중요하므로 인턴 한 명이라도 정말 심혈을 기울여 선발한다. 형식상으로는 정직원 채용과 인턴 채용을 둘 다 진행하는데, 사실 상 정직원은 자리가 거의 나지 않고, 앞서 말했듯 인턴을 정규직으로 전환하거나 추천을 통해 타 회사의 인턴을 정직원으로 데려오는 경우가 많다. 인턴십의 경우도 여름이나 겨울 등 특정 기간 동안 자리가 나는 것이 아니라 거의 상시적으로 필요에 따라 채용을 하기 때문에 계속해서 공고를 찾아봐야 한다.

취업을 위해서는 대학 재학 중에 인턴십 경험을 쌓는 것이 필수적이다. 일반적으로 졸업을 한 지원자보다는 현재 학생인 지원자를 선호하므로, 인턴십 경험을 충분히 쌓지 않았다고 판단되면 휴학을 하고 경험을 먼저 쌓는 것이 유리하다. 3~6개월의 인턴십이 제일 흔하며, 가끔 1년 단위의 인턴십도 있다. 서류 심사를 통과해 면접을 보게 되면 보통 지원하는 팀 내의 모든 인원이 참여하는데 1) 애널리스트·어쏘시어트 2~3명과 전화·영상 면접, 2) 어쏘시어트·VP 2~3명과 영상·대면 면접, 3) 디렉터·MD·대표와 대면 면접 순으로 진행되는 경우가 많다. 매 단계에서 전원 혹은 대다수의 의견이 찬성으로 수렴해야 다음 단계로 넘어갈 수 있는 구조로, 총 면접 기간은 2~3주 정도가 소요된다. 이렇게 인턴으로 선발되면 정해진 기간 동안 업무를 하고, 회사의 여건에 따라 정직원으로 채용이 결정될 수도 있고, 추천을 받아 다른 회사에 갈 수도 있다.

★ 미국·홍콩·싱가포르 등

채용 과정이 굉장히 정형화되어 있다. 보통 3학년을 대상으로 하는 '여름 인턴'과 4학년을 대상으로 하는 '정규직' 프로그램이 있다. 여름 인턴과 정규직 모두 채용 과정이 매우 일찍 시작되는데, 보통 근무 시작일보다 1년, 심하면 1년 반 전부터 지원받기 시작한다. 따라서 취업 준비를 굉장히 빨리 시작해야 한다.

여름 인턴에 지원해 서류 심사에 합격하면 온라인 시험을 보게 된다. 보통 간단한 수학 문제나 통계 문제 혹은 논리 문제로 구성이 되어 있으며, 회사에 따라 상황을 주고 어떻게 선택할 것인지 선택지를 주는 문제도 있다. 이런 온라인 시험에 통과하면 영상 인터뷰를 진행하는데, 온라인 프로그램을 통해 정해진 5~7개의 질문에 대해 답을 녹화한다. 여기까지 성공적으로 마치면 주니어 인력과 전화 면접을 하거나, 최종 단계인 슈퍼데이(Superday)에 초대받게 된다. 이 슈퍼데이는 보통 회사에서 진행되며, 많은 인원을 동시에 초대한다. 보통 3~5회의 1:1 면접, 그룹 면접, 케이스 스터디 등으로 구성이 되어 있으며, 3~6시간 동안 긴장감 있게 진행된다. 이 슈퍼데이에서 좋은 모습을 보여 주면 비로소 여름 인턴 오퍼를 받을 수 있다.

사실상 여름 인턴십을 통해 취업이 되는 구조이기 때문에, 여름 인턴 자리를 얻기 위한 경쟁이 심각하게 치열하다. 대부분의 지원자들이 두각을 드러내기 위해 거의 필수적으로 네트워킹을 한다. 링크드인을 통해 동문이나 같은 나라 출신 혹은 관심 있는 회사에 재직 중인 사람 등 최대한 많은 사람에게 이메일을 보낸다. 이렇게 조언을 받고, 계속해서 연락을 유지하며 관계를 만들다 취업 시즌이 다가오면 혹시 회사에 자리가 있는지, 그리고 추천서(레퍼런스)를 넣어 줄 수 있는지 물어 본다. 상당수의 학생들이 이런 방식으로 네트워킹을 하므로, 회사와의 별 다른 접점 없이 이력서만 제출해서는 좋은 결과를 기대하기 어렵다.

여름 인턴으로 선발되면 다음 해 여름 8~10주 동안 인턴으로 근무하게 되는데, 이 기간 동안의 업무 태도와 능력을 평가해 우수한 인원(통상적으로 50~70%)을 정규직으로 고용한다. 정규직도 별개로 선발하기는 하나, 이미 회사에서 근무한 경험이 있는 인턴들을 통해 정규직 자리를 최대한 채우는 것을 선호하고, 여름 인턴에서 정규직 전환이 되지 않은 학생들이 대거 지원하기 때문에 경쟁이 배로 치열하다. 이 때문에 3학년이 되기 전까지 최대한 많은 관련 경력(회계·금융 관련 미디어 회사 인턴십, 학교 동아리 등)을 쌓아 여름 인턴십에 지원해야 한다. 여름 인턴 자리를 따내는 데 성공하고 나면 정규직 오퍼를 받는 데에 최대한 집중해야 한다. 만약 오퍼를 받지 못했다면 다른 회사의 정규직 자리에 지원하거나, 인턴으로 다시 지원하는 방법이 있다. 최근에는 취업 시장이 과열되어 한 번에 정규직 오퍼를 받지 못하고 1~2회의 여름 인턴을 거쳐 정규직으로 취직하는 경우도 많아지고 있다.

★ 영국

위와 절차가 매우 비슷하나 1학년을 대상으로 한 '봄 인턴십'이 있다는 점에서 차이가 있다. 영국은 3년의 학제를 가지고 있으므로, 1학년은 봄 인턴십, 2학년은 여름 인턴십, 그리고 3학년은 정규직에 지원하게 된다. 한국이나 미국 등의 국가보다는 준비할 시간이 더 적다고 할 수 있다. 이 때문에 유럽에서는 석사 과정을 마치고 취업하는 경우도 많은데, 석사 학생들도 여름 인턴십과 정규직에 대거 지원한다.

봄 인턴십의 경우 10~11월경에 지원을 받기 시작한다. 영국 대학의 입학
은 9~10월에 이루어지므로 사실상 대학에 들어오자마자 지원을 해야 하는
셈이다. 이때는 관련 지식도 부족하고 인턴십 경험도 적기 때문에, 고등학교
때의 과외 활동과 갓 시작한 대학 동아리 활동을 최대한 잘 살려서 이력서
를 제출해야 한다. 이렇게 봄 인턴으로 선발되면 3월경에 1주일 동안 회사
에 출근해 애널리스트·어쏘시어트들의 일을 옆에서 보며 투자은행의 업무
에 대해 감을 잡게 된다. 프로그램의 말미에는 보통 발표 과제가 있는데, 1주
일간의 태도와 발표 과제의 평가를 통해 높은 점수를 받은 학생들에게 여름
인턴십의 기회가 주어진다. 즉 1학년 때 봄 인턴십을 선점해서 좋은 모습을
보이면, 2학년 때 여름 인턴십을 받게 되고, 여기에서 또 좋은 모습을 보이면
정규직 오퍼를 받을 수 있는 구조다.

유럽의 경우, 미국과는 다르게 네트워킹의 중요성이 상대적으로 적다.
직원들이 과도하게 많은 추천서를 넣어 업무에 차질이 생기지 않도록 아예
추천 자체를 금지하거나, 추천 이유에 대해 자세히 서술하게 만드는 은행
도 있다.

무엇보다 빨리 지원하는 것이 중요하다. 한국의 채용 문화에서는 원서 제출 기한까지 최대한 심혈을 기울여 이력서와 자기소개서를 완성하고 제출하는 것이 당연하게 여겨지는 경향이 있다. 하지만 투자은행, 특히 해외 채용에서는 무조건 일찍 지원하는 것이 유리하다. 원서 기한까지 기다렸다가 지원자들을 검토하는 것이 아니라, 먼저 접수된 원서부터 순차적으로 검토하고 우수한 인원을 뽑아 먼저 면접을 실시하기 때문이다. 이렇게 들어오는 순으로 미리 검토하는 것을 롤링(Rolling) 방식이라고 한다. 보통 투자은행에서 채용하려는 인원이 어느 정도 정해져 있으므로, 원하는 인원을 채우면 그 이상으로는 원서를 검토조차 하지 않는다. 워낙 지원하는 사람이 많아 원서 제출 기한이 별 의미가 없기도 하다. 사실상 첫 2~3주 내에 모든 검토가 끝나고, 그 이후에 들어온 원서들은 잘 검토되지 않는다. 인사 팀은 2~3주가 지나면 면접 날짜를 잡고 최종 라운드인 '슈퍼데이'를 준비하는 데 여념이 없기 때문에 이때 원서 지원과 관련해서 이메일을 보내도 답을 받지 못할 확률이 높다. 그러므로 투자은행 취업을 고려하고 있다면 당장 다음 날이라도 지원 가능하도록 본인의 이력서를 준비해 놓고, 어느 정도 자기소개서(Cover Letter)의 구성을 짜 놓는 것이 좋다. 투자은행 지원 시 100% 완성도의 원서를 늦게 내는 것보다 70% 완성도의 원서를 일찍 내는 것이 훨씬 유리하다는 것을 알아 두자.

다음으로, 본인이 지원하는 부서에 대해 구체적으로 잘 이해하고 있음을 어필해야 한다. 지원 인원 자체가 너무 많다 보니, 이력서를 보았을 때 '이 사람은 투자은행만 지원하는 게 아니라 이곳저곳 모두 지원하고 다니는 것 같다는 느낌이 들면 굳이 시간을 들여 면접을 보려고 하지 않는다. 따라서 지원하는 부서에서 필요한 능력들(금융 모델링, 엑셀, 블룸버그 등)을 최대한 부각하는 식으로 이력서를 작성하고, 자기소개서를 통해 왜 그 부서여야 하는지를 구체적으로 설명해야 한다. 또, 왜 다른 경쟁사 투자은행이 아니라 이 투자은행이어야만 하는지 설명하는 것도 좋다.

한국의 경우 투자은행에 대한 정보가 워낙 제한적이니 학교 선배 등을 통해 최대한 정보를 모으도록 하자. 이 책을 통해 투자은행이 하나의 기관으로서 어떤 역할을 하는지를 이해했다면 분명 큰 도움이 될 것이다!

Q11. 투자은행의 '워라밸(Work-Life Balance)'은 어떤 편인가?

투자은행 취업을 고려하고 있다면 '워라밸'이라는 개념은 잊어야 할지도 모른다. 투자은행 IBD 팀에 근무하는 애널리스트들은 평균적으로 주당 75~85시간 정도 근무한다. 매일 아침 8~9시에 일과를 시작해 밤 12시 혹은 새벽 1~2시에 업무를 마치는 셈이다. 중요한 딜이 진행되고 있거나, 급하게 발표 자료를 만들거나 분석해야 할 때에는 한 주에 100시간까지 근무하기도 한다(이는 물론 주말을 포함한 시간이다). 밤새 근무하고 택시를 타고 집에 도착해 급하게 샤워만 하고 다시 출근해야 하는 경우도 종종 있다.

하지만 투자은행 '워라밸'의 가장 큰 문제점은 단순히 긴 업무 시간이 아니라 업무가 예측 불가능하다는 점이다. 가령 금요일 오전부터 오후까지 순조롭게 일이 진행되어 가족과의 주말 약속을 잡았는데, 퇴근길에 MD에게 "월요일까지 준비해야 하는 발표 자료가 생겼다."라고 이메일이 오면 그 주말 계획을 모두 취소해야 한다. 클라이언트의 요구에 맞추어야 하는 특성 때문에 이는 승진한다고 해도 크게 바뀌지는 않는다. 어쏘시어트는 70~75시간, VP는 60~65시간 등 평균적인 근무시간은 줄어들 수 있지만 '일이 생기면 달려와서 처리해야 한다'는 점에는 예외가 없다. 디렉터, MD라고 하더라도 휴대폰을 손에서 놓지 못하고 클라이언트가 주말에 이메일을 보내면 당장 답변을 보내야 하기 때문에 높은 스트레스를 이겨낼 수 있어야 한다. '을'로서의 이런 스트레스 때문에 많은 투자은행 종사자들이 사모펀드나 벤처 캐피털(Venture capital, VC) 등의 직종으로 커리어 전환을 꾀하기도 한다.

이렇게 높은 강도의 업무를 같이 수행하다 보니 투자은행 내에서의 동료애는 유독 더 돈독하다. 장시간 업무를 하다가 잠시 같이 나가서 맥주를 마시고 돌아오거나, 야식을 주문해서 나눠 먹거나 하다 보면 서로 굉장히 친밀한 관계가 된다. 이 때문에 보통 이직을 하고 나서도 같이 근무했던 투자은행 '동문'들은 친밀한 관계를 유지한다.

장단점이 확실히 존재하는 생활 방식이므로 본인이 일에 이만큼의 열정을 가지고 희생할 수 있는지를 충분히 고려해 보고 지원하자. 인턴십을 통해 이런 문화를 경험하다 보면 이런 투자은행의 라이프스타일이 본인과 맞는지, 맞지 않는지 쉽게 파악할 수 있다.

통상적인 하루 일과를 알려 줄 수 있는가?

아래에 소개하는 일정은 어디까지나 개인적인 경험에 근거한 것이며, 팀에 따라, 또 상황에 따라 하루 일과는 가지각색임을 미리 밝힌다. 투자은행 혹은 컨설팅 회사에서 "매일매일 다른 업무를 한다."라고 말하는 것은 더 많은 지원자를 유치하기 위한 마케팅 전략이 아닌 진실이다.

'딜'이 진행될 때는 사실상 처리해야 하는 업무의 종류도 너무 다양하고 스케줄도 예측 불가능하므로, 내 경우를 바탕으로 평상시의 어느 하루를 설명하겠다.

07:30 침대에서 일어나 하루의 시작을 준비한다. 이를 닦으며 휴대폰으로 파이낸셜 타임즈(FT)에서 제공하는 팟캐스트를 듣는다. 시장에서 어떤 일이 일어나고 있는지를 간결하게 설명해 주기 때문에 도움이 많이 된다. 정장으로 옷을 갈아입고 문을 나선다.

09:00 회사에 도착해 사내 식당에서 견과류를 섞은 요플레를 사서 자리로 출근해 아침을 먹는다. 이메일을 보니 어제 검토를 위해 MD에게 제출했던 발표 자료에 대한 수정 내용이 와 있다. 바로 자료 수정을 시작한다.

10:00 VP 중 하나가 클라이언트가 브렉시트로 인한 리스크를 이해하고 싶어 한다며, 영국의 각 정당이 내세우는 브렉시트 정책과 각 정책이 에너지 시장에 미치는 영향을 정리하는 자료를 만들어 달라고 요구한다. 이는 조사하는 데에 시간이 좀 걸리므로 오후까지 자료를 만들어서 보내겠다고 한다.

12:30 동료들과 점심을 먹으러 밖으로 나가 연어 샐러드를 산다. 돌아오는 길에 회사 휴대폰을 통해 메일을 확인하니 아침에 수정해서 MD에게 제출했던 자료에 추가적인 수정 요청이 많이 와 있다. 바로 자리로 돌아가서 밥을 먹으며 발표 자료를 재수정하기 시작한다. 여러 팀이 발표에 같이 참여하기 때문에 각 팀으로부터 수정 사항이 순차적으로 들어온다. 수정 사항을 하나도 놓치지 않아야 하기 때문에 집중해서 작업을 한다.

14:00 MD에게 받은 수정 사항과 VP에게 부탁 받은 자료 조사를 마치고 제출한다. 검토를 기다리는 동안 잠시 회사 앞 은행에 가서 은행 업무를 처리한다. 자리로 돌아오니 한동안 잠잠하던 M&A 딜과 관련해 클라이언트가 요구 사항을 정리한 이메일을 보냈다. 어쏘시어트와 VP, 디렉터와 함께 회의실로 들어가 일을 어떻게 나누어서 처리할 것인지 의논한다. 애널리스트로서 나의 역할은 인수를 검토 중인 회사의 모델을 수정하는 것이다. 클라이언트가 기존 모델에 시장의 위험성이 충분히 반영되지 않았다고 생각해 수치들을 재조정해야 한다.

17:00 모델을 수정하고, 기존 모델의 결과와 새로운 모델의 결과를 비교하는 발표 자료를 만들어 어쏘시어트에게 먼저 보낸다. 어쏘시어트가 우선적으로 자료의 포맷과 구성에 관련해 수정 사항을 알려준다. 오래 걸리지 않는 일이므로 바로 처리하고 VP에게 파일을 전송한다.

18:30 여러 팀에 전송했던 발표 자료가 완성되었다고 생각했는데, MD 중 한 명이 현재 주식 시장의 트렌드를 보여 주는 발표 자료가 2~3장 정도 있었으면 좋겠다고 한다. 어떤 내용을 넣고 어떻게 구성할지 어쏘시어트에게 조언을 구하고 바로 자료를 만들기 시작한다.

20:00 회사에서 저녁을 주문한다. 9시가 넘어서 퇴근하면 일정 금액까지 식비를 지원받고 무료로 택시를 타고 귀가할 수 있다. 건강한 점심 메뉴를 먹었으니 해물 팟타이와 다이어트 콜라를 주문한다. 옆 자리의 동료는 나의 추천을 받아 김치찌개와 불고기를 주문했다.

22:00 새로운 2~3장의 슬라이드가 완성되어 수정을 부탁했던 MD를 포함한 여러 팀에 다시 자료를 보낸다. VP가 퇴근하기 전, 낮에 수정해서 보냈던 모델에 대한 피드백을 줬다. 전반적으로는 문제가 없었지만 감가상각을 계산하는 부분에서 놓친 요소가 있어 모델을 수정해야 한다. 모델을 수정하면 관련된 발표 자료도 같이 업데이트해야 한다.

23:30 모델과 발표 자료를 수정하는 도중, MD들에게 내일 발표를 위한 자료는 이제 완성된 것 같다는 이메일을 받는다. 발표는 아침 9시에 클라이언트의 사무실에서 하기 때문에 자료들이 오늘 모두 인쇄 되어야만 한다. 바로 인쇄실에 전화를 걸어 자료를 보내고 인쇄를 부탁한다. 인쇄에 1시간 정도가 걸리므로 회사에 남아 있다

가 자료를 받아 MD의 사무실에 넣어 두고 퇴근해야 한다.(그렇지 않으면 내일 새벽에 출근해야 한다!) 어차피 완성해야 할 모델과 발표 자료가 있으므로 마저 완성한다.

00:30 인쇄실에서 인쇄가 완료되었다고 이메일이 왔다. 자료를 받아서 한 장 한 장 넘겨보며 오류 없이 인쇄가 잘 완료되었는지 확인한다. MD의 사무실에 자료를 올려놓고 택시를 불러 귀가한다.

위에서 설명한 하루 일과는 '딜'과 관련된 일 조금, 그리고 일반적인 업무 조금을 모두 해야 하는 아주 평범한 날을 기준으로 했다. 앞서 말했듯 만약 빠르게 진행되고 있는 딜이 있다면 더 늦은 새벽까지 일을 하는 경우도 흔하다. 빠르게 진행되는 딜 중에 있다면 하루 종일 그 딜과 관련된 일만 할 수도 있고, 조금 잠잠한 시기라면 보편적인 자료 조사나 발표 자료 만들기 등의 업무를 하며 하루를 보낼 수도 있다. 아무쪼록 위의 내용이 투자은행에서의 하루를 이해하는 데에 조금이라도 도움이 되었으면 한다.

투자은행의 백 오피스에서
프런트 오피스로 옮길 수 있나?

가능은 하지만 쉽지는 않다. 앞서 투자은행의 다양한 부서에 대해서 이야기했는데, 백 오피스의 업무는 프런트 오피스를 보조하고 투자은행의 구조를 유지하는 데에 중점이 맞추어져 있다. 그렇기 때문에 업무를 위해 필요한 지식과 능력이 서로 다르다. 종종 투자은행 취업에 관한 정보를 찾다 보면 백 오피스 취업을 통해서 프런트 오피스 취업을 노리는 것도 가능하다는 의견을 볼 수 있는데, 개인적으로 이는 어디까지나 확률의 문제라고 생각한다. 만약 백 오피스에서 일하면서 프런트 오피스의 핵심 인물들과 좋은 관계를 유지하고 평판이 나쁘지 않다면, 어느 시점에서 프런트 오피스로 이동하고 싶다는 의견을 피력할 수 있다. 이렇게 되면 나중에 프런트 오피스의 팀에 자리가 났을 때 우선적으로 고려될 수도 있다. 하지만 보통 프런트 오피스에 자리가 났다는 것은 프런트 오피스의 팀 입장에서도 회사를 떠난 사람과 비슷한, 혹은 더 뛰어난 능력을 가진 사람을 영입하고 싶다는 것을 의미한다. 또 여기에 외부, 즉 다른 은행이나 컨설팅 회사 등에서 지원하는 사람들도 있으므로 본인의 백 오피스 경력이 어떻게 프런트 오피스에서의 업무와 직접적인 관련이 있으며, 어떻게 도움이 될 수 있는지를 확실하게 보여줘야 가능할 것이다. 이 모든 과정이 이론상으로는 가능하지만, 개인적으로는 이 가능성만을 보고 백 오피스에 우선 취업하는 것을 권할 정도로 가능성이 높다고는 생각하지 않는다. 대부분의 글로벌 투자은행에서 "우리는 회사 내에서의 인사 이동이 굉장히 자유롭다."라고 이야기하지만, 실상을 보면 인사 이동이 이루어지는 두 팀의 수요와 공급이 맞아떨어져야만 가능하다.

하지만 만약 투자은행 프런트 오피스로의 취업에 어려움을 겪고 있어 졸업 후, 혹은 휴학을 한 상태에서 공백 기간이 지나치게 길어지고 있다면(1년 이상), 상대적으로 경쟁률이 낮은 백 오피스 취업을 생각하는 것도 한 방법이라고 생각한다. 아무래도 아무런 경력 없이 구직 활동을 하는 것 보다는 근무를 하고 있는 상황에서 지원하는 것이 좋고, 백 오피스에서 일하며 투자은행의 구조나 사업에 대해서 이해를 넓히면 이 점이 인터뷰 등에서 좋게 작용할 수 있기 때문이다. 이렇게 본인이 얼마나 기회를 잘 활용할 수 있는지에 대해서 냉정하게 분석을 해 보고 나서 선택하기를 바란다.

이 역시 가능은 하지만 쉽지는 않다. 어떤 투자은행의 경우 다른 지역으로 옮기는 것을 적극 장려하기도 한다. 예를 들어, 모건스탠리의 경우 2년간의 애널리스트 기간을 거쳐 어쏘시어트로 승진하면 모건스탠리의 다른 오피스로 옮겨서 근무할 수 있는 기회를 준다. 하지만 대부분의 투자은행의 경우 다른 지부로 옮기기 위해서는 그 지부에서도 떠나는 사람이 있어야 한다. 그런데 규모가 서로 크게 다른 각국 시장의 특성상 지부간의 이동이 쉽지만은 않다. 예를 들어, 골드만삭스의 서울 오피스에서 누군가가 뉴욕 월가의 골드만삭스 본사로 가기 위해서는 본사에서 서울 오피스로 옮기고 싶어 하는 사람이 있어야 하는데, 한국의 경우 한국어라는 언어의 장벽, 문화의 장벽, 그리고 상대적으로 낮은 보너스(시장 규모가 작아 딜의 규모도 작기 때문) 때문에 아주 특별한 상황이 아닌 이상 이런 경우가 잘 없다. 미국 오피스가 아니라 두바이, 싱가포르 등의 경우도 마찬가지다. 따라서 이런 인사 이동이 가능하려면 해외 오피스에 있는 한국인, 즉 유학이나 이민을 통해 취업한 사람이 때맞추어 한국 오피스로 들어오고 싶어 하는 일이 일어나야 한다.

Q15. 투자은행 해외 지부 취업에 필요한 비자 취득은 어려운가?

비자 문제는 해외 취업과 관련해 가장 어려운 문제라고 할 수 있다. 해외에서 취업 비자를 획득하는 과정은 크게 두 가지 경우로 나눌 수 있는데, 첫째는 학생 비자를 소유한 상태에서 취업 비자로 전환하는 것이고 둘째는 아무런 비자가 없는 상태에서 취업 비자를 취득하는 것이다.

첫 번째 경우는 유학생에게 해당되는데, 종종 볼 수 있는 경우다. 그런데 두 번째에서처럼 아무런 비자가 없는 상태라면 훨씬 어려운 게 사실이다. 이는 지원자가 해당 국가에 아무런 연고가 없다는 뜻이기도 한데, 비자를 지원하지 않아도 되는, 또 채용 과정에서 비행기를 타고 오거나 호텔에 숙박하거나 하지 않아도 되는 지원자들과 비교해 '굳이' 면접을 볼 필요가 없다면 가차 없이 탈락시키기 때문이다. 해외 유수 투자은행의 경우 능력이 되는 지원자라면 어떤 대가를 치러서라도 데리고 가고 싶어 하기 때문에 능력이 충분하다면 비자를 지원받는 것이 가능하겠지만, 반대로 그런 대가를 치를 이유가 없다면 굳이 데리고 가고 싶지 않아 한다는 뜻도 된다.

BB급 대형 투자은행들은 대부분 스폰서 형식으로 비자를 지원하지만, 그보다 작은 규모의 MM 은행이나 특정 부티크 은행의 경우 비자를 아예 지원하지 않는 경우도 있다. 이런 경우에는 유학생이라고 하더라도 법적으로 근무가 불가능한 셈이니, 비자를 지원받아야 하는 학생은 지원할 수 있는 회사가 상대적으로 더 적다. 또, 지원을 해 주는 회사라고 하더라도 앞서 말한 대로 본인이 충분한 능력이 있다는 점을 어필해야 하므로, 비자 지원이 필요 없는 학생들보다 배로 더 노력하고 준비해서 도전해야만 한다.

예를 들어 영국에서는 비자 지원이 필요한 지원자를 합격시키려면 내부적으로는 이미 합격자가 결정되었어도 회사가 정부의 웹사이트에 채용 공고를 올려 정해진 공고 기간 동안 지원자를 추가로 받아야 한다. 또, 비자 지원이 필요 없는 다른 지원자들과 비교해 왜 이 지원자가 더 뛰어난지 증명해야 한다. 수백, 수천 장의 이력서를 보고 정부 웹사이트로 지원한 지원자들을 왜 탈락시켰는지 이유를 준비해야 한다는 것인데, 인사 팀이 내부적으로 처리해야 할 업무가 늘어나는 것이라면 그에 합당한 이유를 원할 것이다.

**투자은행의
눈으로
보라**

© 김지훈, 2020

2020년 5월 28일 초판 1쇄 발행
2023년 7월 7일 초판 2쇄 발행

지은이 김지훈
펴낸이 류지호
편집 이기선, 김희중, 곽명진 • **디자인** 박은정
펴낸 곳 원더박스 (03169) 서울시 종로구 사직로10길 17 인왕빌딩 301호
편집부 02) 720-1202 • **팩시밀리** 0303-3448-1202
출판등록 제300-2012-129호(2012. 6. 27.)

ISBN 979-11-90136-16-7 (03320)

이 도서의 국립중앙도서관 출판예정도서목록(CIP)은
서지정보유통지원시스템 홈페이지(http://seoji.nl.go.kr)와
국가자료종합목록 구축시스템(http://kolis-net.nl.go.kr)에서 이용하실 수 있습니다.
(CIP제어번호: CIP2020020277)

• 잘못된 책은 구입하신 서점에서 바꾸어 드립니다.
• 독자 여러분의 의견과 참여를 기다립니다.
  블로그 blog.naver.com/wonderbox13, 이메일 wonderbox13@naver.com